Michael Baier
Mit Leib und Seele

Michael Baier

Mit Leib und Seele

Der Roman
zur großen Fernsehserie
mit Günter Strack
als Pfarrer Kempfert

Gustav Lübbe Verlag

Schutzumschlag: Reinhard Borner
Titelbild: R. Schäfer im Auftrag des ZDF,
mit freundlicher Genehmigung
von Günter Strack und Martin May
Satz: Fotosatz Froitzheim, Bonn
Druck und Einband: Ebner Ulm

Printed in West Germany
ISBN 3-7857-0536-0

1. Auflage August 1989
2. Auflage September 1989

Inhalt

Die Hauptpersonen des Romans

Dr. Dr. Adam Kempfert, *vormals Dozent für Philosophie und Theologie an der katholischen Akademie, jetzt Pfarrer der Gemeinde St. Augustin in Eberstadt bei Frankfurt*
Else Kempfert, *seine Schwester und Haushälterin*
Agnes Bebel, *Küsterin von St. Augustin*
Annemarie Bieler, *Gemeindesekretärin von St. Augustin*
Friedhelm Haug, *Organist von St. Augustin*
Kurt Maiwald, *Wirt des Gasthauses »Eberburg« und überzeugter Atheist*
Trude Maiwald, *seine Frau*
Marion Maiwald, *ihre Tochter*
Hans-Peter Maiwald, *ihr Sohn, Ministrant und einer von fünf Schülern im Religionsunterricht von Pfarrer Kempfert*
Charly Strecker, *der Dorfrocker von Eberstadt, Besitzer einer Moto Guzzi (in der Folge mit Beiwagen) und Helfer des Pfarrers*
Paul Strecker, *Charlys Stiefvater*
Theo Stutz, *Friseurladenbesitzer und Mitglied des Kirchenvorstands von St. Augustin*
Klaus Bardusch, *Journalist und Lokalredakteur, Stammgast der »Eberburg«*
August Hähnlein, *Stadtstreicher, der sich St. Augustin als zeitweiligen Wohnsitz erkoren hat*
Wilhelm Dannecker, *alternder Chef der Dannecker-Werke, des größten Industrieunternehmens von Eberstadt*
Jutta Dannecker, *seine geschäftstüchtige Tochter*
Leo Busche, *studierter Betriebswirt und freiberuflicher Unternehmensberater im Dienst der Firma Dannecker*
Johannes Neubauer, *Bischof von Limbug und ehemaliger Schulfreund von Adam Kempfert*
Werner Daube, *Syndikus des Bischofs*
Dr. Margarete Wolf, *Zahnärztin in Eberstadt*
u. v. a.

Prolog

Eberstadt ist eines von den Dörfern, in denen nie etwas passiert, oder so langsam passiert, daß es den Eberstädtern erst auffällt, wenn es längst passiert ist. Und obwohl es dann meistens schon zu spät ist sich aufzuregen, regen die Eberstädter sich dann trotzdem auf, allerdings nicht so wie die Leute in Frankfurt drüben, laut, mit rotem Kopf und mit den Armen fuchtelnd, nein, die Eberstädter regen sich ruhig auf, ihre grauen Vorstadtgesichter werden vielleicht noch eine Schattierung dunkler, die Falten auf der Stirn noch ein paar Millimeter tiefer, und dann kommt mit hundertprozentiger Wahrscheinlichkeit der Satz, der Generationen von Eberstädtern durch die schlimmsten Zeiten geholfen hat:

»Ich hab's kommen seh'n!«

Die Eberstädter haben den Dreißigjährigen Krieg kommen sehen, die Franzosen mit Napoleon und natürlich auch die Amerikaner mit Eisenhower, obwohl da einige doch überrascht waren, daß das Tausendjährige Reich so schnell in Trümmer ging, aber die meisten hatten es kommen sehen und rechtzeitig die Führerbilder abgehängt.

»Das hat ja so kommen müssen!«

Um so erstaunlicher ist es, daß keiner den Mann hat kommen sehen, der an einem unfreundlichen kalten Januartag mit einem Lederkoffer und einer dicken Aktentasche aus dem Elfuhrsiebzehn von Frankfurt stieg. Der erste, der die Chance verpaßte, war Stationsvorsteher Sieghardt Meppert, der zu beschäftigt war, die vorschriftsmäßige Weiterfahrt des Elfuhrzwanzig von Gugenheim zu gewährleisten. Und als der letzte Wagen den Verantwortungsbereich von Sieghardt Meppert ordnungsgemäß verlassen hatte und er sich nach dem Fahrgast umschaute, da war der schon hinter dem Bahnhof verschwunden.

*

Auch Roswitha und Angela, die vor dem Haus in der Brunnengasse »Himmel und Hölle« spielten und Mühe hatten in ihren dicken Mänteln und schweren Winterschuhen beim Hüpfen nicht auf die Kreidestriche zu treten, hatten den Mann nicht kommen sehen und hielten verlegen inne, als sie plötzlich, wie aus heiterem Himmel, hinter sich die tiefe Männerstimme hörten.

»Darf ich auch mal?«

Roswitha blieb der Mund offen stehen. Angela wischte sich die Rotznase mit dem selbstgestrickten Handschuh von Tante Edeltraud ab. So was hatten die beiden in ihrem ganzen Leben – und Roswitha wird im Herbst schon zehn – noch nicht erlebt, daß ein Erwachsener, und noch dazu ein so großer und dicker Erwachsener, mit ihnen »Himmel und Hölle« spielen wollte.

Der Mann stellte lächelnd seinen Koffer und seine Aktentasche ab und begann zu hüpfen. Unglaublich! Wie der dicke, bunte Wasserball im Wellenbad sprang der Mann auf einem Bein von Feld zu Feld, aber oben bei der Kehre, wo man mit beiden Füßen zwei Felder treffen mußte, da wäre er beinahe umgefallen und konnte sich nur mit einem Ausfallschritt in der Balance halten.

»Hölle, Hölle, Hölle«, schrien die Kinder und freuten sich, daß Erwachsene eben doch nicht alles besser können. Aber da kam auch schon Tante Edeltraud herbeigerannt und schimpfte.

»Wie oft soll ich euch noch sagen, ihr sollt euch nicht von fremden Leuten ansprechen lassen!«

Und noch bevor der Mann höflich seinen Hut lüften und etwas Erklärendes sagen konnte, packte die erboste Tante die Kinder und zog sie mit sich.

*

Der nächste, der den Mann hätte kommen sehen können, war Dorfrocker Charly Strecker, der auf dem Kirchplatz, direkt vor der »Eberburg«, seiner Stammkneipe, versuchte, seine Moto Guzzi zum Laufen zu bringen. Aber die italienische Maschine zeigte keine große Lust, bei Eberstädter Januartemperaturen das gewohnte satte Schnurren hervorzubringen.

»Herrgottsakramentnochmal«, fluchte Charly und zog den Zündschlüssel ab.

»Na, will sie nicht anspringen?«

Charly konnte in so einer Situation kein Mitleid vertragen, schon gar nicht von einem, der aussah wie ein Lexikonvertreter. Er fummelte an den Zündkerzen herum und versuchte es noch einmal.

»Ja willste wohl, du Bock, du gottverdammter!«

Aber italienische Hochgezüchtete reagieren eher verstimmt auf teutonische Flüche. Nur ein trauriges Blubbern war zu hören und auch das nur ganz kurz, so sehr Charly auch das Gas aufdrehte.

»Wir könnten es ja mal mit Schieben versuchen?«

Charly schaute den Mann jetzt genauer an. Der stellte sein Gepäck ab und lächelte Charly freundlich an.

»Wer sein Motorrad liebt, der schiebt!«

Charly nickte. Bevor er mit der Straßenbahn fuhr, würde er sein Motorrad lieber schieben.

»Na gut, aber es war Ihre Idee!«

Er legte den Kickständer um und schob das Motorrad in Position.

Der Mann winkte noch zwei Jungs zu, die neugierig stehen geblieben waren, und die sich die Gelegenheit, dem »wilden Charly« aus der Klemme zu helfen, nicht entgehen lassen wollten. Und tatsächlich, zu dritt schiebend, fast über den ganzen Kirchplatz, schafften sie es schließlich, den Motor auf Touren zu bringen. Charly sprang auf und weg war er.

Schwer atmend blieb der Mann stehen.

»Tolle Maschine, gell?«

Er schaute die Jungs an.

»Moto Guzzi!« erklärte der eine fachmännisch.

Der Mann nickte.

»Aha, und ihr? Habt ihr keine Schule?«

»Eigentlich haben wir bis halb eins, aber heute ist Montag, und da hätten wir Religion!«

Der Mann war zu seinem Gepäck zurückgegangen und hob es auf.

»Ja und? Geht ihr da nicht hin? Oder was?«

»Religion fällt aus, wir haben keinen Pfarrer mehr.«

Bevor der Mann etwas erwidern konnte, waren die beiden schon weiter gerannt, und der Mann wandte sich der Kirche zu, die behäbig wie eine dicke Ente gegenüber auf dem Marktplatz saß.

Eine typische alte Dorfkirche, mit spitzem Turm und schmalen Seitenschiffen. Der Verputz war schon wieder leicht angegraut, die Farbe, mit der man die Ecksteine vor den Auspuffgasen schützen wollte, war an einigen Stellen abgeblättert, und direkt neben dem Portal hatte irgendeiner mit einer Spraydose seinem Unmut oder seiner Verzweiflung beredten Ausdruck verliehen.

»Ich bin allein, wir sind allein, Gott ist allein!« stand da zu lesen.

Das Portal war verschlossen. Der Mann ging um die Kirche herum und versuchte es an der Seitentür. Sie war nicht verschlossen, und der Mann ging hinein.

⋆

Nirgendwo auf der Welt ist es so still wie in einer leeren Dorfkirche am Montagmittag. Die dicken Mauern halten jedes Geräusch auf ehrfurchtsvolle Distanz, nur die Sonne fällt um diese Tageszeit in der Regel durch die bunten Fenster auf den Altar und läßt die Tulpen aus dem Kühlschrank noch matter aussehen.

Der Mann hatte sein Gepäck neben der Tür stehen lassen und hielt seinen Hut in der Hand. Er schaute sich um, wie einer der sich überlegt, ob er die Wohnung nun nehmen soll oder nicht, und sein Blick blieb am Seitenaltar hängen, auf dem seit über fünfhundert Jahren das Altarbild von Riemenschneider steht, mit der gotischen Madonna in der Mitte aus goldbraunem Kirschholz. Von ihrem weltfremden Lächeln angezogen, trat der Mann näher und streckte seine Hand aus, unwillkürlich, wie jeder, der davor steht und überwältigt ist von der

Kraft, die das Kunstwerk ausstrahlt, und es anfassen möchte. Aber da läßt ihn eine Stimme innehalten.

»Vorsicht, sonst geht der Alarm los!«

Der Mann drehte sich überrascht um und zog die Augenbrauen hoch, denn vor ihm stand eine recht eigenartige Gestalt. Auf den ersten Blick hätte man ihn für einen Penner halten können, aber irgend etwas in seiner Art oder seiner Kleidung deutete eher auf etwas Vornehmeres hin, einen verlotterten Leihbibliothekar etwa oder einen heruntergekommenen Altpapierhändler.

»Sie sind wohl ein Fachmann?« antwortete schließlich der Mann.

»Nein, ich ... wohne hier! Vorübergehend! Wie sind Sie hier hereingekommen? Durch die Seitentür?«

Der Mann wandte sich wieder dem Altarbild zu.

»Ein herrliches Stück!«

»Tja ... das kommt jetzt wohl unter den Hammer! Die Filiale hier wird mit St. Agnes in Gugenheim zusammengelegt!« seufzte der andere und strich sich über die dünnen Haare.

»Wer sagt das?«

Wieder seufzte der Alte.

»Na, der alte Pfarrer Heinrich geht doch in Pension, und einen neuen haben sie nicht gefunden!«

So war es, und alle Eberstädter, die katholischen vor allem, haben es kommen sehen. Nachdem der Herrenausstatter Wendelin seinen Totalausverkauf veranstaltet, nachdem die Metzgerei Hornung dicht gemacht und den Laden im Sommer an einen »Gelato-Italiener« verpachtet hatte, spätestens dann hatte es der letzte Eberstädter geschnallt, daß es abwärts ging mit Eberstadt, und keinen überraschte es, als im Gemeindeblatt zu lesen war, daß St. Augustin, nach dem Abgang des alten Pfarrers Heinrich, mit St. Agnes zusammengefaßt werden sollte. Man hatte es kommen sehen.

Der Mann kniete sich in die erste Bank. Dem Riemenschneiderfachmann schien das gar nicht recht zu sein.

»Ja wie? Das geht jetzt nicht! Wenn der Herr Pfarrer merkt,

daß nicht abgeschlossen war, kriege ich die größten Unannehmlichkeiten!«

Der Mann schüttelte den Kopf.

»Zwei Minuten, ja?«

Der andere runzelte zwar die Stirn, aber er setzte sich geduldig in die Bank dahinter und wartete. Dabei schaute er auf den Rücken des seltsamen Besuchers, der wie der Rücken eines Elefanten vor ihm aufragte, und wo der dunkle Wollstoff sich spannte, als der Mann nun die Ellenbogen aufstützte und die Hände faltete.

Himmel und Hölle

Das Pfarrhaus lag zwischen Rathaus und Küche und war ehemals das Zeughaus der Ratsherren. Hinter seinen noch dickeren Mauern hätte man die gesamte Eberstädter Christenheit gegen die Hunnen verteidigen können, wenn sie es bis Eberstadt geschafft hätten, aber gegen die Versuchungen und die Zweifel unserer modernen Zeit waren selbst die alten Granitsteine machtlos.

Um zum Pfarrhaus zu kommen, mußte man durch die kleine Seitentür neben dem großen Tor, durch das früher hochbeladene Getreidewagen fahren konnten, und über den Innenhof zur Treppe mit dem bemoosten Sandsteingeländer aus gotischen Spitzbögen.

Der beleibte Mann, der aus der Kirche gekommen war, stellte seinen Koffer vor der Tür ab und läutete. Kurz darauf wurde die Tür aufgerissen, und eine kleine Frau mit rundem Gesicht und weinerlicher Stimme begann, ohne Punkt und Komma auf den Mann einzureden.

»Na endlich! Sie sind doch der neue Pfarrer?«

»Ja! Grüß Gott! Adam Kempfert!«

Der Mann streckte die Hand aus, aber die Frau schlüpfte in ihren Mantel und hatte keine Hand frei.

»Wo bleiben Sie denn? Der Herr Heinrich wartet seit einer

Stunde auf Sie! Seit Sie angerufen haben, ist er ganz durcheinander!«

Sie ging voraus ins Haus. Der Mann, Pfarrer Adam Kempfert also, folgte ihr durch den Flur und bis vor die Tür des Wohnzimmers, während die Frau einfach weiterplapperte.

»Dabei sollte er ja im Bett bleiben, aber er hat ja partout aufstehen müssen, wo er doch so krank war!«

Sie blieb mit der Klinke in der Hand stehen und schaute Kempfert mit strengem Blick an.

»Und bitte, reden Sie laut! Der alte Herr Pfarrer hört nämlich nicht mehr recht!«

Erst als Kempfert genickt hatte, öffnete sie die Tür und ließ Kempfert hinein. Lautstark kündete sie dabei den Besucher an.

»Der Herr Pfarrer, Herr Pfarrer, bleiben Sie sitzen, ich muß jetzt geh'n! Das Mittagessen steht auf kleiner Flamme, allerdings für Sie beide wird es nicht reichen!«

Sie warf noch einen kritischen Blick auf die volle Figur des Besuchers und war schon wieder unterwegs zur Tür.

»Dann bis morgen! Gelobt sei Jesus Christus! In Ewigkeit, Amen!«

Der alte Pfarrer hatte wohl den Gruß überhört und erhob sich mühsam aus dem Plüschsessel, um Kempfert zu begrüßen.

»Hat unser Bischof doch einen Dummen gefunden?« stieß er bitter hervor, als er Kempferts Hand schüttelte.

Kempfert half dem alten Mann hinüber zum Tisch und versuchte so laut wie möglich zu antworten.

»Wenn es nach dem Bischof ginge, dann wäre ich heute Rektor an der katholischen Akademie!«

Pfarrer Heinrich schaute den Kollegen stirnrunzelnd an.

»Reden Sie immer so laut?«

Kempfert lächelte verlegen.

»Nein, ich denke, Sie sind schwerhörig!«

Pfarrer Heinrich ließ sich langsam auf den Stuhl sinken und knurrte.

»Reine Notwehr! Als ich gemerkt habe, daß mir keiner mehr

zuhört, habe ich aufgehört zuzuhören, es ist sowieso immer dasselbe, nicht wahr?«

Auch Adam Kempfert setzte sich.

»Zu wem sollen die Menschen sonst gehen, damit ihnen einer zuhört?«

Aber der alte Pfarrer stellte sich weiter schwerhörig.

»Haben Sie was zu rauchen?«

Es sollte eine Weile dauern, bis Kempfert die Taktik des schmächtigen, alten Pfarrers durchschaut hatte. Immer, wenn ihm eine Frage nicht paßte, stellte er sich einfach taub, dafür fing er aber bald um so lauter an, seiner in langen Jahren angestauten Verbitterung freien Lauf zu lassen, und da erlaubte sich Kempfert, auch nicht so genau hinzuhören.

»Als ich vor fünfzig Jahren hier angefangen habe, war St. Augustin eine blühende Gemeinde, mit über fünfzehntausend aktiven Christen! Drei Messen haben wir lesen müssen am Sonntag, so voll war die Kirche! Heute kommen vielleicht noch sechzig, und die Hälfte davon sind Gastarbeiter. Eberstadt ist ein gottverlassenes Nest!«

Kempfert wollte sich eigentlich das Rauchen abgewöhnen, aber hatte es nicht übers Herz gebracht, seine Pfeife und den Tabak, den ihm einer seiner Studenten in der Akademie zum Abschied geschenkt hate, wegzuwerfen oder weiterzuverschenken. Er zündete sie nun an und reichte sie Pfarrer Heinrich.

»Dem lieben Gott ist es egal, wieviel Leute in die Kirche kommen!«

Auch diese Feststellung, die nicht in sein Weltbild paßte, überhörte Heinrich und zog gierig an der Pfeife. Dann reichte er sie zurück.

»Was haben wir falsch gemacht, Herr Kempfert?«

Auf diese Frage hatte Kempfert keine Antwort, aber während Pfarrer Heinrich weiterredete, dachte er weiter darüber nach. Ja, es war viel falsch gemacht worden. Auch er hatte viel falsch gemacht. Sein ganzes bisheriges Leben kam ihm heute wie ein einziger großer Fehler vor, das Studium, in dem er es zum Doktor der Theologie und Philosophie gebracht hatte, die Bücher, die er geschrieben hatte, die satten, selbstgefälligen Jahre an der Akademie, in denen er fett und träge geworden war, alles kam ihm vor wie ein schlechtes Essen, nach dem man sich schüttelt und glaubt, dringend einen Schnaps zu brauchen.

»Theologie- und Philosophiedozent, das ist doch eine schöne Karriere, und man macht sich die Finger dabei nicht schmutzig!«

Kempfert schaute Heinrich verblüfft an. Konnte der alte Mann Gedanken lesen?

»Die Finger nicht, aber vielleicht die Seele! Außerdem, Theologen gibt es genug, Pfarrer zu wenig!«

Pfarrer Heinrich beschloß, auch diese Feststellung zu ignorieren, und stopfte die Pfeife nach. Kempfert schaute ihm zu. Dann holte er tief Luft und sagte laut:

»Übrigens, die Kirche sollten wir in Zukunft geöffnet lassen, für jeden und immer!«

»Ja, ja, machen Sie nur! Das ist ja jetzt Ihre Pfarrei! Auf dem Schreibtisch liegen die Bücher und die Post von einer Woche! Die Annemarie kann Ihnen das alles erklären!«

Während Kempfert sich auf dem Schreibtisch umsah und durch den Stapel unerledigter Post blätterte, redete Heinrich weiter.

»Annemarie Bieler ist die Gemeindereferentin, die ich vom Bischof gekriegt habe nach meiner Lungenentzündung letztes Jahr! Ein junges Ding, aber ganz brauchbar!«

Kempfert nickte und hielt einen Brief hoch.

»Und wer ist Dannecker?«

Heinrich stieß eine Wolke Tabakrauch aus.

»Wilhelm Dannecker! Der größte Kirchensteuerzahler am Ort. Ihm gehört die Dannecker AG, sein Großvater hat hier in Eberstadt ganz klein angefangen! Was schreibt er?«

Kempfert kam zum Tisch zurück.

»Eine Einladung, vierzehnter... das ist heute?«

Heinrich nickte nachdenklich mit dem Kopf.

»Das ist das Hundertjährige! Gehen Sie ruhig hin! Da lernen Sie die Creme de la creme unserer traurigen Gemeinde gleich auf einen Schlag kennen! In die Kirche gehen die sowieso nur an Ostern!«

Der ungewohnt gute englische Tabak war wohl zuviel für Pfarrer Heinrichs Lungen. Ein Husten begann den Mann zu schütteln, und Kempfert half ihm hoch.

»Kommen Sie, ich bringe Sie wieder ins Bett.«

Aber Heinrich wehrte ihn ab.

»Das schaffe ich schon allein! Sie haben jetzt andere Sorgen!«

Er hatte sich wieder beruhigt und schaute Kempfert aus feuchten Augen an.

»Wenn Sie wollen, können Sie meine Möbel haben! Ist sowieso nur altes Zeug, und ins katholische Männerheim darf man nichts mitbringen!«

Kempfert fand das Angebot zwar rührend, aber auch unnötig.

»Danke, aber von mir aus können Sie auch gern hier bleiben! Das Pfarrhaus ist groß genug für uns beide!«

Jetzt war es an Heinrich, Kempfert verblüfft anzuschauen.

»Sie haben keine Ahnung, auf was Sie sich da eingelassen haben! Die Menschen brauchen uns nicht mehr, Herr Kempfert! Die haben jetzt einen Fernseher und sind froh, wenn sie mit ihren Raten nachkommen! Wir dürfen sie gerade noch taufen und wenn es hochkommt, beerdigen! Ansonsten lebt jeder, wie es ihm in den Kram paßt. Nicht besonders böse, lauwarm eben, so lauwarm, daß nicht einmal der Herrgott mit dem Blitz hineinfahren will! Aber was rede ich! Ich wünsche Ihnen trotz allem Gottes Segen, mein Lieber!«

Heinrich drückte Kempferts Arm und ließ sich von ihm zur Tür begleiten.

»Tut mir leid, daß ich Ihnen keine große Hilfe sein kann, aber Herr Stutz, unser Gemeinderatsvorstand, und Fräulein Bieler wissen ja Bescheid!«

Kempfert lächelte beruhigend.

»Ich komme schon klar! Nur noch eine Frage, die Dame, die mich hereingelassen hat, wer war denn das?«

»Agnes Bebel, ihr Mann war Küster hier, seit er tot ist, macht sie eben die Arbeit! Dann bis später vielleicht! Essen Sie ruhig mein Mittagessen! Ich kann Hühnerfrikassee nicht mehr sehen!«

Kempfert schloß die Tür hinter Heinrich und öffnete die Fenster, um den Pfeifenrauch hinauszulassen auf den leeren Marktplatz. Sein Blick fiel auf die »Eberburg«, deren gemütliche Fachwerkfassade wesentlich einladender wirkte als die beschmierte Kirchenmauer auf der anderen Seite des Platzes. Plötzlich fühlte Kempfert sich allein. Es war ein anderes Gefühl des Alleinseins als das, das er zur Genüge kannte, wenn er von der Vorlesung auf sein Zimmer kam, in dem es nach abgestandenem Pfeifenrauch und Junggeselle roch. Hier, in seiner neuen Gemeinde, mitten im sogenannten Leben und unter den Menschen, fühlte sich das Alleinsein anders an, als hätte ihn einer hier ausgesetzt und verlassen.

*

Um die Mittagszeit ist in der »Eberburg« nie viel los. Erst gegen Abend, wenn die Arbeiter aus dem Dannecker-Werk auf dem Heimgang sich ein, zwei schnelle Biere genehmigen, geht es in der gemütlichen Äppelwoikneipe munterer zu, und noch munterer wird es später. Da kommen nämlich sogar Leute aus Frankfurt, zum Beispiel nach dem Theater, um bei Kurt Maiwalds deftiger Kost Urlaub von den Discos und Zweisternelokalen zu machen. Jetzt aber, kurz vor zwölf, hörte man nur das Summen der zwei Winterfliegen, die wie durch ein Wunder allen Vernichtungsversuchen Trude Maiwalds zum Trotz um die Lampe über dem Zapfhahn kreisten. Kurt Maiwald warf ihnen einen vernichtenden Blick zu, der allerdings auch keine Wirkung zeigte, und zapfte das letzte Bier für die zwei Herren am Stammtisch.

»Marion!« rief er ungeduldig, aber Marion, seine Tochter und einzige Kellnerin hatte gerade eine Mark in den Schlitz der Musicbox gesteckt und drückte zweimal A4, die Single von den Rolling Stones mit dem Titel, der die derzeitige Gefühlslage des siebzehnjährigen Mädchens am deutlichsten zum Ausdruck brachte: »I can't get no satisfaction!« Die beiden Fliegen, die endlich zur Landung auf dem Lampenschirm angesetzt hatten, schwirrten verstört auf, als die Lautsprecherbox zu vibrieren begann und Kurt Maiwald gequält aufstöhnte:

»Marion! Muß das sein? Dein ganzes Geld steckst du in die Maschine!«

Marion warf Kurt einen Blick zu, der einen weniger selbstbewußten Vater zum Analytiker getrieben hätte, und griff nach den beiden Biergläsern, deren Schaumkronen unter den Schallwellen der Rockmusik sichtbar zusammensanken.

»Was regst du dich auf, Papa. So bleibt das Geld doch in der Familie!«

Bevor Kurt etwas Passendes dazu einfiel, war Marion schon unterwegs zum Stammtisch, wo Klaus Bardusch, der Lokalredakteur der Eberstädter Ausgabe der Frankfurter Zeitung und Bürgermeister Rösner schon ungeduldig auf ihr erstes Bier und ihr Mittagessen warteten. Kurt Maiwald wollte wenigstens den Kopf schütteln, wenn ihm schon nichts Besseres einfiel, aber auch das wurde verhindert, weil seine Frau Trude aus der Küche kam und drei dampfende Teller vor ihn stellte.

»Einmal Schwartenmagen mit Bratkartoffeln, zwei Schlachtplatten!«

Kurt starrte auf die Teller und dann in das leicht verschwitzte Gesicht seiner Frau.

»Zwei Schlachtplatten? Was soll ich mit zwei Schlachtplatten? Eine habe ich bestellt! Für den Rösner! Bardusch kriegt den Schwartenmagen! Oder siehst du sonst noch jemand?«

Anklagend fuchtelte Kurt mit seinem nassen Handtuch in Richtung Stammtisch, und seine Stimme überschlug sich. Trude warf Kurt einen Blick zu, der einem weniger abgehärteten Ehemann die ganze Fragwürdigkeit seiner Existenz schlagartig klar gemacht hätte.

»Zwei hast du bestellt, und zwei hast du bekommen. Im Notfall kannst du ja eine essen!«

Kurt Maiwald holte tief Luft, und wer weiß, was er alles gesagt hätte, wenn nicht in diesem kritischen Augenblick die Tür aufgegangen und Adam Kempfert hereingekommen wäre. Er nickte Kurt Maiwald kurz zu und setzte sich an den Stammtisch.

»Ist es gestattet?«

Klaus Bardusch nickte kurz hinter seiner Zeitung, und der Bürgermeister zuckte mit den Schultern. Kurt Maiwald schaute auf seine Schlachtplatte und dann zu dem dicken Gast, der nach der Speisekarte griff und Marion zulächelte.

»Der sieht aus, als könnte er eine Schlachtplatte vertragen!« zischte Kurt seiner Frau zu, schob sie beiseite und trug die beiden Teller persönlich hinüber.

»Einmal Schwartenmagen, Herr Bardusch, und die Schlachtplatte für den Herrn Bürgermeister!«

Mit einer heimlichen Kopfbewegung verscheuchte er Marion und wandte sich dann mit gewinnendem Lächeln an den neuen Gast.

»Und was darf's für Sie sein? Schlachtplatte ist ganz frisch heute! Unsere Spezialität! Herzhaft pikante Leberwurst, würzige Blutwurst und zarter Bauernspeck auf Sauerkraut mit Püree... eine Portion wäre noch da! Zufällig!«

Kurt hielt erwartungsvoll inne, und auch der Lokalredakteur hörte auf zu kauen, während der Bürgermeister mit gezücktem Messer und stichbereiter Gabel dasaß und sich nicht traute anzufangen, aus Angst, das so einladend geschilderte Kunstwerk aus der »Eberbürger« Küche zu entweihen. Hinten am Tresen hielten Trude und Marion die Luft an. Selbst die beiden Winterfliegen und schließlich auch Mick Jagger in der Musicbox verstummten, nur die überzählige Schlachtplatte dampfte vor sich hin. Kein Wunder, daß Kempfert ob all der atemlosen Aufmerksamkeit, die seiner Entscheidung entgegenfieberte, verlegen wurde und seine Stimme leicht krächzte.

»Nein danke... ich, ich bin leider auf Diät! Bringen Sie mir bitte ein Mineralwasser und einen grünen Salat!«

Maiwalds Gesicht fiel in sich zusammen wie ein Salatblatt auf dem Komposthaufen.

»Sprudel!« stöhnte er auf, »wissen Sie überhaupt, wo Sie hier sind?! Solange hier dieser Stammtisch steht, und das sind bald 200 Jahre, solange hat an diesem Tisch noch keiner einen Sprudel bestellt und keiner einen gekriegt!«

Kempfert wollte es nicht gleich mit der einheimischen Bevölkerung und seinen zukünftigen Schafen verderben und änderte schnell seine Bestellung.

»Kaffee?« bot er zögernd an, aber Kurt Maiwald schüttelte nur traurig den Kopf.

»Wie man sich in einem Menschen so täuschen kann! Ich hätte schwören können, Sie lassen sich so was nicht entgehen, aber bitte! Marion! Bring mir den Teller und Besteck, und für den Herrn hier ein Glas Sprudel!«

»Und einen Salat«, fügte Kempfert so bescheiden wie nur möglich an, was nun den Lokalredakteur ins Spiel brachte.

»Salat ist ungesund«, meinte er und schaute Kempfert grimmig an. »Pestizide, Schwermetalle, saurer Regen!«

Das konnte Kurt Maiwald nicht auf sich sitzen lassen. Er rückte den Stuhl heftig an den Tisch und donnerte los.

»Moment! Nicht in meinem Salat, gell! Der kommt aus dem eigenen Garten! Und den Mist zum Düngen hol ich mir persönlich von meinem Schwager!«

»Kolibakterien, Harnsäure, das ist auch nicht gesünder!« konterte Bardusch gelassen und schob sich ein Stück Schwartenmagen in den Mund. Kurt schaute zu Röser, aber der Bürgermeister hütete sich, zum brisanten Thema irgend etwas beizusteuern, was ihm hinterher von der Opposition im Munde herumgedreht werden könnte. Seit die Welt nicht mehr Welt hieß, sondern Umwelt, hatte er in Eberstadt nur noch Scherereien. Kurt starrte Bardusch böse an und schimpfte:

»Ach hören Sie doch auf, Herr Bardusch! Bei euch Journalisten vergeht einem ja glatt der Appetit! Nichts als Katastrophen . . .!«

Marion knallte den Teller vor ihren Vater, was diesen verstummen ließ, und reichte Kempfert den Salat.

»Guten Appetit!«

Kempfert nickte dankend und begann zu essen. Auch die anderen am Tisch ließen es sich jetzt schmecken. Trude Maiwald zog den Stecker der Musikbox aus der Dose, den Protest ihrer Tochter mit einem strengen Blick im Keim erstickend, und es war nur noch das Klappern des Bestecks auf den Tellern zu hören.

Verstohlen beobachtete Kempfert seine Tischgenossen. Eigentlich war er nur gekommen, um sich vorzustellen als der neue Pfarrer und die Adresse von Theo Stutz, dem Vorstand des Pfarrgemeinderates, zu erfragen, aber jetzt fand er es ganz amüsant, sozusagen wie Harun al Raschid, der Kalif von Bagdad, unerkannt und inkognito durch seine neue Gemeinde zu wandern. Der Salat schmeckte wider Erwarten gut, und wäre nicht der verführerische Geruch gewesen, der von Rösners und Maiwalds Teller aufstieg und an Kempferts Nase vorbei zum Ventilationsschacht neben dem Eberkopf zog, wäre ihm sein Vorsatz, mit der neuen Aufgabe als Vorortpfarrer auch gleich gründlich abzuspecken, nicht gleich wieder als unüberwindliches Unterfangen vorgekommen. Die Stimme von Trude Maiwald riß Kempfert aus seinen Salatgedanken.

»Jetzt schau an! Ich glaube, wir kriegen doch einen neuen Pfarrer!«

Pfarrer!

Alle Köpfe am Tisch drehten sich abrupt zu ihr. Trude deutete aus dem Fenster hinüber zum Pfarrhaus. Kempfert hätte sich beinahe verschluckt. Rösner kaute ruhig weiter.

»Ich denke, die Gemeinde wird mit St. Agnes zusammengelegt?«

Klaus Bardusch trieb die berufliche Neugier aber zu Trude ans Fenster.

»Vielleicht hat sich einer gemeldet!«

»Das wird so einer sein!« knurrte Kurt Maiwald, für den jeder Schwarzrock ein rotes Tuch war. Trude fuhr ihn an.

»Besser als keiner, auf jeden Fall! Ich hab nämlich keine Lust, jeden Morgen nach St. Agnes zu laufen. Du gehst ja nicht in die Kirche, also kann es dir ja egal sein!«

»Ist es mir auch, und da wird auch ein neuer Pfarrer nichts ändern!«

Kurt drückte zornig die Füllung aus der prallen Wurstpelle und wäre dabei beinahe ausgerutscht, als Kempfert ihn ansprach.

»Sind Sie katholisch?«

»Ich bin Atheist!« erwiderte er stolz, als sei das etwas Besonderes. »Ich bin schon '49 ausgetreten aus dem Verein, und zwar mit Pauken und Trompeten!«

Kempfert runzelte die Stirn.

»Darf man fragen, warum?«

Bevor Kurt antworten konnte, fuhr Trude mit einer liebenswürdigen Gehässigkeit dazwischen, die verriet, daß dieses Thema bei Maiwalds für ständigen Zündstoff sorgte.

»Weil der Pfarrer Heinrich seinen Vater nicht beerdigen wollte in geweihter Erde! Weil der sich doch selber umgebracht hat, wo die Amerikaner einmarschiert sind!« fügte sie erklärend an und wandte sich gleich wieder zu Bardusch am Fenster, der die Vorgänge beim Pfarrhaus weiter beobachtet hatte.

»Jetzt laden sie die Möbel aus!«

»Das muß seine Haushälterin sein«, schloß Trude messerscharf. »Und einen Persianer hat sie an, mitten in der Woche!«

Die letzte Äußerung machte Kempfert nun doch stutzig. Er schob den Stuhl zurück und hastete zum Fenster. Tatsächlich! Da stand ein Kleinlastwagen, aus dem zwei Möbelpacker gerade ein Sofa ausluden, dessen Plüschbezug Kempfert nur allzu vertraut war.

»Das darf doch nicht wahr sein«, stöhnte er und wollte schon wegrennen, als Kurt Maiwalds Stimme ihn kurz vor der Tür einholte.

»Ja wie? Und was ist mit Zahlen? Marion!«

Während Kempfert hastig Marion das Geld in die Hand

drückte, ließ er sich schnell noch den Weg zum Friseursalon Stutz erklären. Dann rannte er hinaus und hörte Trude noch sagen:

»Eine Haushälterin mit Pelzmantel, das kann ja heiter werden.«

★

Die »Haushälterin im Pelzmantel« war dabei, die Herren mit resoluter Stimme zu dirigieren, als Kempfert sie ziemlich barsch unterbrach.

»Halt! Keinen Schritt weiter!«

Atemlos hielt er die Lehne des Sofas fest.

»Das geht retour und du gleich mit!«

»Adam, jetzt mach keinen Aufstand!« erwiderte die Dame mit jener graziösen Bestimmtheit, mit der ältere Damen, wenn sie es drauf anlegen, nicht nur Berge, sondern ganze Gebirgszüge versetzen können, und schaute Kempfert lächelnd an.

»Ich habe gedacht, ich helfe dir! Du weißt doch gar nicht, wie man einen Haushalt führt!«

Kempfert holte tief Luft und polterte los.

»Also Else, ich bin dein großer Bruder, ja? Und ich bin alt genug, meine Schnürsenkel alleine zuzumachen, und so gut wie du koche ich allemal, außerdem bin ich auf Diät und meine Wäsche kann ich im Waschsalon waschen! Ich brauche keine Haushälterin, das habe ich dir zigmal gesagt! So und jetzt packst du brav deine Sachen wieder ein und gehst wieder heim! Ja?«

Else zog die Nase hoch.

»Ich kann nicht heim!«

Kempfert war die ganze Sache mehr als peinlich, vor allem, weil drüben bei der »Eberburg« die Tür aufging und Trude, Kurt und Bardusch neugierig herüberschauten. Er zog Else mit sich hinter den Möbelwagen und redete beschwörend auf sie ein.

»Was soll das heißen? Natürlich kannst du heim! Und wegen mir brauchst du doch deine Stelle beim Bischof Neubauer nicht hinzuschmeißen! Else! Ich komme alleine zurecht, und sowieso, was sollen die Leute mit einem Pfarrer, der nicht einmal seinen eigenen Kram in Ordnung halten kann! He?«

Else zog noch einmal die Nase hoch und führte dann den entscheidenden Schlag ins Kontor aus, der Kempfert die Augen aufreißen und sie fassungslos anstarren ließ.

»Ich hab Neubauer gestern gekündigt!«

»Nein! Oh, Else!«

»Was willst du? Du hast doch auch gekündigt in der Akademie! Oder?«

Aber Kempfert hörte schon nicht mehr zu. Wütend stapfte er davon.

»Adam! Wo gehst du denn hin! Adam!«

Auch die Möbelpacker starrten Kempfert nach. Der ältere wagte schließlich schüchtern zu fragen:

»Und? Was ist jetzt? Rein oder raus?«

Else drehte sich um. Sie deutete zornig auf das Tor zum Pfarrhof.

»Rein!«

Sie ging voraus und hielt die Tür auf. Ihr Bruder verschwand gerade um die Ecke bei der Eberburg. Sie schaute ihm nach. Die muntere Fassade fiel plötzlich von ihr ab, und zum Vorschein kam das Gesicht einer ziemlich verzweifelten Frau. Dann folgte sie den Herren ins Pfarrhaus.

*

Theo Stutz rollte die letzte Locke auf den Wickler und schob die Trockenhaube über den Kopf seiner Kundin.

»Da bin ich voll und ganz Ihrer Meinung, Frau Doktor! Eine Schande ist das! Da geh ich lieber jeden Morgen nach St. Agnes, bevor ich mir von so einem linken Pfarrer von der Akademie die Predigt anhöre! Wir haben geschlossen beim Ordinariat protestiert...!«

Die Türglocke unterbrach mit ihrem Geschepper den Redeschwall des aufgebrachten Meisters. Er schaltete noch schnell die Haube auf Volldampf und eilte dem Kunden entgegen, der zögernd bei der Tür stehen geblieben war.

»Tut mir wahnsinnig leid, mein Herr, aber ich bin völlig ausgebucht!«

Eifrig blätterte er durch sein Terminbuch, um gleich erfreut aufzuschauen.

»Das heißt, einmal Haareschneiden ohne Waschen könnte ich eventuell noch dazwischenschieben, bevor die Frau Bebel nachher dran ist!«

Er strahlte Kempfert mit seinem besten Lächeln an, das allerdings immer noch so aussah, als hätte er gerade aus Versehen einen Schluck Haarwasser getrunken.

Kempfert versuchte das Lächeln, so gut er konnte, zu erwidern.

»Haareschneiden? Ja, warum nicht! Sie sind der Herr Stutz, oder?«

Stutz machte eine einladende Geste zur Herrenabteilung seines Salons, die aus zwei altmodischen Lederstühlen mit drehbarem Sitzkissen bestand.

»Jawohl! Bei uns schneidet der Chef persönlich und höchst eigenhändig! Fasson nehme ich an?«

»Wie Sie meinen!«

Kempfert ließ sich vorsichtig in den Sessel beim Fenster nieder, während Theo Stutz ihn verstohlen im Spiegel musterte.

»Sie sind nicht von hier?«

Kempfert wollte schon sein Inkognito aufgeben, aber irgend etwas in diesem Gesicht hinter ihm hielt ihn davon ab. Er brauchte auch gar nicht zu antworten, denn Theo Stutz gehört zu denen, die Fragen nur stellen, um sie dann selbst beantworten zu dürfen.

»Bestimmt nicht! Wer zieht schon nach Eberstadt! Wer es sich leisten kann, wohnt drüben in Gugenheim! Bei uns wohnen nur die armen Schlucker, die bei Dannecker am Fließband schaffen! Die Herren Abteilungsleiter haben ja längst ihre Eigentumswohnung! Arbeiten Sie auch bei Dannecker?«

Kempfert hob sein Doppelkinn, damit Stutz ihm das Frisiertuch umbinden konnte, und wollte schon etwas sagen, aber

Stutz kam ihm zuvor. »Meinen Schwager haben sie letztes Jahr entlassen! Alles geht bergab hier, und wenn erst dieser linke Pfarrer hier auf die Kanzel steigt, dann ist es zappenduster!«

Stutz zog die Schublade neben dem Waschbecken auf und suchte nach der Schere, so daß Kempfert es schaffte, schnell eine Frage loszuwerden.

»Kennen Sie denn den neuen Pfarrer?«

»Doktor Doktor Kempfert? Und ob! Das ist einer von denen, die die Bibel mit dem kommunistischen Manifest verwechseln!« Theo Stutz schob die Schublade so heftig zu, daß der Spiegel aus der Balance geriet.

»Und ausgerechnet so einen schicken sie uns nach Eberstadt, als wenn wir nicht schon genug Probleme hätten!«

Kempfert deutete im Spiegel auf die Brusttasche des Friseurs, aus der die Spitze der Schere herausragte.

»Falls Sie Ihre Schere suchen …?«

Stutz seufzte und griff an seine Brust. Verlegen lächelnd zog er die Schere heraus und begann sehr professionell damit zu klappern. Kempfert nutzte die Verlegenheitspause, um nachzufassen.

»Welche Probleme zum Beispiel?«

»Zum Beispiel die Arbeitslosen, zum Beispiel die jungen Leute, die sich zu schade sind, etwas Anständiges zu lernen, zum Beispiel die Sozialwohnungen unten am Eberbach, die sie uns vor die Nase gebaut haben, mit nichts als Asozialen drin, die sich nicht einmal einen Messerschnitt für 8 Mark leisten, geschweige denn eine Dauerwelle! Wo bleiben da wir, die kleinen Geschäftsleute?«

Stutz fuchtelte wild mit Kamm und Schere durch die Luft und schaute Kempfert im Spiegel anklagend an.

»Alles geht den Bach hinunter, sage ich Ihnen, und wissen Sie, woran das liegt?«

Kempfert versuchte schon gar nicht zu antworten, sondern machte nur ein fragendes Gesicht, was ihm nicht schwerfiel, da sein rundes Gesicht sowieso meistens so aussah, als würde ihn eine Frage beschäftigen.

»An den Werten!« trumpfte Stutz auf und lächelte tragisch. »Keiner hat mehr Werte! Es gibt keine Anständigkeit mehr, keinen Fleiß, Rechtschaffenheit! Alles Fremdwörter heutzutage. Und vor allem keine Frömmigkeit mehr! Gehen Sie mal am Sonntag in unsere Kirche! Eine Schande ist das. Da haben wir extra alles neu streichen lassen im Herbst, aber meinen Sie, einer kommt? Außer denen, die immer kommen: Ganze sechzig praktizierende Katholiken, wenn's hoch kommt, und die Hälfte davon ist so alt, daß sie sich kaum noch in die Kirche schleppen können! Wo ist die Jugend, frage ich Sie! Wo?«

Stutz legte tatsächlich eine Pause ein, als warte er jetzt doch auf eine Antwort, und Kempfert holte Luft, als plötzlich die Tür aufgerissen wurde, so heftig, daß die alte Türglocke fast von der Feder gesprungen wäre. Theo Stutz drehte sich auf dem Absatz und starrte auf Sigrid Strecker, die auf ihn zustürzte und ihn verzweifelt am Revers packte.

»Schnell Theo, du mußt kommen!«

Stutz machte sich los und herrschte die Frau an.

»Ja, was denkst du denn? Erst muß ich den Herrn da fertig schneiden, und drüben sitzt die Frau Doktor!«

»Bitte! Der Paul spielt wieder verrückt! Ich weiß nicht mehr, was ich machen soll!«

Wieder faßte sie Theo am weißen Kittel, und wieder wehrte er sie ab, wie man Ertrinkende abwehrt, wenn das Rettungsboot schon voll ist und der Kapitän Theo Stutz heißt.

»Also Sigrid! Wenn ich jedesmal wegrennen würde, wenn dein sauberer Mann durchdreht, dann könnte ich meinen Laden zumachen! Bin ich der Hüter meines Schwagers?! Wächst Gras in meiner hohlen Hand?«

Die Frau schaute Theo mit einem Blick an, der jeden anderen in der Seele getroffen hätte, aber die Seele von Theo Stutz saß nicht da, wo bei anderen Menschen die Seele sitzt, und der Blick ging vorbei.

»Wahrscheinlich ist er nur besoffen, ruf halt die Polizei!«

»Er hat die ganze Wohnung demoliert und sich mit der Kleinen im Schlafzimmer eingeschlossen!«

Stutz runzelte die Stirn und ging entschlossenen Schrittes zu seinem Telefon.

Kempfert, der die Unterhaltung mit wachsender Erregung verfolgt hatte, versuchte das Frisiertuch loszuwerden und stand auf.

»Theo? Was machst du?« rief die Frau und versuchte, Stutz den Hörer aus der Hand zu nehmen.

»Ich ruf jetzt den Wachtmeister Antes an! Basta! Ich hab die Nase voll!«

Kempfert legte das Tuch auf den Tresen und winkte Stutz ab.

»Lassen Sie! Vielleicht kann ich helfen!«

Stutz ließ entgeistert den Hörer sinken.

»Sie? Was wollen Sie denn!«

Kempfert schaute die Frau an und stellte sich mit möglichst ruhiger Stimme vor.

»Ich bin der neue Pfarrer von St. Augustin. Wenn Sie wollen, gehe ich mit Ihnen!«

Die Frau brauchte eine Weile, bis ihr klar wurde, was Kempfert gesagt hatte, aber dann griff sie nach seiner Hand.

»Ja, aber schnell bitte!«

Stutz knallte den Hörer auf die Gabel und hätte einiges zu sagen gehabt, nur wäre er zu spät gekommen, weil Kempfert und Frau Strecker schon längst unterwegs waren. So schüttelte er nur fassungslos den Kopf.

»Das ist doch ... ja, was ist denn das ...!«

*

Kempfert hatte alle Mühe, mit Sigrid Strecker Schritt zu halten, die halb rennend vor ihm herging und versuchte, dem Pfarrer die verzweifelte Lage klar zu machen.

»Seit er arbeitslos ist, trinkt er, oder umgekehrt. Er hat zu trinken angefangen, und da haben sie ihn bei Dannecker entlassen! Nach über 20 Jahren!«

Sie hielt vor einem Altbau, dessen verschnörkelte Sandsteinfassade ziemlich gelitten hatte unter dem Verkehr, der sich tagaus, tagein durch die enge Hauptstraße drängte, und stieß die Tür auf.

»Schon sein Vater war bei Dannecker, und jetzt ist Paul nicht beim Hundertjährigen Jubiläum dabei! Das macht alles noch schlimmer!«

Sie ging voraus. Kempfert stolperte im dunklen Hausflur über ein Kinderdreirad, und bis er sich aufgerappelt hatte, wartete Frau Strecker schon oben vor der Tür auf ihn.

In der kleinen Wohnung war es gefährlich still. Es roch nach aufgewärmtem Essen aus der Küche. Überall lagen Sachen herum. Stühle, die Stehlampe, und Scherben knirschten unter Kempferts Sohlen, als er Sigrid durch das Wohnzimmer zur Schlafzimmertür folgte. Sigrid blieb lauschend stehen. Dann flüsterte sie:

»Da drin ist er! Er hat die Bettina mit eingeschlossen!«

»Wie alt ist sie?« flüsterte Kempfert zurück.

»Sechs! Was soll ich nur machen?«

Ihre Stimme war lauter jetzt, und man hörte drinnen einen Stuhl umfallen.

»Mama!« rief eine angstvolle Kinderstimme. »Mama!«

Sigrid begann heftig an der Türklinke zu rütteln. Kempfert versuchte sie zu beruhigen.

»Bitte! Lassen Sie mich mit ihm reden!«

Aber die Frau wehrte seine Hand ab und begann zu schreien: »Paul, du machst jetzt sofort auf, oder ich hole die Polizei! Paul! Hörst du?«

Sie lauschte an der Tür. Wieder hörte man die Stimme der Kleinen nach ihrer Mutter rufen. Kempfert hielt es nicht mehr aus. Er mußte etwas unternehmen.

»Herr Strecker«, rief er vorsichtig, »kann ich Sie einen Augenblick sprechen? Herr Strecker?«

Als keine Antwort kam, versuchte Kempfert es anders.

»Bettina? Hörst du mich?«

»Ja«, klang es kläglich von drinnen.

»Was macht dein Papa denn?«

»Nichts! Er steht am Fenster und sagt nichts!«

Kempfert schaute Sigrid besorgt an. Dann wandte er sich wieder zur Tür.

»Also jetzt paß auf, Bettina! Geh zu ihm und bitte ihn, daß er dir den Schlüssel gibt! Ja?«

»Er will mich nicht rauslassen!«

»Sag ihm äh ... du mußt mal auf's Klo! Mußt du nicht auf's Klo?«

»Doch, aber ich habe Angst! Er guckt so komisch! Mama?!«

Bettina begann zu weinen. Sigrid rüttelte wieder an der Tür. Sie hörte Kempferts Frage erst, als er sie wiederholte.

»Glauben Sie, er würde dem Kind etwas antun?«

Sie schüttelte den Kopf.

»Bettina ist sein ein und alles!«

»Mama!« die Stimme des Kindes klang jetzt ganz nahe.

»Ja, Bettina«, rief Sigrid, »ich bin ja da! Du mußt keine Angst haben! Weißt du was? Jetzt schlüpfst du in der Mama ihr Bett, ja? In der Nachttischschublade ist eine Schokolade. Die darfst du haben!«

»Die ganze?« kam es zögernd ungläubig zurück.

»Ja, die ganze!« erwiderte Sigrid und lauschte auf die Schritte des Kindes, die sich von der Tür entfernten. Sigrid schaute Kempfert an. Kempfert wiegte besorgt den Kopf.

»Ich fürchte, die Sache ist doch ernster, Frau Strecker. Gerade weil Ihr Mann das Kind offenbar sehr liebt! Haben Sie keinen zweiten Schlüssel?«

»Das hilft nichts! Er hat den Stuhl unter die Türklinke geklemmt!« Sie fing an hysterisch zu werden. »Also ich halte das nicht mehr aus!«

Man hörte polternde Schritte im Flur. Sigrid fuhr herum. Unter der Tür stand der junge Motorradfahrer von heute früh und schaute wild um sich.

»Karl!« rief Sigrid, »endlich!«

Karl starrte Kempfert wütend an.

»Was machen Sie hier? Was ist los?«

Sigrid versuchte, ihn zu beruhigen und klammerte sich an den Arm ihres Sohnes.

»Das ist der neue Pfarrer, und jetzt brüll nicht so! Der Paul ist da drin und hat sich eingeschlossen mit Bettina!«

Karls Augen weiteten sich.

»Was? Er hat die Kleine da drin und ihr steht dumm herum!«

Er riß sich von seiner Mutter los und rüttelte an der Tür.

»Laß ja das Kind in Ruhe, oder du kriegst es mit mir zu tun! So, und jetzt mach auf, oder ich trete die Türe ein! Kapiert?«

Er hämmerte mit der Faust gegen die Türfüllung, hielt aber inne, als er Bettina nach ihm rufen hörte.

»Charly! Charly!«

»Wenn der Kleinen was passiert, dann bringe ich ihn um!« brüllte er.

Plötzlich hörte man von drinnen Schritte und die angstvolle Stimme Bettinas.

»Nein, Papa, laß mich los!«

Kurz entschlossen schob Kempfert Charly beiseite.

»Jetzt hilft nur noch eins! Aus dem Weg!«

Seine Stimme klang so bestimmt, daß Charly Platz machte und zuschaute, wie der dicke Pfarrer zur gegenüberliegenden Wand zurückwich, kurz die Augen zur Zimmerdecke hob wie in einem kurzen Stoßgebet und dann, die Schulter voraus, mit aller Macht gegen die Tür anrannte.

Krachend und splitternd fiel die Tür aus den Angeln und Kempfert mit ihr ins andere Zimmer.

Am offenen Fenster, Bettina an sich gedrückt, stand bleich und unrasiert Paul Strecker und schaute mit irrem Blick auf den riesigen Mann, der sich nun mühsam aufrichtete. Aber schon war hinter ihm Charly hereingestürmt und versuchte, ihm das Kind wegzunehmen. Aber Paul klammerte sich an sie, als wäre das kleine Mädchen sein Rettungsring.

»Laß mich! Ich tu ihr doch nichts! Ich tu ihr doch nichts!« stammelte er immer wieder. Aber da war auch schon Sigrid heran, und ihr überließ er Bettina schließlich. Charly schaute seinen Stiefvater haßerfüllt an.

»Du erbärmlicher Kerl, du! Hast du noch nicht genug?« brüllte er und hätte sicher auf Paul eingeschlagen, wenn Kempfert ihn nicht zurückgehalten hätte.

»Moment, mein Junge!«

Charly schüttelte Kempferts Hand ab. Aber Kempfert ließ nicht locker und drehte ihn zu sich herum.

»Moment, hab ich gesagt! Du hast jede Menge Zeit gehabt, mit deinem Vater zu reden. Jetzt bin ich dran, klar? Und Sie gehen jetzt vielleicht auch lieber, Frau Strecker!«

»Sie haben mir gar nichts zu sagen, gell! Und der, der gehört in die Klappsmühle!«

Aber Kempfert schob den erregten jungen Mann einfach vor sich her zur Tür.

»Ja, ja...«

Er wartete, bis alle über die zertrümmerte Tür hinausgeklettert waren, und wandte sich dann zu Paul Strecker, der immer noch mit leerem Blick und hängenden Armen dastand, als ginge ihn das alles nichts an.

»Sie haben uns da einen ziemlichen Schrecken eingejagt, Herr Strecker«, begann er zögernd und streckte seine Hand aus. Als Paul sich nicht rührte, ließ er die Hand wieder sinken.

»Ich bin der neue Pfarrer hier! Heute ist mein erster Tag und ich bin auch nur gekommen, damit Sie keine Schwierigkeiten mit der Polizei bekommen! Glauben Sie nicht, daß wir das auch so schaffen, irgendwie... von Mann zu Mann oder von Mensch zu Mensch!«

Kempfert hielt fragend inne. Paul Strecker drehte sich langsam um und starrte aus dem Fenster. Kempfert zögerte, aber dann trat er neben ihn. Über den grauen Himmel und die alten Ziegeldächer von Eberstadt zog die endlose Rauchfahne aus den beiden Schornsteinen der Danneckerwerke, und ein Lastwagen mit Anhänger fuhr unten dröhnend vorbei. Kempfert holte tief Luft, und redete so ruhig er konnte weiter.

»Ich weiß nicht, ob es Ihnen hilft, aber so allein und verzweifelt sind da draußen sicher viele Menschen, und manche bringt das um, und manche schaffen es, trotzdem irgendwie weiterzumachen. Vielleicht, weil sie auch eine kleine Tochter haben wie Sie, der man doch zeigen muß, daß nicht alles umsonst ist, daß das Leben einen Sinn hat, auch wenn man selber keinen findet, deswegen darf man der Bettina doch nicht alles kaputtmachen. Oder?«

Kempfert schaute Paul Strecker jetzt an, bis der endlich den Kopf zu ihm wandte. Kempfert versuchte zu lächeln, aber es wollte ihm nicht so richtig gelingen.

»Das ist keine große Weisheit! Ich weiß. Mehr habe ich leider nicht zu bieten, außer vielleicht, daß es noch einen anderen gibt, dem Sie nicht gleichgültig sind, der Sie sogar liebt, trotz allem, aber den sieht man erst, wenn man an ihn glaubt, und solange müssen Sie sich eben mit mir begnügen!«

Paul Strecker war den Tränen nahe. Er schaute in die blauen Augen des Mannes vor ihm, zweifelnd, unsicher. Was wollte dieser Pfarrer von ihm? Helfen? Ihm war nicht zu helfen und mit schönen Worten schon gar nicht, und erst recht nicht mit diesem Getue. Er stieß den Arm Kempferts zurück, den er Paul um die Schulter legen wollte, und stolperte zur Tür hinaus.

Kempfert seufzte und stand noch eine Weile da. Er hörte Frau Streckers Stimme, dann das Zuschlagen der Wohnungstür. Was hatte er falsch gemacht? Seine Schulter fing an weh zu tun, aber viel mehr schmerzte ihn das Gefühl des Versagens, das in ihm aufstieg, und die Angst, die er bisher erfolgreich unterdrückt hatte, die Angst, nicht stark genug zu sein für das, was er sich vorgenommen hatte.

⋆

Als Kempfert über den Kirchplatz auf seine Kirche zuging, sah er mit Genugtuung, daß die Standpauke, die er diesem Landstreicher gehalten hatte, überraschende Wirkung zeigte. Der Mann hatte sich eine Bürste und einen Eimer Wasser aus dem Pfarrhaus besorgt und war dabei, die Sprayschrift neben dem Portal abzuschrubben. Ein mühsames Geschäft. Der Mann schwitzte in der kalten Januarsonne und warf schließlich frustriert die Bürste in den Eimer.

»Na, na! Nur nicht nachlassen!«

Der Mann fuhr herum und starrte Kempfert nicht gerade freundlich an.

»Da müssen Sie sich einen anderen Dummen suchen, Herr

Pfarrer! Für ein Hühnerfrikassee mit Reis, das mir der alte Herr Heinrich immer umsonst gelassen hat, maloche ich hier nämlich nicht stundenlang!«

In der Kirche begann die Orgel zu spielen. Kempfert bückte sich und fischte die Bürste aus dem Eimer.

»Da, mein Sohn! Wenn Sie weiter im ›Hause Gottes‹ überwintern wollen, dann werden Sie schon etwas dafür tun müssen!«

»Wenigstens fünf Mark könnten Sie noch drauflegen! Der Mensch lebt nicht vom Brot allein«, sagte der hagere Mann. Kempfert schüttelte amüsiert den Kopf, griff aber dann doch in die Tasche und zog seinen Geldbeutel heraus.

»Wie heißen Sie eigentlich?« fragte er, während er nach dem Geldstück suchte.

»Hähnlein! August Hähnlein«, sagte er schnell und nahm das Geld mit einer leichten Verbeugung entgegen. »Vergelt's Gott!« fügte er schnell hinzu. Kempfert runzelte die Stirn.

»Danke genügt auch, es sei denn, Sie glauben wirklich, daß Sie es Gott verdanken! Und so sehen Sie mir nicht aus!«

Kempfert ließ den verdutzten Herrn stehen und ging in die Kirche, aus der die Orgelmusik nun kräftiger schallte, bis die Tür hinter ihm wieder ins Schloß gefallen war.

Kempfert hatte sich eigentlich auf ein paar stille Minuten in der Kirche gefreut, aber da der Organist nun schon einmal da war, kletterte er die knarrenden Stufen zur Orgelempore hoch und blieb oben geduldig stehen, bis die junge Frau, die neben dem Organisten auf der Bank saß, sich verspielte und dieser genervt selbst in die Tasten griff.

»As ist das, kein A!« kritisierte er.

»Ich habe As gedrückt! Was kann ich dafür, wenn die Orgel kaputt ist?« entgegnete sie beleidigt und stand auf. Ihr Blick fiel auf Kempfert.

Kempfert trat näher und lächelte.

»Ich nehme an, Sie sind die Annemarie Bieler?«

Annemarie lächelte höflich zurück und ergriff Kempferts Hand.

»Und Sie sind Dr. Kempfert!«

»Den Doktor können Sie weglassen«, erwiderte Kempfert und gab auch dem jungen Mann die Hand. Der rückte seine runde Brille zurecht und lächelte etwas steif, als er sich vorstellte. »Friedhelm Haug.«

Kempfert hielt seine Hand etwas länger als nötig fest.

»Ich weiß! Bischof Neubauer hat sich sehr lobend über Sie geäußert! Es freut mich, daß wir wenigstens einen guten Organisten haben. Ansonsten scheint mir St. Augustin ziemlich heruntergekommen zu sein!«

Annemarie griff das Stichwort sofort auf. »Vor allem die Orgel. Der Pfarrgemeinderat hat alles Geld für die Renovierung ausgegeben, und für die Orgel ist nichts übriggeblieben!«

Haug nickte bestätigend. »Und im August hat mein Madrigalchor Plattenaufnahmen. Wenn bis dahin die Orgel nicht repariert ist, dann ...«

Er ließ den Satz in der Luft hängen. Kempfert fiel Annemaries Blick auf, die ihn, während Friedhelm geredet hatte, verstohlen gemustert hatte.

»Sie haben sich Ihren neuen Pfarrer auch anders vorgestellt, wie?« überraschte er Annemarie in ihren Gedanken.

Annemarie errötete leicht. »Na ja ...«

»Sagen Sie es ruhig«, half ihr Kempfert schmunzelnd. »Nicht so dick, oder? Tja, das sind die unausbleiblichen Folgen eines satten Theologenlebens an der Akademie! Kein Vortrag ohne kaltes Buffet, kein Seminar ohne anschließendes geselliges Beisammensein! Aber ich habe mir fest vorgenommen abzunehmen.«

Kempfert legte die Hand auf seinen stattlichen Bauch. »Wie sieht das sonst aus, wenn so einer wie ich mit dem Klingelbeutel rumgeht und für die Hungernden der Sahelzone sammelt?«

Annemarie schien die Offenheit Kempferts zu gefallen. Sie lächelte.

»Aber bitte werden Sie nicht so mager wie unser Pfarrer Heinrich!«

Kempfert lachte. »Ich glaube, da besteht so schnell keine

Gefahr! Eine Frage«, fuhr er schnell fort, da Annemarie nach ihrer Handtasche griff und offenbar gehen wollte, »... haben Sie ein Auto? Ich muß nämlich heute abend zu einer Einladung und habe keine Ahnung, wie ich da hinkomme. Wenn Sie wollen, können Sie auch mitkommen!«

Annemarie runzelte die Stirn. »Und wo soll das sein?«

»Die Firma Dannecker feiert Jubiläum; das heißt, die Feierlichkeiten im Betrieb sind morgen, aber Herr Dannecker gibt heute abend schon einen Empfang für die Prominenz am Ort!«

Über das klare Gesicht der hübschen jungen Frau fiel ein Schatten. Die Aufforderung Kempferts war ihr sichtlich unangenehm. »Ich bin nicht prominent«, sagte sie abweisend, »und ich glaube kaum, daß Herr Dannecker auf meine Gesellschaft Wert legt!«

Friedhelm Haug kam ihr zu Hilfe. »Sie haben kein eigenes Auto?« Er schaute Kempfert empört durch seine Brille an.

»Und keinen Führerschein«, erklärte Kempfert seelenruhig und wandte sich wieder an Annemarie Bieler. »Also um acht Uhr, im Pfarrhaus? Bitte! Sie täten mir da einen sehr großen Gefallen!«

Annemarie war so gutmütig wie sie hübsch war, heutzutage eine sehr seltene Kombination, mußte Kempfert denken, als die jetzt seufzte und zustimmend nickte. »Also gut!«

Sie winkte Friedhelm kurz zu und wollte gehen, aber der rief ihr nach: »Warte! Ich gehe mit!«

Er lief zurück zur Orgel, wo seine Aktentasche mit den Noten lag, blieb aber dann wie ein begossener Pudel stehen, als Annemarie ihn abfahren ließ.

»Bitte nicht, Friedhelm! Ich rufe dich an, ja?« Und schon war sie weg.

Friedhelm schaute etwas verlegen zu Kempfert. Dem war die Situation auch etwas peinlich, und er versuchte, sie etwas zu mildern.

»Das ist aber mal eine Nette, die Annemarie! Sind Sie beide... äh... irgendwie miteinander... ich meine...«

»Ja ... irgendwie!« brummte Friedhelm und warf die Aktentasche auf die Orgelbank.

Erfreut folgte ihm Kempfert. »Ach ja? Na, ich gratuliere!«

Aber Friedhelm Haug schob nur seine Brille zurück und griff heftig in die Orgeltasten, um seiner Enttäuschung musikalischen Ausdruck zu verschaffen.

Kempfert hörte eine Weile zu, aber als er merkte, daß für Friedhelm nur noch die Musik existierte, die dieser mit aller Kraft aus dem alten Instrument herauszudrücken schien und welche die Kirche füllte wie die heiße Luft einen Fesselballon, da ging Kempfert wieder hinunter, setzte sich in die letzte Bank und schaute zum Altar.

»Warum bin ich hier?«

Kempfert hatte im Lauf seiner Karriere fast alle Kathedralen Europas besucht, kannte jede romanische Basilika, jede Barockkirche in Deutschland, die von irgendwelcher signifikanten Bedeutung für die Geschichte der sakralen Architektur war. Mit ähnlicher Akribie und Besessenheit hatte er das Gebäude der heiligen Theologie bis in den letzten Winkel erforscht und analysiert, und jetzt saß er hier in dieser simplen Bauernkirche und war am Ende seiner Weisheit.

»Warum bin ich hier?«

War es sein eigener Wille oder der Wille eines anderen? Vom Altar kam keine Antwort. Kempfert kniete sich nieder und versuchte zu beten, aber immer wieder erschien das unrasierte, bleiche Gesicht Paul Streckers vor seinen Augen. Schließlich stand er auf, machte eine Kniebeuge und ging hinaus. Neben der Kirchtür stand verlassen der Wassereimer. August Hähnlein hatte sich wohl aus dem Staub gemacht. Kempfert hob den Eimer auf und schaute sich Augusts lustlosen Versuch an. Nur das letzte Wort des Spruches hatte er geschafft, aber das fehlende Wort gab der Inschrift einen ganz neuen Sinn. Jetzt konnte man nämlich lesen: Ich bin allein, wir sind allein, Gott ist.

»Genau«, flüsterte Kempfert. »Gott ist.«

Die Küche des Pfarrhauses sah aus, als hätte Else Kempfert versucht zu kochen, und genau das hatte sie versucht. Kempfert blieb wie versteinert unter der Tür stehen, den Putzeimer in der Hand, und konnte es nicht fassen.

»Setz dich! Ich bin gleich soweit«, rief Else aufgeregt, »ich hab etwas ganz Besonderes probiert, aber so gut wie Mutter bekomme ich das wahrscheinlich nicht hin, auch wenn ich mir noch so viel Mühe gebe!«

»Und wo ist Pfarrer Heinrich?«

Kempfert stellte den Eimer hinter die Tür.

»Oben«, antwortete Else abwesend, weil der Wecker des Backofens zu rasseln begann, »er will nichts essen, sagt er!«

Der Tisch war schon gedeckt. Kempfert setzte sich ans Kopfende.

Else zog einen Topf aus der Röhre und stellte ihn stolz auf den Untersetzer in der Tischmitte.

»Es gibt Dampfnudeln mit Vanillesoße heute, mal wieder eine deiner Lieblingsspeisen!«

»Else! Ich will abnehmen!« stöhnte Kempfert, »und außerdem muß ich noch weg.«

»Erst wird gegessen!« meinte Else unerbittlich und hob den Topfdeckel vorsichtig ab.

»Oh nein!« rief sie weinerlich, als der Dampf sich verzogen hatte und die Nudeln auf dem Boden des Topfes sichtbar wurden. Auch Kempfert spähte hinein.

»Na ja, viel Dampf haben die aber nicht, deine Dampfnudeln! Wahrscheinlich hast du zu oft in den Topf geguckt, und das nehmen Dampfnudeln einem gern übel, die vertragen keinen Zug! Du bist eben zu neugierig!« Kempfert grinste seine Schwester an.

»Mach dich nur lustig! Dabei habe ich alles genau nach Rezept gemacht! Seit vier stehe ich in der Küche, und dann so was!«

Wütend packte sie den Topf bei den Henkeln und stellte ihn in die Spüle. Kempfert nutzte die Gelegenheit und erhob sich.

»Tja, es hat eben nicht sollen sein, und vielleicht will uns der liebe Gott damit einen kleinen Wink geben, mir, daß ich weiter Diät leben soll, und dir, daß du wieder heimfahren sollst!«

Aber damit kam er bei Else nicht weit.

»Der liebe Gott hat andere Sorgen, als mir meine Dampfnudeln zu vermasseln«, schnaubte sie zornig, »und du setzt dich wieder hin. Ich mache dir einen Salat.«

Sie drückte Kempfert zurück auf den Sitz und baute sich vor ihm auf. »Ich habe unserer Mutter auf dem Sterbebett versprochen, mich um dich zu kümmern, und wenn du meinst, du müßtest hier in diesem... diesem Nest den Herrn Pfarrer spielen, dann wirst du es in Kauf nehmen müssen, daß ich dir dabei helfe!«

Kempfert kannte seine Schwester gut genug, um zu wissen, daß jeder Widerspruch zwecklos war, und Else wußte es auch. So war es schon früher gewesen. Else konnte ihren Bruder um den Finger wickeln, falls nötig mit der Beißzange. Sie ging zurück zum Herd und probierte die Vanillesoße, während Kempfert unter dem Tisch auf seine Armbanduhr schaute. Fräulein Bieler mußte bald kommen.

»Hm, wenigstens die Vanillesoße ist was geworden. Willst du mal probieren?«

Else kam mit dem Löffel zu ihm. Kempfert lehnte sich zurück und schüttelte den Kopf.

»Salat mit Vanillesoße! Also bitte, Else!«

Aber der Löffel war schon an seinen Lippen, so daß ihm nichts anderes übrig blieb, als brav zu schlucken.

»Na?« insistierte Else.

»Lecker«, log Kempfert und stand schnell auf, »ich muß mich jetzt umziehen, und unter die Dusche gehöre ich auch.«

Else hielt ihn an der Schulter fest und der Schmerz ließ Kempfert zusammenzucken.

»Au!«

»Was hast du?« fragte Else besorgt.

»Nichts! Ich hab nur eine Tür mit der Schulter aufmachen müssen!«

Kempfert zog sich zur Tür zurück. Else verfolgte ihn.

»Wann? Wo?«

Kempfert drückte die Klinke nach unten.

»Das erzähle ich dir später und auch nur dann, wenn du mir erzählst, was der wirkliche Grund dafür ist, daß du im Ordinariat gekündigt hast und Hals über Kopf hier eingezogen bist. Den heiligen Schwur am Sterbebett nehme ich dir nämlich nicht ab!«

Und bevor Else darauf etwas erwidern konnte, war er schon im Flur und zog die Tür hinter sich zu. Die letzten Sätze ihres Bruders hatten ihre Wirkung auf Else nicht verfehlt. Langsam ging sie zum Herd zurück und löffelte nachdenklich ihre Vanillesoße.

Die Soße schmeckte nach gar nichts.

*

Als Kempfert und Annemarie Bieler durch den herrlichen Park auf die Villa Dannecker zufuhren, war es schon beinahe dunkel. Die Fenster des schloßartigen Baus waren hell erleuchtet, und als Annemarie jetzt vor den Treppen hielt, hörte man die Musik und das Lachen und Stimmengewirr bis in den Park.

»Das ging aber schnell! Wenn ich das gewußt hätte, dann wäre ich zu Fuß gegangen«, bemerkte Kempfert trocken.

Annemarie machte keine Anstalten, den Motor abzustellen.

»Kommen sie!« forderte Kempfert sie auf.

Annemarie schüttelte den Kopf. »Bitte nicht, Herr Kempfert!«

»Ich brauche Ihre Unterstützung! Wir sind keineswegs zum Vergnügen hier, Fräulein Bieler! Ich will Herrn Dannecker nämlich dazu bringen, daß er Paul Strecker wieder einstellt.«

»Der Vater von Charly«, fragte Annemarie jetzt doch interessiert.

»Ja! Der Mann ist am Ende! Also wollen Sie mir helfen? Ich kenne doch niemanden hier!«

Annemarie zögerte. »Ich... bin nicht angezogen für so eine Feier!«

Kempfert grinste sie spitzbübisch an. »Dann passen wir ja

hervorragend zusammen. Mein Anzug gehört auch nicht hierher, aber was soll's! Nur eine Stunde, dann empfehlen wir uns auf französisch, ja?«

Annemarie konnte dem freundlichen Grinsen Kempferts nicht widerstehen und fuhr den Wagen zu einem freien Platz zwischen den Nobelkarossen und stellte den Motor ab.

»Na gut«, sagte sie, »eine halbe Stunde und auf Ihre Verantwortung!«

Kempfert grinste noch breiter. »Keine Angst, ich habe einen breiten Rücken!«

In den mit grünen Girlanden dekorierten Räumen drängte und wogte alles, was in der Frankfurter Gesellschaft Rang, Geld oder Namen hatte. Das Personal des Partyservice hatte alle Hände und Tabletts voll zu tun, die Schnittchen und die Drinks durch die Menge zu schleusen.

Kempfert und Annemarie blieben zunächst etwas verloren an der Tür stehen, aber als sich keiner um sie kümmerte, ging Kempfert einfach hinter einem Tabletträger her, der vor ihm die Wogen teilte wie Moses weiland das Rote Meer, bis er in der Nähe der Bibliothek einige Herren entdeckte und sich fragend zu Annemarie umschaute.

»Ja, das ist er. Der mit den grauen Haaren beim Schreibtisch!«

»Dann bis gleich!« verabschiedete sich Kempfert und steuerte entschlossen auf Wilhelm Dannecker zu, der wohl gerade etwas Lustiges erzählt hatte, denn die beiden Herren neben ihm lachten pflichtschuldig auf.

»Kann ich Sie einen Augenblick sprechen, Herr Dannecker?«

Dannecker drehte sich zu Kempfert um und hob etwas indigniert eine Augenbraue.

»Kempfert ist mein Name, ich bin der neue Pfarrer von St. Augustin!«

Dannecker stellte sein Glas ab und reichte Kempfert die Hand.

»Na, da schau einer an, daß sich die Kirche auch mal bei

uns blicken läßt! Der alte Pfarrer Heinrich hat sich ja nicht mehr hinter seinem Altar hervorgetraut! Freut mich, freut mich!«

Kempfert erwiderte das joviale Lächeln des Unternehmers nicht. Er hatte keine Lust, sich auf dieses altbekannte Spiel einzulassen, das Leute mit Geld und Einfluß so gern und elegant mit Leuten spielen, von denen sie Kritik oder Ablehnung erwarten.

»Freuen Sie sich nicht zu früh, Herr Dannecker«, erwiderte Kempfert und schaute ihm direkt in seine grauen Augen.

Dannecker runzelte leicht die Stirn, aber er dachte nicht daran, das Spiel aufzugeben.

»Aha! Sie wollen mich wohl gleich um eine Spende für den Kindergarten angehen.«

Er wandte sich ab und winkte einem der Serviermädchen zu. »Fräulein, ein Glas für den Herrn!«

Kempfert ließ sich nicht irritieren. »Das hatte ich zwar nicht vor, aber wenn Sie es erwähnen: Unsere Orgel pfeift auf dem letzten Loch.«

»Ich auch!« erwiderte Dannecker lakonisch und griff nach Kempferts Arm. »Kommen Sie, ich möchte Sie meiner Tochter vorstellen. Jutta?!«

Eine junge Frau vor dem Bücherregal am anderen Ende der Bibliothek, drehte sich um und schaute Kempfert entgegen. Obwohl sie lächelte, ließ die Kälte, die in ihren großen dunklen Augen glitzerte, Kempfert innerlich frösteln.

»Jutta, darf ich dir unseren neuen Pfarrer vorstellen! Herr Kempfert, meine Tochter und zukünftige Chefin der Dannekker AG!«

Jutta reichte Kempfert die Hand. Ihr Lächeln verteilte sich. »Doch nicht Dr. Adam Kempfert?«

Dannecker, der Kempfert ein Glas reichte, schaute seine Tochter verblüfft an.

»Du kennst ihn?«

Jutta ließ keinen Blick von Kempfert.

»Ökonomie und Ökologie in der christlichen Gesellschaft«,

zitierte sie Kempferts bekanntestes Werk. »Entschuldigen Sie, Herr Doktor, aber mein Vater ist ein Banause!«

Dannecker lachte laut auf. Kempfert hätte nicht erwartet, daß sein Buch ausgerechnet hier bekannt war.

»Sie haben das etwa auch gelesen«, fragte er.

»Sicher, und in meiner Examensarbeit mit Erfolg widerlegt! Ein gesunder Geschäftssinn muß nicht unbedingt im Konflikt zur christlichen Lehre stehen.« Ihre Stimme klang jetzt scharf und sie ließ Kempfert dabei keinen Augenblick aus den Augen. Wieder lachte Dannecker laut.

»Vor allem, wenn es um eine Spende für die Orgel geht, nicht wahr, Herr Pfarrer! Was meinst du, Jutta? Schließlich bist du in St. Augustin getauft worden und wirst dort hoffentlich bald auch heiraten! Wo ist denn dein ständiger Begleiter?«

Jutta schaute ihren Vater verärgert an.

»Bitte Vater! Laß doch die Späße!«

Aber der hatte ihn schon entdeckt.

»Und wer ist die schöne Frau, mit der er sich so angeregt unterhält?«

Jutta und Kempfert schauten nun auch in die Richtung, in die Dannecker deutete. Bei Annemarie Bieler stand ein gutaussehender, nach dem letzten Schrei gekleideter junger Mann mit langem blonden Haar und redete auf sie ein. Annemarie warf Kempfert einen hilfesuchenden Blick zu.

»Was ist nur los mit den Frauen heutzutage«, redete Dannecker gutgelaut weiter, »nichts als die eigene Karriere im Kopf, dabei hätte meine Tochter mit diesem Herrn nicht nur ihren Spaß haben können, sondern der Firma auch noch eine halbe Million an Beraterhonorar sparen können!« Er lächelte seine Tochter ironisch an. »Tja, du kümmerst dich wohl besser etwas um Herrn Busche! Sonst macht er vielleicht noch Dummheiten.«

Kempfert unterbrach ihn. »Keine Sorge, Herr Dannecker, die Dame ist mit mir gekommen. Fräulein Bieler ist unsere Gemeindereferentin. Sie war so nett, mich zu chauffieren.«

Jutta stellte ihr Glas ab und lächelte Kempfert höflich an. »Sie entschuldigen mich, ja?«

Sie ging hinüber in den Salon. Dannecker und Kempfert sahen ihr nach.

»Das sind die gefährlichsten Frauen«, sagte Dannecker leise, »die Unschuldigen, vor allem, wenn sie auch noch so aussehen. Unschuld ist die größte Versuchung, stimmt doch, oder?«

Kempfert wandte sich Dannecker zu. »Gottlob gibt es mehr Gretchen als Doktor Fausts! Und ich glaube, es gibt eine viel größere Versuchung als Unschuld. Macht, zum Beispiel!«

Dannecker entging die plötzliche Schärfe in Kempferts Stimme nicht.

»Warum schauen Sie mich so an? Ohne Macht kann man kein Unternehmen führen! Ich bin kein Wohlfahrtsinstitut. Die Kirche kann sich alles erlauben. Wenn Ihnen die Kundschaft davonläuft, kommt die Kirchensteuer doch jeden Monat! Nicht wahr? Wenn ich nichts verkaufe, bin ich pleite!«

Kempfert ließ sich nicht aus der Ruhe bringen.

»Erst wenn das Geld wichtiger ist als die Menschen, dann, Herr Dannecker, dann sind wir pleite«, entgegnete er ruhig, »und deshalb möchte ich Sie auch um etwas bitten, was mir im Augenblick wichtiger ist als die Orgelpfeifen von St. Augustin!«

Dannecker runzelte die Stirn. Der Pfarrer wurde ihm lästig.

»Ja?«

Dannecker schaute hinüber zu seiner Tochter, die sich ostentativ bei Leo Busche eingehängt hatte und die Verlegenheit von Annemarie Bieler zu genießen schien. Auch Kempfert schaute zu ihr und nahm sich vor, die Sache so schnell wie möglich hinter sich zu bringen.

»Es geht um einen Mitarbeiter von Ihnen! Paul Strecker! Er war Fahrer im Werk Eberstadt. Sie haben ihn entlassen und der Mann ist verzweifelt!«

Dannecker starrte Kempfert irritiert an.

»Wie kommen Sie darauf, daß ich ihn entlassen habe? Glauben Sie vielleicht, ich laufe in der Firma herum und werfe

Leute raus? Wo leben Sie, Herr Pfarrer? Wer, wann, wo und wie eingestellt oder entlassen wird, bestimmt die Werksleitung, beziehungsweise der Personalchef!«

Bevor Kempfert etwas erwidern konnte, traten Jutta und an ihrem Arm der schicke Blonde zu ihnen. Dannecker deutete auf Leo Busche.

»Da! Wenn Sie sich beschweren wollen, dann beschweren Sie sich bei diesem Herrn! Dieser junge und dynamische Unternehmensberater hat uns gerade empfohlen, die gesamte Elektronik nach Korea auszulagern, 400 Arbeitsplätze will er einsparen, und Sie kommen mit einem Paul Soundso . . .«

»Paul Strecker!« betonte Kempfert.

»Von mir aus!« schimpfte Dannecker. »So, und jetzt reicht es mir.«

Aber da griff seine Tochter ein. »Was ist mit Paul Strecker?«

»Du kennst ihn?« Dannecker war erstaunt.

»Zufällig! Groninger hatte da eine leidige Sache am Hals. Eine Klage auf Wiedereinstellung, glaube ich.« Sie schaute Kempfert fragend an.

»Ein Fahrer vom Werk Eberstadt mit Alkoholproblemen?«

Kempfert nickte. »Ja. Das ist er! Ich finde, man sollte ihm noch eine Chance geben. Nicht als Fahrer, versteht sich, aber vielleicht findet sich im Lager ein Platz oder sonstwo, bis er sich wieder gefangen hat!«

Kempfert schaute von einem zum andern. Ein verlegenes Schweigen machte sich breit und wirkte um so stärker, weil die Musikkapelle gerade einen Walzer beendete und es ein paar Sekunden dauerte, bis die Musiker umgeblättert hatten und mit einem Foxtrott weitermachten. Jutta benutzte die Gelegenheit, die Hand ihres Vaters zu ergreifen und mit dem Vorschlag, tanzen zu wollen, Kempfert elegant loszuwerden. Dannecker hob seine Schultern in einer ironisch, hilflosen Geste und ließ sich bereitwillig in den Salon führen.

Der junge Unternehmensberater lächelte Kempfert amüsiert zu.

»Tja, der Alte weiß es zwar noch nicht, aber in seinem

Unternehmen weht ein neuer Wind! Die guten alten patriarchalischen Zeiten sind vorbei!«

Kempfert nickte nachdenklich vor sich hin. »Die Tochter, wie?«

»Sie weiß, was die Uhr geschlagen hat«, bestätigte Leo Busche, »ein Unternehmen dieser Größenordnung läßt sich nicht mehr vom Golfplatz aus führen!«

Kempfert wollte immer noch nicht aufgeben. »Können Sie nicht was für Paul Strecker tun?«

Busche schüttelte den Kopf. »Ich? Nein! Da sind Sie an der falschen Adresse«, sagte er und deutete mit dem Kopf zum Salon, wo Jutta Dannecker mit ihrem Vater tanzte. »Die Chefin tanzt da drüben! Ohne Jutta geht nichts bei Dannecker!«

Kempfert seufzte und schaute sich suchend nach Annemarie um. Leo Busche erriet Kempferts Gedanken.

»Sie ist weg! Ich habe Ihre schöne Referentin mit meinem dummen Geschwätz in die Flucht gejagt.«

Kempfert schaute Busche stirnrunzelnd an.

»Sie hält nicht viel von Yuppies, wie ich einer bin«, beschwichtigte er Kempfert, »und wahrscheinlich hat sie damit recht.«

Kempfert seufzte und schaute sich dabei um. Er hatte immer geglaubt, daß er die Menschen liebte, aber hier fiel es ihm schwer.

»Ich kann mir nicht helfen«, sagte er, »aber ich komme mir vor wie auf der Titanic, kurz vor dem Untergang«

Leo lachte auf. »Ja, ich verstehe, was Sie meinen! Aber das einzige Eis weit und breit schwimmt in den Cocktails.«

Kempfert hatte genug. Er wollte gehen.

»Ja, dann werde ich mich auch empfehlen! Wiedersehn, Herr Busche!«

Leo schaute Kempfert erstaunt an. »Geh'n? Soll das heißen, Sie geben auf?«

Kempfert zuckte mit den Achseln. Es hatte ja wohl keinen Sinn mehr. Er würde für Paul Strecker irgend etwas anders finden müssen.

»Nein, nein, Herr Pfarrer! So schnell geben wir doch nicht auf. Das ist alles nur eine Frage der Strategie!« flüsterte Busche, weil er Jutta Dannecker auf sie zukommen sah. Sie schaute das ungleiche Paar ironisch lächelnd an.

»Sie sehen aus wie zwei Verschwörer!«

»Ich habe dem Herrn Pfarrer angedeutet, daß er sich lieber an Sie wenden soll, wenn er bei Ihrem Vater etwas erreichen will«, gab Leo prompt zurück. Jutta schüttelte leicht den Kopf und wandte sich an Kempfert.

»Hören Sie sich das an, Herr Kempfert! Leo Busche ist der einzige Mann, den ich kenne, bei dem eine Unverschämtheit wie ein Kompliment klingt!«

Trotz dieser gespielten Bescheidenheit merkte Kempfert ihr an, daß sie sich geschmeichelt fühlte und nutzte die Chance.

»Dann darf ich vielleicht auch so unverschämt sein und Sie bitten, Ihren Einfluß geltend zu machen, damit Paul Strecker eine Stelle kriegt! Der Mann geht sonst vor die Hunde und seine Familie mit.«

Jutta schüttelte den Kopf, aber bevor sie etwas Abschlägiges erwidern konnte, verbeugte sich Leo leicht.

»Darf ich Sie um den nächsten Tanz bitten? Natürlich nur, wenn Sie sich einen Tango zutrauen.«

»In Lausanne auf dem Internat hatten wir einen argentinischen Tanzlehrer«, erwiderte sie spitz. Leo nahm ihren Arm.

»Na, dann werden wir das mal prüfen.«

Er zwinkerte Kempfert hinter Juttas Rücken kurz zu und führte sie zur Tanzfläche, wo er auf sie einzureden begann, während er schwungvoll mit ihr tanzte. Die beiden schienen wie füreinander geschaffen, und doch kam es Kempfert so vor, als wären beide wie in durchsichtige Plastikbeutel verpackt, die keine echten Gefühle durchließen. Kempfert stellte sein leeres Glas auf den nächstbesten Tisch und machte sich auf den Weg zum Ausgang. An der Tür drehte er sich noch einmal um. Jutta Dannecker und Leo Busche hatten aufgehört zu tanzen und standen bei Herrn Dannecker. Jutta redete auf ihren Vater ein. Der schüttelte immer wieder den Kopf, aber dann, als Jutta ihm einen schnellen Kuß auf die Wange gab, nickte er schließlich. Jutta schaute sich um und deutete dann auf Kempfert. Dannecker drehte sich um, und als Jutta ihm noch einen kleinen Stoß gab, ging er auf Kempfert zu. Kempfert, der nicht mehr mit einer glücklichen Wendung in der Sache gerechnet hatte, schöpfte wieder Hoffung. Dannecker seufzte und schaute Kempfert mit etwas säuerlicher Miene an.

»Wie haben Sie das geschafft, Herr Pfarrer? In einer knappen halben Stunde meine Tochter zu hypnotisieren und meine Prinzipien auf den Kopf zu stellen?«

Kempfert konnte diese Frage nur mit einem entschuldigenden Lächeln beantworten. Aber Dannecker fuhr gleich weiter fort.

»Sieht ganz so aus, als hätten wir jetzt einen Pfarrer, mit dem man rechnen muß. Aber eines muß ich Ihnen sagen, in der Bibel steht nichts von solchen Intrigen!«

»›Seid sanft wie die Taube und klug wie die Schlange‹«, zitierte Kempfert.

Dannecker winkte ab. »Sagen Sie Ihrem Paul Strecker, er soll sich Montag bei der Geschäftsleitung melden. Ich werde Herrn Groninger entsprechend instruieren. Aber ich kann nichts versprechen«, erhob er warnend die Stimme, »wenn der Mann nicht aufhört zu trinken, dann ...«

»Danke, Herr Dannecker!«

Kempfert streckte seine Hand aus. Dannecker ergriff sie.

»Aber eine Hand wäscht die andere, Herr Kempfert. Sie sind mir jetzt verpflichtet. Auch ich werde Sie demnächst brauchen. Kirche und Kapital müssen zueinanderhalten. Gebet dem Kaiser, was des Kaisers ist! So heißt es doch!«

Kempfert paßte diese etwas plumpe Verbrüderung gar nicht. Er zog seine Hand zurück.

»Von einem Herrn Dannecker steht aber nichts in der Bibel! Aber schön! Wenn Sie hier in Eberstadt der Kaiser sein wollen, dann können Sie das nächsten Sonntag beweisen!«

Dannecker runzelte die Stirn.

»Ohne die Firma Dannecker wäre Eberstadt längst den Main

hinunter«, empörte er sich, aber Kempfert beeindruckte diese Feststellung nicht besonders.

»Das mag ja sein, aber menschliche Größe und echte Autorität drücken sich weder in Zentimetern noch in Kontoständen aus!«

Dannecker schaute anzüglich auf Kempferts Bauch und konterte: »Aber auch nicht in Kilogramm und frommen Sprüchen! Also, was wollen Sie! Was ist am Sonntag?«

Kempfert holte tief Luft. »Pfarrer Heinrich liest morgen seine letzte Messe. Der Mann hat sein Leben für die Gemeinde gegeben und wenn da nur 30 Leute in die Kirche kommen, und das alles ist, was er erreicht hat, dann ... na ja, ich dachte, wenn Sie in Eberstadt wirklich etwas zu sagen haben, dann sorgen Sie dafür, daß er einen guten Abgang bekommt!«

Dannecker war sprachlos. Er schüttelte den Kopf. Kempfert wartete gespannt.

»Und wie soll ich das machen? Ich bin doch nicht der liebe Gott.«

»Nein«, sagte Kempfert, »aber so 200, 300 Leute werden Sie doch wohl zusammenbringen. Um zehn Uhr ist Messe. Abgemacht?«

Dannecker nickte. »Gut! Aber das sage ich Ihnen, dann sind Sie dran, und nicht zu knapp!«

Abrupt wandte er sich ab und ging zurück zu seinen Gästern. Kempfert schaute ihm noch kurz nach. Dann ging er hinaus.

*

Die Nacht war kalt. Der Kies in der Auffahrt knirschte wie verharschter Schnee unter Kempferts schwerem Schritt. Er stellte den Mantelkragen hoch. Es tat ihm gut, allein zu sein mit sich und seinen Gedanken, und er freute sich auf den Heimweg durch seine neue Gemeinde. Er würde noch bei Streckers vorbeigehen und ihnen die gute Nachricht bringen. Er war gerade dabei, von der Landstraße auf einen Feldweg abzubiegen, als er einen Wagen hinter sich hupen hörte.

Kempfert drehte sich um und sah Leo Busche, der das Fenster von seinem Porsche herunterkurbelte.

»Steigen Sie ein, Herr Kempfert! Ich bringe Sie nach Hause!«

Kempfert trat an den Wagen. »Nicht nötig. Ich laufe gerne!«

Aber Leo Busche öffnete die Beifahrertür. »Jetzt stellen Sie sich nicht so an! Außerdem will ich mit Ihnen reden!«

Kempfert zögerte kurz, aber dann quetschte er sich doch in das enge Gefährt und zog die Tür schnell hinter sich zu, weil Leo schon losfegte. Kempfert hielt sich fest.

»Na, Sie leben wohl auf der Überholspur, wie?« konnte er es sich nicht verkneifen zu bemerken.

Leo lachte. »Alles nur Show, Herr Kempfert! In meinem Beruf muß man auf den Busch klopfen, wenn man sich gut verkaufen will!«

»Bis man aus der Kurve fliegt«, antwortete Kempfert trocken.

»Zu Fuß kommen Sie aber auch nicht weit! Oder warum glauben Sie, gehen die Leute nicht mehr in die Kirche? Weil Sie Ihr Produkt nicht richtig verkaufen!«

»Gott ist kein Produkt!« stieß Kempfert hervor.

»Oh doch, und die Religion ist die Verpackung«, erwiderte Leo ernst. Er warf einen schnellen Blick auf Kempfert, um die Wirkung seiner Worte zu prüfen und dozierte dann weiter. »Früher hatte die Kirche die beste Werbung. Die Kirche war das schönste und größte Haus am Platz, mit bunten Fenstern, Gold und Brokat und Musik aus allen Rohren und Weihrauch und Chor und Ministranten! So was kommt an, aber was ihr heute macht, diese modernen Messen und modernen Kirchen, die aussehen wie Wartesäle auf den Tod! Entsetzlich! Ich habe das nie begriffen, Herr Kempfert, alle Welt macht auf Nostalgie, und ihr schaltet auf modern um! Ein Wahnsinn ist das! Aber wenn Sie wollen, lasse ich mir mal was für Sie einfallen.«

Kempfert war von Leos Gerede so abgelenkt, daß er überrascht war, als dieser jetzt bremste. Sie standen vor dem Pfarrhaus. Leo schaute ihn erwartungsvoll an.

»Na, wäre das nicht mal was anderes?«

»Zum Beispiel«, fragte Kempfert.

»Weiß ich noch nicht! Es kommt auf einen Versuch an. Leo Busche kann alles verkaufen, und eine Kirchengemeinde flott zu kriegen, könnte mich direkt interessieren!«

Kempfert öffnete die Tür. »Also kümmern Sie sich lieber um das Werk Eberstadt«, wehrte er ab, »ich fürchte, die haben es nötiger! Wenn der Dannecker hier zumacht, ist Eberstadt erledigt!«

»Keine Sorge«, lachte Leo auf, »der Alte wehrt sich kräftig, und ob seine Tochter das durchkriegt, ist mehr als fraglich, wenigstens nicht, solange er lebt! Nur noch eine Bitte, Herr Kempfert! Können Sie mir sagen, wo Fräulein Bieler wohnt?«

Kempfert, der schon dabei war auszusteigen, hielt inne. »Nein! Warum?«

Leo schüttelte den Kopf. »Also, so eine Pleite. Da hänge ich mich an Sie wie eine Klette, und Sie wissen nicht, wo Ihre Referentin wohnt!«

Jetzt verstand Kempfert. Herr Busche war hinter Annemarie her.

»Die Adresse würde Ihnen auch nichts nützen. Fräulein Bieler ist nämlich in festen Händen.«

Kempfert stieg aus. Leo lehnte sich auf den Beifahrersitz und grinste Kempfert an.

»Das ist nur eine Frage der Verkaufstechnik.«

»Gute Nacht, Herr Busche.«

Kempfert schlug die Tür zu. In diesem Augenblick kam Else Kempfert aus dem Pfarrhaus gerannt, dicht gefolgt von August Hähnlein.

»Adam«, rief sie, »endlich! Ich habe schon bei Danneckers angerufen.«

Sie hielt ihren Bruder am Arm fest.

»Was ist passiert?« fragte Kempfert.

August war jetzt auch heran und antwortete für Else.

»Der Paul Strecker hat sich vollaufen lassen und ist drüben im Werk. Ich habe ihn über den Zaun klettern sehen!«

»Wann?« stieß Kempfert hervor.

»Vor einer halben Stunde«, antwortete August.

Else zog an Kempferts Revers.

»Du mußt was unternehmen, Adam, sonst stellt er noch was an!«

Kempfert machte sich los und stieg zurück in Leo Busches Wagen. Leo schaute ihn fragend an.

»Los, schnell, zu Dannecker ins Werk! Sie wissen doch hoffentlich, wo das ist!«

»Na klar!«

Leo legte den Gang ein.

»Halten Sie sich fest!«

Der Wagen zog an. Die Hinterräder schlingerten über das Kopfsteinpflaster. Else und August schauten sich besorgt an.

*

Schweigend rasten Busche und Kempfert durch die engen Gassen Eberstadts und waren wenige Minuten später auf der Landstraße. Kempfert war glücklicherweise so müde und hungrig, daß er es nicht schaffte, sich auszumalen, was Paul Strecker Schlimmes anrichten konnte. Aber Vorwürfe machte er sich trotzdem. Er hätte den Mann nicht allein lassen dürfen. Vielleicht wäre es doch richtig gewesen, die Polizei zu rufen. Dann säße Paul Strecker jetzt in einer Ausnüchterungszelle und bekäme morgen vielleicht professionelle Hilfe von einem Psychiater – oder auch nicht, was wahrscheinlicher wäre. In dieser Gesellschaft muß man erst Amok laufen, bis etwas passiert, und dann ist es zu spät. Und es war zu spät.

Als Busche vor dem Werkstor in die Bremsen trat, sahen sie die Scheinwerfer des riesigen Lastwagens auf sich zukommen. Der Nachtportier rannte aus dem Pförtnerhaus und fuchtelte wild mit den Armen und sprang dann zur Seite, als der Laster sogar noch beschleunigte und mit Vollgas durch das geschlossene Maschendrahttor raste. Leo Busche schaffte es gerade noch, seinen Porsche aus der Gefahrenzone zu manövrieren.

»Das ist er! Los! Hinterher!« rief Kempfert.

Busche riskierte eine waghalsige Wende und nahm dann mit kreischenden Reifen die Verfolgung auf. Schon nach ein paar hundert Metern hatte er den schweren Laster eingeholt, aber an Überholen war nicht zu denken, so wie der Wagen vor ihnen hin und her schlingerte. Paul Strecker hielt auch nicht an der Kreuzung, sondern drückte nur auf die Hupe und raste bei Rot durch, Leo immer dicht hinterher, durch die Hauptstraße, über den Bachdamm und weiter in Richtung Frankfurt. Gott sei Dank stand vor der nächsten Ampel ein Wagen und wartete auf Grün, und Strecker hatte alle Mühe, den Laster zum Stehen zu bringen.

»Jetzt oder nie!«

Kempfert stieg hastig aus und rannte nach vorne. Er riß die Beifahrertür auf und schrie Paul an.

»Sind Sie verrückt, oder was! Los, steigen Sie aus!«

Aber die Ampel sprang jetzt auf Grün, und Strecker fuhr an. Kempfert schaffte es gerade noch, aufs Trittbrett zu springen, hangelte sich auf den Beifahrersitz und zog die Tür hinter sich zu. Er faßte Strecker am Ärmel.

»Halten Sie an, Herr Strecker! Machen Sie sich doch nicht unglücklich!«

Strecker lachte bitter auf. »Unglücklich? So gut wie jetzt habe ich mich schon lange nicht gefühlt!«

»Was haben Sie vor, Paul?«

Wieder lachte Strecker, und der Bierdunst schlug Kempfert entgegen.

»Wir gehen auf eine Party! Wenn alle feiern, da darf der Paul doch nicht fehlen! Das Gesicht vom Dannecker will ich sehen, wenn ich ihm den Laster in seine Bonzenvilla ramme, heidewitzka, mitten hinein in sein hundertjähriges Jubiläum!«

Sein Lachen erstarb zu einem verzweifelten Kichern. Kempfert merkte, daß man mit ihm nicht vernünftig reden konnte, und überlegte fieberhaft, während Strecker nun wild hupend den Wagen vor ihm überholte und die Bäume links und rechts im Scheinwerferlicht immer schneller vorbeirasten.

»Na gut«, sagte Kempfert plötzlich ganz ruhig und lehnte sich im Sitz zurück, »Spaß muß sein. Ich wette, Herr Dannekker wird sich über diese kleine Einlage königlich amüsieren, vor allem, weil ich ihn gerade vorhin davon überzeugt habe, es noch einmal mit Ihnen zu versuchen!«

Paul Strecker starrte Kempfert kurz ungläubig an.

»Und das soll ich Ihnen glauben«, lallte er.

Wieder legte Kempfert die Hand auf seinen Arm.

»Wenn Sie mit dem Trinken Schluß machen, werden Sie wieder eingestellt. Er hat es mir in die Hand versprochen!«

Strecker nahm den Fuß von Gaspedal. Kempfert redete weiter auf ihn ein.

»Bitte, Paul! Denken Sie doch an Ihre Frau und an Ihre Tochter! Es wird alles wieder gut!«

Der Lastwagen kam zum Stillstand. Kempfert atmete erleichtert auf.

»Na, Gott sei Dank!«

Aber Paul schrie ihn an. »Los, steigen Sie aus!«

»Und Sie auch, Paul!«

Kempfert sah ihn bittend an. Aber mit Paul war nicht zu reden.

»Los, raus jetzt!«

Kempfert dachte nicht daran auszusteigen.

»Von wegen! Ihre Sache ist auch meine Sache, und ich bleibe bei Ihnen, bis Sie zur Vernunft kommen und umdrehen!«

Vielleicht hätte es Kempfert geschafft, Paul weich zu reden, aber da wurde die Fahrertür aufgerissen und Leo Busche grinste Paul an.

»Na, alles wieder o.k., Herr Strecker?«

Strecker stieß Leo brutal zurück und gab Gas.

»Herr Strecker!« rief Kempfert und hielt sich fest.

»Zu spät, jetzt sind Sie eben mit von der Partie!«

Kempfert schaute in den Rückspiegel. Die Scheinwerfer von Busches Wagen kamen wieder näher.

»Gell, jetzt sagen Sie nichts mehr«, brüllte Strecker, »jetzt haben Sie Ihr Pulver verschossen! Ihr steckt doch alle unter einer Decke! Die Herren Unternehmer nehmen uns auf Erden aus, und ihr Pfaffen wollt uns erst im Himmel bezahlen!«

Wieder lachte er irre. Die Mauer um Danneckers Park

tauchte im Scheinwerferlicht auf. Kempfert schaute auf den Tacho. Der Wagen fuhr über achtzig. Kempfert lehnte den Kopf zurück und schloß die Augen. Paul warf ihm einen kurzen Blick zu.

»Beten hilft auch nichts, Herr Pfarrer! Mich bremst keiner, auch der liebe Gott nicht!«

Er hatte kaum ausgesprochen, als der Motor zu stottern anfing. Paul drückte hektisch das Gaspedal durch, aber der Wagen wurde immer langsamer, das Motorengeräusch verstummte, und Paul blieb nichts anderes übrig, als ihn ausrollen zu lassen. Kempfert rührte sich nicht. Noch immer hielt er die Augen geschlossen, aber ein leichtes, erleichtertes Lächeln zeigte sich in seinen Mundwinkeln.

Paul Strecker konnte es nicht fassen.

»Was ... was haben Sie gemacht!« stotterte er schließlich.

Kempfert öffnete die Augen und atmete tief durch.

»Tja, wenn ich Ihnen jetzt sagen würde, dieses Wunder hätte die Macht des Gebetes bewirkt, würden Sie mir das glauben?«

Paul schüttelte den Kopf. »Nee!«

»Das denke ich mir! Dann müssen Sie mir eben glauben, daß Ihr Tank leer ist!«

Er deutete auf die Benzinanzeige. Paul starrte auf den Pegel. Die Nadel schlug links an.

»Ich nehme an, die Wagen werden erst Montag früh wieder aufgetankt! Oder?«

Bevor Paul etwas erwidern konnte, war Leo Busche wieder an der Tür.

»Was ist? Geht es noch weiter oder war's das?«

»Das war's«, antwortete Kempfert, »nicht wahr, Paul?«

Paul konnte nicht mehr. Er verschränkte die Arme auf dem Lenkrad und legte den Kopf darauf. Ein tiefes Schluchzen begann seinen Körper zu schütteln.

»Ich bin am Ende, Herr Pfarrer«, stöhnte er.

Kempfert legte die Hand auf seinen Hinterkopf.

»In jedem Ende steckt die Chance für den neuen Anfang,

Paul! Ein neuer Anfang, und dann einen Tag nach dem anderen.«

*

In der Kirche brannte noch Licht, als Leo Busche Kempfert gegen Mitternacht absetzte. Kempfert bedankte sich und ging dann mit müden Schritten die Stufen zum Portal hoch. Die Musikbox in der Eberburg lief noch auf Hochtouren, und die lauten Stimmen der Wochenendzecher hallten über den Kirchplatz. Kempfert zog die Tür hinter sich zu und genoß die Stille seiner Kirche.

Vorne am Hauptaltar stand Else und war dabei, einen großen Strauß exotisch aussehender Blumen in die Vasen zu verteilen. Es war kalt in der Kirche, und sie trug Wollhandschuhe und ihren Persianermantel.

Kempfert machte eine Kniebeuge und mußte sich an der Bank wieder hochziehen, so weich waren seine Knie nach diesem Abenteuer.

Else lächelte ihm entgegen. »Ich will, daß du einen schönen Altar hast zu deiner ersten Messe morgen! Und, habt ihr Paul Strecker gefunden?«

»Ja, in letzter Sekunde, sozusagen!« Er betrachtete anerkennend Elses floristisches Werk.

»Sehr schön! Das kannst du offensichtlich besser als kochen!«

Sie lächelte erfreut. »Ja, nicht wahr! Die schönen Blumen hat mir Herr Hähnlein besorgt!« sagte sie stolz.

Kempfert seufzte. »Der August? Na, dann kannst du sie gleich wieder abräumen!« sagte er.

»Wieso?«

»Weil sie sicher alle geklaut sind! Deshalb! Aber das werden wir gleich haben!«

Er ging nach hinten zu den letzten Bänken vor dem Beichtstuhl, wo August es sich gemütlich gemacht hatte und dabei war, seinen Rausch, den er sich von Kempferts fünf Mark und jeder Menge Tropfbier in der Eberburg angetrunken hatte, auszuschlafen. Kempfert schaute kopfschüttelnd auf den leise schnarchenden Penner herunter, dann klopfte er auf das Holz der Bank. August fuhr hoch.

»Wo haben Sie die Blumen her, August?« fragte er streng. August brauchte eine Weile um zu begreifen, wovon die Rede war. Dann grinste er und winkte ab.

»Ach so! Schon gut, Sie brauchen sich nicht zu bedanken, Herr Kempfert, die sind umsonst!«

»Geklaut, meinen Sie wohl!« erwiderte Kempfert ärgerlich. Augusts Gesicht verzog sich in eine schmerzliche Grimasse.

»Geklaut?!« stöhnte er. »Also Herr Pfarrer, Sie enttäuschen mich! Ich habe die Blumen nur dem zurückgegeben, dem sie eigentlich gehören! Oder wer, glauben Sie, hat sie wohl wachsen lassen mitten im Winter im Tropenhaus?! Doch wohl nicht der Zoodirektor! Sondern...« August deutete nach dem Altar.

Auch Else war herangekommen und starrte August an.

»Herr Hähnlein! Ja, was machen Sie denn hier!«

»Schlafen«, antwortete er und legte sich wieder hin.

Else starrte Kempfert an.

»Du wirst ihm dein Sofa herrichten müssen«, riet er seiner fassungslosen Schwester, aber da richtete sich August erschreckt auf.

»Nein, nein! Nur keine Umstände. Wer wie ich immer unter freiem Himmel schläft, der kriegt in einem Zimmer keine Luft! Ich brauch eine hohe Decke über mir, so wie hier! Außerdem...«, er legte sich wieder hin, »bald wird es sowieso wärmer, dann ziehe ich weiter, dann sind Sie mich los!«

Kempfert hob die Schultern und ging.

Else zögerte.

Ein Penner in der Kirche? Ja, geht denn das, dachte sie, und August mußte ihre Gedanken in seiner Alkoholtrance gehört haben.

»Keine Angst, Frau Kempfert«, murmelte er, »ich bin mir fast sicher, daß Ihr Chef da vorne nichts dagegen hat.«

Else schaute sich nach ihrem Bruder um. Kempfert kniete

vorne in der ersten Bank und bedeckte sein Gesicht mit den Händen. Leise ging sie zurück in die Sakristei und löschte das Licht. Nur die ewige Lampe leuchtete am Altar.

Kempfert nahm die Hände von den Augen und schaute zum Fenster, das golden in dem Dämmerlicht leuchtete.

»Bist du wirklich da, oder sind wir alle allein hier auf der Erde? Ist das alles dein Wille, oder ist alles nur ein grausamer Zufall?«

Adam Kempfert erwartete keine Antwort auf seine Fragen. Er hatte gelernt, sie sich selber zu geben und an sie zu glauben, auch wenn es ihm oft schwerfiel.

*

Das Zimmer, in dem Kempfert seine erste Nacht in seinem Pfarrhaus verbringen sollte, war früher wohl einmal das Zimmer des Kaplans gewesen, damals, als es noch genug Kapläne gab, die sich mit einem wackligen Tisch, einem harten Stuhl und einem schmalen Bett begnügten. Für einen Mann wie Kempfert war das Bett auf jeden Fall zu klein, und er sah darin aus wie ein Gugelhupf, der aus seiner engen Form quoll. Neben ihm auf dem Nachttisch brannte die verschnörkelte Lampe, und die verstaubte 25-Watt-Birne warf nur ein kärgliches Licht auf die Seiten des Breviers, das Kempfert jetzt erst lesen konnte. Selbst hier oben war die Musik aus der Eberburg noch zu hören, und Kempfert hörte das leise Klopfen an der Tür erst beim zweiten Mal.

»Ja?« Er hatte eigentlich seine Schwester erwartet, die nicht schlafen konnte, ohne das letzte Wort gehabt zu haben, aber der alte Pfarrer Heinrich steckte den Kopf zur Tür herein.

»Sie sind noch auf?« fragte er völlig überflüssig. Und kam herein, als Kempfert sein Brevier zuklappte und sich aufsetzte.

»Auf nicht, aber wach! Kommen Sie!« Kempfert stand auf, wobei das alte Bett gefährlich knarrte, und schlüpfte in seinen Bademantel. Heinrich schloß die Tür hinter sich.

»Das Bett ist für einen gestandenen Theologen wie Sie nicht gebaut, aber nächste Woche können Sie ja in mein Zimmer umziehen!«

Er setzte sich zu Kempfert an den Tisch.

»Dann wollen Sie also nicht bleiben! Also wirklich! Wegen mir müssen Sie nicht ins Heim!«

Pfarrer Heinrich schüttelte den Kopf.

»Ich bin froh, wenn ich hier wegkomme, Kempfert! Außerdem habe ich der Schwester Oberin so lange in den Ohren gelegen wegen einem Zimmer, und jetzt ist eines frei! In Niederreuth, bei den Dominikanern. Soll ganz nett sein da!«

Die beiden schauten sich an. Kempfert wurde etwas verlegen unter dem kritisch-amüsierten Blick des kleinen Mannes.

»Der Herr Maiwald macht das mit Absicht«, sagte Heinrich schließlich, »er dreht die Musikbox nur auf, um seinem Atheismus Ausdruck zu verleihen. Aber seine Frau ist eine gute Katholikin, und sein Sohn Hans Peter ist Meßdiener. Na ja, Sie werden Ihre Schäfchen ja kennenlernen!«

Kempfert lächelte und setzte sich auf die Bettkante. »Ein paar Schafböcke kenne ich schon! Dieser Theo Stutz ist ja ein ganz Hundertprozentiger.« Auch Heinrich lächelte jetzt und nickte.

»Ja, ja, der Theo, der hat den lieben Gott ganz für sich allein gepachtet, aber er ist sehr rührig im Gemeinderat und macht unsere Finanzen.« Kempfert überlegte, ob er Heinrich von Paul Strecker erzählen sollte, aber gerade, als er damit ansetzen wollte, fing Heinrich von selber damit an.

»Wie ich höre, hat es Ärger mit Paul Strecker gegeben?«

»Na ja, ich glaube, ich habe das irgendwie wieder hingebogen«, beruhigte ihn Kempfert.

Heinrich schüttelte den Kopf. »Mit Paul wird es ein böses Ende nehmen. Ja, früher sind die Leute zum Pfarrer gekommen, wenn sie nicht mehr weiter wußten, aber das kostet ja nichts, und was nichts kostet, das kann ja nichts Rechtes sein! Da tragen sie ihr Geld lieber zum Psychiater oder zu Maiwald in die Eberburg. Dabei fehlt dem Paul nur der richtige Glaube.«

Heinrich schaute Kempferts Zustimmung wartend entgegen. Aber Kempfert hatte keine Lust, sich auf eine Diskussion einzulassen und nickte nur mit dem Kopf. Heinrich stand auf.

»Na dann. Eigentlich bin ich ja nur gekommen, weil ich eine letzte Bitte habe!« Auch Kempfert stand auf.

»Gern! Alles was in meiner Macht steht!«

Heinrich zögerte kurz, dann gab er sich einen Ruck.

»Ich würde meine letzte Messe nämlich gerne so feiern wie meine erste vor fünfzig Jahren, in gutem alten Latein!« Er schaute Kempfert an.

»Kein Problem!« sagte Kempfert, aber Heinrich schüttelte den Kopf.

»Schon! Von den jungen Meßdienern kann doch keiner mehr Latein!«

»Dann spiele ich eben Ihren Meßdiener«, beruhigte ihn Kempfert und führte ihn zur Tür. Heinrich freute sich sichtlich.

»Danke! Den Leuten ist das sowieso egal und kommen wird sowieso keiner, außer denen, die immer kommen!« Er reichte Kempfert die Hand.

»Gute Nacht!«

»Gute Nacht, Herr Heinrich!«

Leise schloß Kempfert die Tür hinter seinem Kollegen. Dann ging Kempfert zum Fenster und schaute hinaus auf den Kirchplatz. Die letzten Zecher stolperten aus der Eberburg auf den mondbeschienenen Platz. Morgen, dachte Kempfert, mal sehen, ob Herr Dannecker Wort hält.

*

Herr Dannecker hatte Wort gehalten. Die kleine Kirche war bis auf den letzten Platz gefüllt. Einige der Leute mußten sogar mit einem Stehplatz im Mittelgang vorlieb nehmen. Kempfert, der durch einen Spalt der Sakristeitür gespäht hatte, schloß die Tür jetzt wieder und wandte sich Pfarrer Heinrich zu, dem Frau Bebel gerade ins Altargewand half. Am Fenster stand der kleine Hans Peter Maiwald und versuchte schnell noch ein paar Antworten des Introitus auswendig zu lernen.

»Keine Angst, mein Junge, hör einfach auf mich«, sagte Kempfert und strich ihm durch den Lockenkopf.

»Es ist schon fünf nach zehn!« regte sich Agnes Bebel auf.

»Na, dann wollen wir mal«, erwiderte Kempfert und lächelte

Heinrich zu. Dem alten Pfarrer war allerdings eher zum Heulen zumute.

Kempfert wurde wieder ernst und öffnete die Sakristeitür, um Hans Peter an sich vorzulassen. Der zog am Strang der Glocke und faltete seine Hände. Kempfert und dann Heinrich folgten ihm. Pfarrer Heinrich ging mit gesenktem Blick bis zu den Stufen des Altars, und da die Orgel losdonnerte und er sich den Anblick der leeren Kirche ersparen wollte, bekam er natürlich nicht mit, daß jeder, der in Eberstadt Beine hatte und katholisch war, heute zu seiner letzten Messe herbeigeeilt war.

Erst viel später, nach dem Stufengebet und der ersten Lesung, als er das Altartuch vor dem Tabernakel küßte und sich umdrehte und die Arme ausbreitete und sagen wollte: »Dominus vobiscum«, und ihm die Stimme versagte, weil alle da vor ihm standen, alle, die er getauft und getraut hatte und die er verloren geglaubt hatte, da erst wurde ihm bewußt, daß etwas Ungeheuerliches passiert sein mußte und daß er vielleicht die Menschen doch falsch eingeschätzt hatte in seiner langjährigen Vereinsamung und Verbitterung.

»Dominus vobiscum«, sagte er schließlich.

»Et cum spiritu tuo«, antwortete die Gemeinde. Heinrich war froh, daß er sich wieder umdrehen durfte und so seine aufsteigenden Tränen verbergen konnte.

Auch Kempfert konnte sich der Rührung nicht entziehen, als jetzt der Madrigalchor von Friedhelm Haug zu singen begann. Er hätte die ganze Welt umarmen können, so viel Liebe fühlte er in sich. Er würde es schaffen. Egal wie. Er würde sich und allen beweisen, daß es möglich ist, ein Priester zu sein für die Menschen.

⋆

Nach der Messe nahm Pfarrer Heinrich vor der Kirche Abschied von seinen Schäfchen. Kempfert nutzte die Gelegenheit, sich vorzustellen. Herr Dannecker trat zu ihm und grinste.

»Na, zufrieden?«

»Alle Achtung«, flüsterte Kempfert, »wie haben Sie denn das geschafft? Das ist ja das reinste Wunder!«

Dannecker lachte. »Wunder? Schön wär's! Wenn die Leute nicht freiwillig wollen, dann muß man sie eben zwingen ... mit Geld! Das sind alles bezahlte Überstunden!«

Er drückte Kempferts Hand und ging zu seinem Wagen.

Kempferts gute Stimmung war mit einem Schlag vergangen. Er verabschiedete den Rest der Leute eher mechanisch und war froh, als es vorbei war. Aber dann kam Pfarrer Heinrich auf ihn zu und lächelte glücklich.

»Sie sind alle gekommen, Kempfert! Vielleicht sind die Menschen doch besser als wir glauben.«

»Hoffentlich«, wich Kempfert aus, »aber bestimmt waren Sie ein besserer Pfarrer als Sie glaubten!«

Heinrich wurde ernst. Er schüttelte langsam den Kopf. »Nein! Das war ich nicht! Ich war ein schlechter Hirte! Seien Sie ein guter, Herr Kempfert.«

Kempfert konnte nicht anders als den alten Mann in die Arme zu nehmen.

Die letzten Autos fuhren vom Platz, die Orgelmusik verstummte. Und dann war es plötzlich so still, daß man die Vögel im Friedhof zwitschern hören konnte.

Der erste Stein

Die erste Woche im neuen Amt rauschte an Kempfert vorüber wie die Pferde des Kinderkarussells auf der Gugenheimer Kirchweih. Frauenkreis, Bibelkreis, Jugendkreis, dazwischen Messen, zwei Beerdigungen, Hausbesuche, Krankenbesuche, Sprechstunde und so weiter und so weiter. Für Kempfert wurde aus der bislang eher abstrakten Frage des Zölibats etwas ganz anderes, nämlich die Überzeugung, daß ein verheirateter Pfarrer sowieso keine Minute Zeit für Frau und Kinder übrig hätte, es sei denn, man würde ihn von der Pflicht des täglichen Brevierlesens entbinden. Aber wann sollte er dann die Zeitung lesen, in der Klaus Bardusch gegen die Zustände im Werk Eberstadt wetterte?

Wie auch immer, spätestens nach dieser Woche war Kempfert klar, daß es so nicht weitergehen konnte. Er mußte die kirchliche Bürokratie vereinfachen, das Grüppchendenken seiner kleinen Gemeinde zu einer »Gemeinde« im wahrsten Sinne des Wortes umbiegen, oder er würde bis zur totalen Erschöpfung oder vorzeitigen Pensionierung hinter Terminen herhetzen, ohne dabei wirklich Zeit für jemanden zu haben. Und um einen Anfang zu machen, beschloß er, den Tagesablauf der Gemeinde drastisch umzugestalten.

Der erste, der Zeuge und Leidtragender dieser Umgestaltung wurde, war August, der neugierig Kempfert über die Schulter schaute, als der am Schaukasten vor der Kirche den Aushang wechselte.

»Sind das die 95 Thesen oder was?« scherzte er, wurde aber sofort nüchtern, als er zu lesen begann, »6 Uhr Frühmesse, Montag bis Sonntag! Ja, da muß ich ja bei Nacht und Nebel aus der Kirche!«

»Warum? Sie sind herzlich zur Frühmesse eingeladen, dann dürfen Sie anschließend auch mit uns allen frühstücken!«

August war perplex. »Frühstück? Für alle? Das ist doch nicht Ihr Ernst!«

Kempfert drückte den letzten Reißnagel fest und schloß den Kasten ab.

»Warum nicht! Man kann auch mit vollem Mund über Gott reden oder seine Sorgen und Probleme. Dazu braucht man keinen Spezialkreis!«

August grinste. Er hatte Kempfert durchschaut.

»Mit Speck fängt man Mäuse, was, Herr Pfarrer? Und mit Marmeladenbrötchen arme Seelen! Sehr originell, aber könnten Sie das nicht zu einer christlicheren Zeit veranstalten? Sagen wir 9 Uhr? Um sechs Uhr schläft doch ein anständiger Mensch noch!«

Aber Kempfert hörte schon lange nicht mehr auf das Geplapper des Mannes, sondern spähte hinüber zur Eberburg, vor der eben ein alter Citroën parkte und ein älterer Herr ausstieg.

»Schauen Sie mal unauffällig rüber zur Eberburg«, unterbrach Kempfert August. »Kennen Sie den Mann?«

»Im Lammfellmantel?« fragte August. »Nein, wieso?«

»Gestern war er auch schon da. Er steht nur rum oder wartet im Auto, dabei beobachtet er immer das Pfarrhaus!« Kempfert schüttelte den Kopf, als wolle er damit die Gedanken loswerden. »Na ja, vielleicht spinne ich nur!«

»Wahrscheinlich«, sagte August und grinste.

»Seien Sie vorsichtig, mein Lieber, Menschen wie ich, die sich das Rauchen abgewöhnen wollen und nur von Salat und verkochtem Gemüse leben, haben wenig Sinn für Humor! So, und jetzt schrubben Sie weiter, heute mittag ist Pfarrgemeinderat und da wollen wir doch einen guten Eindruck machen!«

Kempfert ließ August stehen und ging hinüber zum Pfarrhaus. Am Tor drehte er sich zu dem Mann im Lammfellmantel um; der tat so, als würde er die Speisekarte der Eberburg auswendig lernen wollen. Kempfert ging ins Haus und durch die Küche in sein Büro.

Annemarie Bieler schaute von der Schreibmaschine auf und blätterte in ihrem Stenoblock.

»Herr Kempfert, nur noch eine Frage: Heißt es Diezöse oder Diözese?«

Kempfert, der schon auf dem Weg zum Fenster war, kam zurück.

»Diözese natürlich, aus dem Griechischen, *oikos* ›das Haus‹! Was tippen Sie denn da?«

»Ihren Gemeindebrief«, erwiderte Annemarie erstaunt und las Kempfert vor, »... diese und andere brennenden Fragen werden auf der nächsten Diezösensynode, ich meine Diözesansynode, verhandelt werden! Das haben Sie diktiert.«

Kempfert runzelte die Stirn. »Entsetzlich! Das ist kein Gemeindebrief, das ist ein bürokratisches Geschwafel! Das muß ich nochmal machen, oder würden Sie sich von so einem Brief angesprochen fühlen?« fragte Kempfert seine junge Mitarbeiterin.

Annemarie zögerte. »Na ja, wenn ich ehrlich bin...«, erwiderte sie und fügte schnell hinzu, »aber wer liest das schon? Die meisten interessiert doch nur, wer wieder gestorben ist und wer für wen eine Messe lesen läßt!«

»Und was interessiert zum Beispiel Sie?» fragte Kempfert weiter und setzte sich gegenüber auf den Besucherstuhl.

Annemarie wurde etwas verlegen. »Mich? Meine Interessen sind wohl kaum repräsentativ!«

»Mein erster Gemeindebrief soll auch nicht repräsentativ sein, sondern ehrlich und interessant!« Kempfert lehnte sich vor. »Stellen Sie sich vor, Sie würden einen Brief von mir bekommen, was würden Sie darin gerne erfahren?«

Annemarie schaute Kempfert jetzt direkt an. »Ich würde gerne wissen, was für ein Mensch Sie sind und ob ich Ihnen vertrauen kann!«

Kempfert nickte. »Sehen Sie, und genau das fehlt in diesem Schrieb da! Also wie wär's? Würden Sie mir dabei helfen?«

Annemarie schaute auf ihre Armbanduhr. »Jetzt geht es nicht, ich bin sowieso schon zu spät zur Chorprobe!« Sie stand auf.

Kempfert erhob sich auch. »Dann eben heute mittag?«

»Da haben Sie Pfarrgemeinderat.«

Kempfert ließ nicht locker. »Dann eben heute abend nach der Beichte!«

Annemarie war schon an der Tür. »Tut mir leid, aber da kann ich nicht! Ich bin mit Herrn Haug verabredet, aber wenn Sie darauf bestehen, kann ich ihm auch absagen!«

Kempfert winkte lächelnd ab. »Nein, nein! Die Liebe geht natürlich vor! Ich kriege das schon irgendwie hin heute nacht.«

Annemarie ging, kam aber gleich noch einmal zurück. »Ach so, Sie sollen im Ordinariat anrufen. Herr Silenius hat schon zweimal versucht, Sie zu erreichen!«

Kempfert nickte und zog das Papier aus der Schreibmaschine. Er las ein paar Zeilen, dann schüttelte er den Kopf, zerknüllte es und warf es in den Papierkorb. Er ging zum Fenster und sah, daß der Mann immer noch dastand, neben seinem Wagen, und herüberschaute.

Als jetzt Annemarie durch das Tor kam, wandte er sich schnell ab. Aber Annemarie nahm keine Notiz von ihm, sondern ging über den Kirchplatz zur Kirche. Kempfert wollte sich gerade wieder abwenden, als er Leo Busches Porsche über den Platz fahren sah. Er machte vor der Kirche eine Vollbremsung, sprang aus dem Wagen und rannte Annemarie nach.

Kempfert seufzte. »Alles eine Frage der Verkaufstechnik, wie? Na, wenn das mal gut geht«, murmelte er und ging hinüber in die Küche.

Else, die, von der Gardine geschützt, auch zum Fenster hinaus zur Eberburg schaute, fuhr erschreckt herum, als sie hinter sich die Tür gehen hörte. Kempfert trat zu ihr.

»Aha! Dir ist er also auch aufgefallen?«

Else tat unschuldig und begann das Fensterbrett mit dem nassen Tuch abzuwischen.

»Wer?«

»Na der Mann da drüben!« Kempfert deutete aus dem Fenster.

»Mann? Welcher Mann?«

»Im Lammfellmantel! Drüben vor der Eberburg! Gerade war er noch da. Aber sein Auto parkt da noch.«

»Und?« fragte Else und versuchte, möglichst gleichgültig zu wirken, was ihr auch gelang.

»Na ja, ich frage mich, ob ich ihn nicht hereinbitten soll! Vielleicht hat er irgend etwas auf dem Herzen und traut sich nicht?«

Kempfert ging zum Küchentisch, wo im Brotkorb noch ein Brötchen übrig geblieben war, brach ein Stück ab und schob es in den Mund.

»Wenn der was von dir will«, sagte Else, »dann wird er schon kommen. Was mischst du dich immer ein!«

Kempfert schaute irritiert auf. »Weil ich dazu da bin, mich einzumischen! Ich bin der Pfarrer hier!«

Else machte einen weiteren Ablenkungsversuch. »Hast du Hunger? Willst du was essen?«

Kempfert legte schnell das Brötchen weg. »Nein, nein! Ich habe drei Pfund abgenommen! Bald brauche ich Hosenträger!« Er zog stolz den Bauch ein wenig ein.

Else lachte etwas abfällig. »Bald brauchst du eine Tragbahre, wenn du so weitermachst. Also heute mittag wird etwas Anständiges gegessen!«

»Zum Beispiel?« fragte Kempfert.

»Nasi Goreng«, verkündete Else stolz, »und zwar Punkt ein Uhr!«

Kempfert hütete sich, eine feste Zusage zu machen, und holte seine Aktentasche aus dem Büro. Else ließ aber nicht locker.

»Ein Uhr«, wiederholte sie streng.

Kempfert stöhnte auf. »Oh, Else! Ich muß Hausbesuche machen! Jetzt bin ich eine Woche hier, und die meisten Leute kennen mich nicht!«

»Ein Uhr!« insistierte Else, und wenn das Telefon im Büro nicht geklingelt hätte, wäre Kempfert wohl nie aus dem Haus gekommen.

»Geh du dran«, sagte er schnell, »sonst komme ich hier nie weg!« Und weg war er.

Else nahm verärgert den Hörer ab, wurde aber gleich freundlicher, als sich der persönliche Referent des Bischofs meldete. Else stotterte eine Entschuldigung für ihren Bruder, der den Bischof immer noch nicht zurückgerufen hatte und legte dann schnell auf, um zum Fenster zu eilen. Aber der Mann im Lammfellmantel war nicht zu sehen. Sie wollte schon erleichtert aufatmen, da sah sie Adam auf den Citroën zugehen und an die Scheibe des Wagens klopfen. Else hielt den Atem an.

Kempfert wartete geduldig, bis der Mann die Scheibe heruntergekurbelt hatte.

»Ja?« fragte er abweisend. Er war sichtlich nervös.

Kempfert setzte ein beruhigendes Lächeln auf.

»Kann ich Ihnen irgendwie helfen?«

»Wie kommen Sie darauf«, verneinte der Mann. Er kam Kempfert jetzt irgendwie bekannt vor. Der etwa sechzigjährige Mann mit den großen, traurig wirkenden Augen wich Kempferts Blick aus.

»Na ja«, redete Kempfert weiter, »Sie sitzen seit gestern hier und beobachten mich!«

»Ich? Sie?« Der Mann lachte verlegen.

»Wenigstens sieht es so aus! Ist ja egal und geht mich wahrscheinlich nichts an. Ich dachte nur, falls Sie einen Priester brauchen sollten, ich bin einer!«

Wieder lachte der Mann nervös. »Sehe ich so aus? Nein, nein, ich, wie soll ich sagen...!« Ihm fiel keine Ausrede ein und Kempfert beendete die peinliche Situation schnell.

»Schon gut! War ja nur so ein Gefühl von mir!«

Er grüßte und ging, bevor der Mann etwas sagen konnte. Else hatte recht, dachte er, warum mußte er sich immer einmischen. Das war schon wie eine Krankheit. Er konnte einfach nicht den Mund halten, alles wußte er besser, jedem versuchte er seine »unfehlbare« Meinung und seinen »unerschöpflichen« Rat aufzudrängen. Er war und blieb eben der geborene Schulmeister. Der Herr Dozent der Philosophie und Theologie, dem seine Studenten andachtsvoll lauschten. Aber eine Gemeinde ist kein Hörsaal und ein Gemeindebrief keine Doktorarbeit. Der Gemeindebrief. Kempfert nahm sich vor, Annemaries Vorschlag zu beherzigen und zu versuchen, ehrlich und offen zu den Leuten zu reden.

Der Vormittag verging wie im Fluge. Kempfert ging von Tür zu Tür, schüttelte Hände, sagte sein Sprüchlein, bot seine Hilfe an und lud ein. Am schwersten fiel ihm, die Verlegenheit der Leute durch möglichst unbefangenes Benehmen zu überspielen. Das lag daran, daß er selber verlegen war und er sich bald vorkam wie ein Vertreter, der den Leuten etwas verkaufen mußte, was sie gar nicht brauchten oder wollten. Die meisten wenigstens schienen prächtig ohne Kirche und ohne Pfarrer auszukommen. Sie hatten mit Gott eine private Abmachung getroffen, so kam es ihm vor: »Wir lassen dich in Ruhe und du uns«, und Kempferts Besuch störte nur dieses »nette« Arrangement.

Aber es gab auch andere. Wenige, aber für diese wenigen lohnte sich das Treppensteigen, lohnte sich die halbe Stunde am Tisch im Wohnzimmer, in der sie ihm ihr Herz ausschütteten und ihn mit selbstgebackenen Plätzchen zum Bleiben bewegen wollten. Aber Kempfert machte sich auch hier keine Illusionen. Diese armen Alleingelassenen, vom Leben Enttäuschten, von ihren Männern Betrogenen, von ihren Kindern Hintergangenen, von der Gesellschaft Ausgestoßenen, die brauchten eigentlich auch keinen Pfarrer, sondern nur einen Menschen, der ihnen zuhörte, der bereit war, ihr Leid mit ihnen zu teilen. Ich kann nicht mehr, Herr Pfarrer! Was sollte man dazu sagen? Er hatte schnell lernen müssen, daß man diesen verzweifelten Menschen nicht mit »Gott« kommen durfte. Hören Sie auf, Herr Pfarrer! Ein Gott, der das zuläßt, was ist das für ein Gott! Auch so eine Frage, auf die Kempfert keine Antwort parat hatte, deshalb hörte er lieber zu und versuchte es eher mit psychologischen Argumenten. Aber wohl fühlte er sich nicht dabei. Es stimmte ihn traurig, daß so wenige bereit waren, die Liebe Gottes als Geschenk anzunehmen und mit Liebe zu beantworten. Um so bereitwilliger waren sie, ihn zum Essen einzuladen, ein Gläschen aufzuschwatzen. Am schlimmsten waren die sogenannten »praktizierenden Katholiken«, die in ihrem Pfarrer so etwas wie einen Beamten in der Verwaltung des göttlichen Reiches sahen, der mit seinen guten Beziehungen nach »oben« etwas für sie tun konnte.

Hier, Herr Pfarrer, lesen Sie eine Messe für ihn! Was wollen Sie denn? Wir gehen jeden Sonntag in die Kirche! Vor allem in solchen Gesprächen konnte er oft kaum an sich halten. Sein Lächeln wurde mechanisch, seine Worte klangen ihm falsch in den Ohren und er versuchte, sich so schnell wie möglich zu verabschieden. Kaum draußen, fühlte er sich dann aber schuldig. Jeder versuchte es doch, so gut er konnte, und manche können eben nicht anders.

Als er kurz nach ein Uhr endlich wieder die Stufen zum Pfarrhaus hochging, mit weichen Knien vom vielen Treppensteigen und schwerem Herzen vom vielen Zuhören, hielt er inne und ging noch einmal zurück zum Tor. Der Wagen vor der Eberburg war verschwunden und der Mann im Lammfellmantel auch.

Annemarie ging ihm entgegen.

»Kommen Sie schnell, der Herr Silenius ist am Telefon.«

Kempfert folgte ihr ins Büro, aber als Annemarie den Hörer aufnahm, war die Verbindung unterbrochen.

»Jetzt hat er aufgelegt«, sagte sie verblüfft.

»Auch recht«, erwiderte Kempfert und stellte seine Aktentasche ab. »War sonst noch was?«

»Ja, die Frau Strecker hat angerufen, ihr Mann arbeitet seit gestern wieder bei Dannecker!«

»Na, Gott sei Dank«, atmete Kempfert erleichtert auf.

»Das war die gute Nachricht«, bremste Annemarie Kempfert, »die schlechte ist, daß es wohl eine Panne gegeben hat mit dem Nasi Goreng. Ihre Schwester ist ziemlich aufgelöst, Sie sollten sich mal um sie kümmern, glaube ich!«

Kempfert runzelte die Stirn.

»Meine Güte! Was stellt sie sich so an! Sie will mir helfen und macht alles komplizierter! Kochen kann sie nicht, nähen kann sie nicht.« Anklagend fummelte er an einem losen Knopf seiner Jacke herum. »Und meine Unterwäsche hat einen rosa Stich, weil sie ihren Pullover mitgekocht hat! Man sollte glauben, das reicht, aber nein, sie hat sich in den Kopf gesetzt, hier die Frau Pfarrer zu spielen!«

Annemarie hatte versucht, Kempfert mit hochgezogenen Augenbrauen zu warnen, weil sie Else durch die offene Tür hereinkommen sah, aber Kempfert war so in Fahrt, daß er Else erst bemerkte, als sie ihn ansprach.

»Kann ich dich bitte einen Augenblick sprechen?« sagte sie gefährlich ruhig.

Kempfert ließ die Arme sinken, mit denen er seiner Erregung Ausdruck verliehen hatte und drehte sich langsam um.

Annemarie nahm schnell ein Papier vom Schreibtisch und machte sich davon.

»Ich muß sowieso zum Kopieren«, stammelte sie verlegen und ließ Kempfert mit seiner Schwester allein. Else wartete, bis die Tür hinter Annemarie ins Schloß gefallen war, und schaute Kempfert mit ihren verweinten Augen strafend an.

»Was hat er dir gesagt?«

Kempfert verstand nun gar nichts mehr. Er hatte eine beleidigte Standpauke erwartet.

»Wer?« fragte er erstaunt.

Else winkte ab.

»Tu doch nicht so! Ich habe dich mit ihm reden sehen! Also, was hat er dir erzählt?«

»Von wem redest du?« Kempfert wurde jetzt laut. Auch Else erhob ihre Stimme.

»Von Werner! Von wem sonst! Also bitte tu nicht so unschuldig! Ich sehe dich drüben mit Werner reden, und dann kommst du zurück und jammerst Annemarie vor, daß du mich loswerden möchtest! Ich bin zwar nicht die Hellste, aber eins und eins kann ich noch zusammenzählen!«

Jetzt endlich begriff Kempfert. Das war es also! Der Mann hatte es auf Else abgesehen, nicht auf ihn.

»Aber Else«, rief er erfreut, »warum hast du mir das nicht gesagt? Also nein! Wie ein Teenager! Und der arme Romeo sitzt da draußen in der Kälte und traut sich nicht rein! Und alles wegen mir! Wie? Also, meine liebe Schwester! Ich habe vollstes Verständnis und freue mich für dich!«

Begeistert faßte er Else an der Schulter. Aber Else wehrte ab und ließ sich auf den Stuhl sinken.

»Ich hab's gewußt, ich hab's gewußt«, murmelte sie tonlos. Kempfert wurde nun wirklich nicht mehr schlau aus ihr.

»Also jetzt versteh ich gar nichts mehr!« stöhnte er. Else schaute zornig auf.

»Was meinst du wohl, warum ich hier bin?« Mit zitternder Hand deutete sie zum Fenster. »Um diesen Mann endlich loszuwerden, Adam!«

»Ja aber warum?« rief Kempfert.

»Warum? Weil er mich heiraten will! Darum!«

Kempfert starrte sie an, dann lachte er ironisch auf. »Ach so! Ich verstehe! Er liebt dich und will dich heiraten! Das ist allerdings eine Katastrophe!«

Else war nicht zum Lachen zumute. Sie sprang auf und faßte Kempfert an der Jacke.

»Ja. Es ist eine Katastrophe. Bitte, Adam! Ich weiß, ich bin keine große Hilfe, aber du hast einmal gesagt, daß ich immer zu dir kommen kann, wenn ich dich brauche, und jetzt brauch ich dich!«

»Und dieser Mann? Werner? Er scheint dich doch auch zu brauchen, oder? Du kannst dich doch nicht den Rest deines Lebens hinter mir verstecken!« Er löste sanft ihre verkrampfte Hand von seiner Jacke und hielt sie fest.

»Eine Frau wie du braucht keinen Bruder, sondern einen Mann, Else, und endlich kommt einer, und du ...«

Else unterbrach ihn mit einem bitteren Lachen. »Endlich?! Werner und ich kennen uns seit elf Jahren!«

»Was?« entfuhr es Kempfert.

Else wandte sich ab. »Ja, ja, ich weiß, so was paßt nicht zu mir, so was tut doch die arme Else nicht, die keinen Mann kriegt, die fromme Helene, die komische alte Jungfer! Wenn ich daran denke, was du und Mutter alles angestellt haben, um mich unter die Haube zu bringen. Und was für hoffnungslose Kandidaten ihr für mich ausgesucht habt, weil für Else ist alles gut genug, Hauptsache katholisch und ein Mann!«

Kempfert trat zu ihr. »Mag ja sein, aber ich versteh' trotzdem nicht, was das mit deinem Werner zu tun hat und warum du ihn wie einen Hund vor der Tür warten läßt! Er liebt dich doch offensichtlich, und du ihn auch, sonst hättest du nicht elf Jahre mit ihm ... äh, na ja ... und alles nur, weil er dich heiraten will! Sei doch glücklich!«

Else drehte sich wieder zu Kempfert um. »Er ist evangelisch, Adam!«

»Na und!« entgegnete Kempfert heftig. »Spätestens seit dem

Dreißigjährigen Krieg ist das kein Grund mehr! Der einzige Unterschied zwischen einem katholischen Werner und einem evangelischen Werner ist der, daß beide nicht allzuviel von Religion halten und nur wegen der Kinder in die Kirche gehen, und mit Kindern ist bei euch ja wohl nicht mehr zu rechnen! Um es kurz zu machen, du rufst ihn jetzt an und lädst ihn zum Abendessen ein! Wie heißt er denn mit Nachnamen?«

Else schüttelte verzweifelt den Kopf. »Adam, bitte!«

Es klopfte, und Annemarie schaute herein.

»Ich will nicht stören, Herr Kempfert, aber die ersten Herren sind schon da! Die Gemeinderatssitzung!«

Kempfert ging zur Tür, deutete aber mit ausgestreckter Hand auf Else und sagte abschließend: »Und wenn du es nicht machst, dann tu ich es! Ich werde schon rausfinden, wer das ist!«

Else ging ihm nach. »Adam, wenn du das tust, dann ...!« Aber Kempfert zog schnell die Tür hinter sich zu. Im gleichen Augenblick fing das Telefon an zu läuten. Else schien es nicht zu hören, denn sie ging langsam zum Fenster und erschrak. Da stand wieder der Citroën und neben ihm Werner. Annemarie kam hereingerannt und nahm mit einem genervten Blick das Telefon ab.

»St. Augustin«, sagte sie etwas außer Atem und dann: »Oh, also Sie haben wirklich Pech, Herr Silenius, aber jetzt ist er in einer Sitzung ... ja, ich werde es ausrichten! Bestimmt!« Sie legte auf und schaute zu Else.

»Wenn Ihr Bruder so weitermacht, dann kriegt er Ärger mit dem Bischof!«

Aber Else reagierte nicht, sondern griff jetzt nach den Gardinen und zog sie beiseite.

»Nein!« rief sie.

Annemarie ging zu ihr und sah Kempfert zur Eberburg gehen.

»Er kann doch jetzt nicht weg! Er hat Pfarrgemeinderat!« Fassungslos schaute sie zu, wie Kempfert auf den Citroën zuging und wie der Fahrer schnell den Motor anließ und wegfuhr, als sei der Leibhaftige hinter ihm her. Else atmete erleichtert auf.

»Keine Angst, Fräulein Bieler. Er wird gleich wieder kommen! Helfen Sie mir Kaffee kochen?«

Sie ging an Annemarie vorbei in die Küche. Annemarie blieb noch kurz am Fenster.

Jetzt sah sie Kempfert auf Charly Strecker einreden, und wenig später sein Motorrad antreten und dem Citroën nachfahren.

»Frau Bebel wollte doch Schneckennudeln mitbringen«, hörte sie Else aus der Küche rufen.

Annemarie zog die Gardine gerade und ging.

*

Oben, im sogenannten Wohnzimmer des Pfarrhauses, in dem niemand wohnte und das eigentlich nur für die monatlichen Sitzungen des Pfarrgemeinderates und die wöchentlichen Altersnachmittage und diverse Kreise benutzt wurde, saß das kleine »Häuflein der Gerechten«, das den Pfarrgemeinderat von St. Augustin darstellen sollte. Bei nur hundert »praktizierenden« Katholiken war es schwer, überhaupt jemanden zu finden für diese doch recht lästige Aufgabe, und so war es nicht wunderlich, wenn sich hier außer Theo Stutz und Agnes Bebel nur noch Trude Maiwald und Klaus Bardusch eingefunden hatten. Der Journalist fingerte nervös eine Zigarette aus der Packung und schaute sich suchend nach einem Aschenbecher um. Theo Stutz klappte seinen Aktenordner zu und warf Bardusch einen strengen Blick zu.

»Laut Mehrheitsbeschluß vom 17.12.86 ist Rauchen auf Sitzungen des Kirchenvorstands untersagt«, kläffte er, und auch Frau Bebel konnte es sich nicht verkneifen, eine Spitze loszulassen.

»Ein guter Christ raucht nicht!« flötete sie und schaute anzüglich zur Decke.

»Sehr richtig«, hakte Stutz nach, »der Leib ist der Tempel Gottes, und auch in Ihrer komischen Figur wohnt der Herr, Herr Bardusch!«

Zur Verteidigung von Theo Stutz muß gesagt werden, daß Bardusch tatsächlich eine etwas seltsame Figur war. Sein Körper schien zu groß zu sein für seinen jungenhaften Kopf, und seine Augen wirkten zu klein für sein leicht aufgequollenes Gesicht, das den Alkoholfreund verriet. Dennoch, wer so mickrig aussah wie Theo Stutz, hatte eigentlich keinen Grund, körperliche Besonderheiten an irgendwelchen Mitmenschen zu bekritteln.

»Ja«, gab Bardusch folgerichtig die Frechheit zurück, »weil er lieber bei mir wohnt als in Ihrer schlecht gelaunten Haut! Und sowieso, was soll das! Der Herr Kempfert raucht schließlich auch!«

Agnes kam Stutz zu Hilfe, dem die Luft ausgegangen zu sein schien.

»Pfeife! Das ist etwas ganz anderes! Das stinkt nicht so wie Ihre Zigaretten!«

»Rauch ist Rauch und hat eine tausendjährige Tradition in der Kirche, gell? Weihrauch ist sozusagen nichts anderes als die sakrale Form des Rauchens und ist doch sehr stimmungsvoll und wird allenthalben toleriert. Oder wollen Sie das auch mit Mehrheitsbeschluß abschaffen, Herr Stutz?«

Bardusch lächelte Stutz provozierend freundlich zu. Aber bevor der etwas Giftiges und Passendes erwidern konnte, kamen Fräulein Bieler und Else Kempfert mit Kaffee und Schneckennudeln herein und hinter ihnen Kempfert, der seine Aktentasche vor seinen Platz stellte und entschuldigend in die Runde sah.

»Tut mir leid, aber heute geht alles drunter und drüber, dafür können wir es aber auch kurz machen.«

Kempfert zog eine getippte Liste aus der Tasche und setzte sich. Während Annemarie nun die Teller und Tassen deckte und Else einschenkte, redete Kempfert betont sachlich weiter.

»Sie alle haben meine Statistik erhalten, die ich heute zur Entscheidungshilfe für die Verteilung unseres Etats zugrundelegen möchte. Wie Sie daraus ersehen können, sind nur fünf Prozent der eingetragenen Gemeindemitglieder tatsächlich noch aktiv, und es scheint mir unverantwortlich, das Geld von fünfundneunzig Prozent Taufschein-Christen für fünf Prozent aktive Christen auszugeben!«

Kempfert schaute auf, als Theo Stutz ihn jetzt heftig unterbrach.

»Moment! Was soll das heißen?«

Bardusch winkte ab. »Das ist Logik, Herr Stutz, das verstehen Sie nicht!«

»Bitte, Herr Bardusch«, griff Kempfert ein, »ich kann die Reaktion von Herrn Stutz durchaus verstehen! Auch ich mußte mich erst an den Gedanken gewöhnen, daß wir nicht einfach so weitermachen können wie bisher! Wir sind keine blühende Gemeinde mehr. Von sechstausend Mitgliedern sind wir sozusagen auf die Urkirche zurückgeschrumpft. Katakombe ist angesagt, meine Damen und Herren! Die Kirche steht zwar noch, aber den Gottesdienst könnte ich auch problemlos hier im Wohnzimmer abhalten, wenn ich noch ein paar Stühle reinstelle, oder?«

Klaus Bardusch und Frau Maiwald nickten zustimmend. Annemarie wollte etwas sagen, aber Stutz kam ihr zuvor.

»Worauf wollen Sie hinaus, Herr Kempfert?«

Kempfert pochte mit dem Zeigefinger auf den Tisch.

»Daß ich nicht daran denke, hunderttausend Mark für eine neue Dampfheizung für die Kirche auszugeben und keine viertausend für einen neuen Teppichboden im Kindergarten und keine achtzehntausend für einen modernen Kreuzweg! Und wissen Sie, wieviel wir jedes Jahr für Blumenschmuck ausgeben? 3724 Mark und 60 Pfennig!«

Er schaute Stutz streng an. Der wurde überraschenderweise verlegen und räusperte sich.

»Das, äh, das ist nur eine fiktive Zahl«, stammelte er, »der Betrag steht für Sonstiges!«

Frau Bebel erklärte Kempfert diese buchhalterische Besonderheit bereitwillig.

»Die meisten Blumen kriege ich im Sommer umsonst von den Leuten, und im Winter hilft uns der Blumen-Schmidt aus!

Die sind dann zwar nicht mehr ganz frisch, aber in der Kirche ist es ja dann auch so kalt, daß sie länger halten!«

Kempfert lächelte. »Na, dann hat es ja wenigstens etwas Gutes, daß wir keine Dampfheizung haben!«

»Ja, und was wollen Sie mit dem Geld dann sonst tun?« warf Annemarie jetzt ein.

»Nichts«, erwiderte Kempfert ruhig, »wenigstens vorläufig, bis wir wissen, wer und was wir eigentlich sind und was wir wollen!«

Diese Feststellung gab Theo Stutz den Rest. »Nichts!« rief er empört, »das ist ja der reinste Nihilismus!« Es hielt ihn nicht länger auf seinem Platz und er stand auf. »Außerdem, unser Etat ist von uns und von Ihrem Vorgänger beschlossen und von der Diezöse abgesegnet.«

»Diözese«, unterbrach Annemarie die lange Rede, die Theo Stutz auf der Zunge lag.

»He?« fragte er konsterniert.

»Diözese heißt das!« betonte Annemarie geduldig.

»Diö...« Stutz winkte ab, »vom Bischof genehmigt«, umschiffte er die Klippe, »und damit ist das Thema für mich *ex cathedra* gelaufen, und ich beantrage, daß abgestimmt wird.«

Er schaute kampflustig in die Runde und setzte sich wieder.

»Jetzt essen Sie erstmal Ihre Schneckennudel«, seufzte Kempfert, »und beruhigen Sie sich! Ich will hier keinen überfahren. Wir können das in aller Ruhe diskutieren.«

Das Läuten der Türglocke unterbrach die Stille, die Kempferts Vorschlag folgte, und Else, die sowieso kaum zugehört hatte, war froh, gehen zu können. Charly Strecker stand vor der Tür mit seinem Motorradhelm in der Hand und fragte nach Kempfert.

»Er hat Sitzung«, verkündete Else, »aber ich kann ihm gern was ausrichten! Worum geht es?«

Charly drehte den Helm in der Hand, aber schließlich rückte er doch damit heraus, daß er den Citroën verfolgt habe, bis nach Limburg auf den Parkplatz vom Bischof und daß er von einer Nonne auch den Namen erfahren habe: Werner Daube!

»Werner Daube«, wiederholte Else und wurde bleich.

»Ja, warum? Ist was?« wunderte sich Charly.

Else nahm sich zusammen. »Nein, nein! Ich ... ich werde es ausrichten, Charly! Vielen Dank.«

Sie wollte die Tür schließen, aber Charly bremste sie.

»Moment! Ich habe für elf Mark tanken müssen!«

Else zog ihren Geldbeutel aus der Küchenschürze und gab Charly wortlos das Geld.

»Man dankt!« sagte er und stülpte sich seinen Helm über. »Ciao!«

Else stand da mit dem Türgriff in der Hand und wußte im wahrsten Sinne des Wortes nicht mehr ein noch aus.

Keiner beachtete sie, als sie leise die Tür des Wohnzimmers hinter sich schloß und sich an ihren Platz setzte. Alle waren zu sehr damit beschäftigt, Kempferts erregt vorgetragener Rede zu folgen. Er hatte sein Jackett ausgezogen und stand mit den Armen fuchtelnd und sich ab und zu den Schweiß von der Stirn wischend am Kopfende der Kaffeetafel und predigte den Tapeten, wie es ihm schien.

»Begreifen Sie doch«, flehte er seine Mitstreiter an, »die Gemeinde, das sind nicht wir, nicht Sie, nicht Sie und nicht Sie und auch nicht ich, sondern die Gemeinde sind alle Menschen, und wenn diesen Menschen demnächst hier im Werk Eberstadt die Arbeitsplätze wegrationalisiert werden sollen, dann geht uns das alle an, und die Farbe des Anstrichs der Kirche in blaßrosa ist dagegen völlig irrelevant!«

»Blaßrosa«, begehrte Stutz auf, »wieso blaßrosa? Wir hatten uns einstimmig für einen leichten katholischen Gelbton entschieden!«

Wenn das Telefon jetzt nicht geklingelt hätte, wäre Kempfert sicher der Kragen geplatzt. Er ließ sich auf seinen Stuhl zurückfallen und schüttelte den Kopf. Annemarie stand auf, ging zum Schreibtisch und nahm ab.

»St. Augustin ... oh natürlich, einen Moment, ich verbinde!« Sie legte die Hand auf die Sprechmuschel und flüsterte Kempfert zu. »Der Bischof, für Sie!«

Kempfert winkte ab. »Sagen Sie Herrn Silenius, ich rufe zurück!«

»Nein! Der Bischof persönlich! Er meinte, ob Sie eventuell für ihn zu sprechen seien!«

Kempfert atmete tief durch und stand auf. Stutz tuschelte aufgeregt mit Agnes Bebel, aber immer noch laut genug, daß jeder es hören konnte.

»Na endlich! Jetzt hat der Spuk ein Ende!«

Alle schauten gespannt zu, wie Kempfert Annemarie den Hörer abnahm und sich räusperte.

»Hallo, Johannes, was gibt's!«

Stutz fielen beinahe die Augäpfel aus den Höhlen, als Kempfert jetzt gelassen weiterredete und den Bischof jovial duzte.

»Das tut mir leid, aber ich dachte, wenn du Silenius vorschickst, dann ist es nicht so dringend! Aha! Und darf ich fragen, was das dich angeht?« Kempfert mußte sich nun wohl eine längere und heftige Erklärung anhören, denn sein Gesicht wirkte immer ernster und nachdenklicher.

»Selbstverständlich! Und warum? Gut, wenn du darauf bestehst. Bis gleich.«

Kempfert legte auf und drehte sich um.

»Tut mir leid, aber die Sitzung ist bis auf weiteres vertagt! Ich muß ins Ordinariat!« Er ging zu seinem Platz zurück und packte die Unterlagen in seine Aktentasche.

»In der Zwischenzeit können Sie in meinem ersten Gemeindebrief nachlesen, was ich unter einer Gemeinde in der heutigen Zeit verstehe.«

Bardusch stand auf und ging zu Kempfert.

»Ich habe schon kapiert, Herr Kempfert, Sie sehen das so wie eine Art Biedermeier-Guerilla, wie?«

Kempfert schüttelte wieder mal den Kopf.

»Ihr Journalisten, immer gleich eine Schlagzeile bereit.«

Auch die anderen verabschiedeten sich jetzt, nur Theo Stutz blieb noch sitzen. Schließlich, als alle gegangen waren, stand er auf und reichte Kempfert die Hand, aber es schien ihm schwerzufallen.

»Ich werde aus Ihnen einfach nicht schlau, Herr Pfarrer.«

»Ich aus Ihnen auch nicht, Herr Stutz, aber ich denke mir, jede Muschel braucht ein Sandkorn, um daraus eine Perle zu machen. Und wenn Sie mir weiter so schön Sand ins Getriebe schmeißen, dann wird aus uns beiden sicher noch das schönste Perlenkollier!«

Stutz runzelte die Stirn.

»Sehr witzig!«

Kempfert begleitete ihn zur Tür, wo noch immer Else stand und auf ihn wartete.

»Adam?«

Kempfert winkte ab.

»Später, Else, später, du siehst doch, ich habe keine Zeit. War Charly da?« Else schwieg.

»Schade! Er hätte mich ins Ordinariat fahren können. Na ja, vielleicht kommt er noch, bis ich aus dem Beichtstuhl komme. Sag ihm, er soll in der Eberburg auf mich warten, ja?« Dann ging er eilig weiter. Else seufzte.

*

Die Ruhe im Beichtstuhl war Kempfert heute willkommen, und obwohl kein reuiger Sünder mehr zu kommen schien, blieb er sitzen und versuchte, Ordnung in seine Gedanken und Gefühle zu bringen, das heißt, zunächst einmal die Gefühle von den Gedanken zu trennen, denn es war ihm klar, daß er nicht weit kommen würde, wenn er sich auf seine Gefühle verließe. Er mußte geduldig sein, er durfte nichts erzwingen wollen, nicht einmal beschleunigen, wenn er nicht die letzte Glut in diesem Aschenhaufen ersticken wollte. Es galt jetzt behutsam ein Stück Zunder aufzulegen, dann etwas Kleinholz, um die Flammen nicht zu ersticken, und später erst die dicken Brocken, wenn das Feuer hoffentlich wieder munter prasselte. Und vor allem mußte er erst mal diese Geschichte mit seiner Schwester klären, damit er wieder den Rücken frei hatte. Bischof Neubauer hatte da einige Andeutungen gemacht, die Kempfert doch ziemlich beunruhigten.

Er hörte Schritte auf den Beichtstuhl zukommen und setzte

sich zurecht. Kurz darauf wurde der Vorhang beiseite geschoben, und Kempfert konnte die Umrisse eines jungen Mannes erkennen, der sich hinkniete und dann wartete, bis Kempfert ihn ansprach.

»Ja?« Erst jetzt hörte er, daß der Junge weinte. Kempfert war betroffen.

»Schon gut, Weinen hilft manchmal besser als Reden«, versuchte er einen Anfang zu machen.

»Ich komme von dem Zeug nicht los, und ich weiß nicht mehr, was ich machen soll«, stieß der Junge plötzlich hervor, »und geklaut habe ich auch. Vierhundert Mark, um mir neuen Stoff zu besorgen.«

Kempfert überlegte kurz, dann fragte er vorsichtig: »Hast du einen Job?«

»Ja, ab und zu«, kam die Antwort durch das Holzgitter, »in der Markthalle oder wenn bei Dannecker ein Beifahrer gebraucht wird!«

»Das ist ja schon mal was, aber das ist keine Aufgabe. Man braucht eine Aufgabe, eine Arbeit, die einem Freude macht, wenn man es aushalten will, Tag für Tag. Aber erst mußt du sauber werden. Komm morgen um 5 Uhr in meine Sprechstunde, dann gebe ich dir eine Adresse. Vielleicht ist ein Platz frei. Aber das Wichtigste ist, daß du einen Anfang gemacht hast und gekommen bist! Und ich kann dir jetzt nur eins sagen, hab keine Angst, in dir steckt mehr Kraft als du glaubst...«

Kempfert sagte noch viel, aber je mehr er redete, in seinem verzweifelten Versuch, dem jungen Menschen zu helfen, desto mehr hatte er das Gefühl, daß er ihm entglitt. Schließlich erteilte er die Absolution und gab ihm zur Buße auf, einmal pro Stunde leise zu sagen: »Gott, ich liebe dich!«

»Und was soll das bringen?« fragte ihn der Junge irritiert und ablehnend.

»Du wirst schon sehen! Hab Vertrauen, auch Worte und Gedanken haben eine größere Kraft als man glaubt! Also bis morgen!«

Der junge Mann ging. Kempfert lehnte sich erschöpft zurück und schloß die Augen. Abermals hörte er wieder den Vorhang. Er stützte seinen Ellenbogen auf den kleinen Sims auf der anderen Seite des Beichtstuhls und wartete.

»Adam?« flüsterte Else.

Kempfert schaute verblüfft durch das Gitter. Aber Else hielt den Blick gesenkt und redete weiter.

»Ich... ich habe seit elf Jahren ein Verhältnis mit einem Mann, und ich habe dich belogen«, sagte sie mit klarer und bestimmter Stimme. »Ich habe gelogen, weil ich Angst hatte, du würdest mich nicht verstehen und mich wegschicken!«

Kempfert mußte etwas sagen. »Ich bin doch kein Unmensch, Else!«

»Nein, aber ein Pfarrer, und der Mann, den ich liebe, ist auch nicht evangelisch, sondern...« Sie machte eine Pause und gab sich einen Ruck. »Sondern verheiratet!«

Jetzt schaute sie auf und versuchte Kempferts Reaktion durch das Gitter zu erkennen. Dabei redete sie weiter.

»Und was das Schlimmste ist, seine Frau ist seit 15 Jahren krank, nach einem Autounfall querschnittgelähmt! Was soll ich machen, Adam?«

Kempfert stiegen Tränen der Rührung in die Augen. Er konnte nichts sagen, und es war still im Beichtstuhl. Von draußen hörte man Schritte und das Knarren der Bank. Else seufzte und sprach dann weiter.

»Ich habe Schluß gemacht und bin zu dir gekommen, weil ich es nicht mehr ertragen konnte, mit ihm jeden Tag im Ordinariat zusammen zu sein. Aber Werner sieht es nicht ein und will sich scheiden lassen und mich heiraten! Und das kann ich doch nicht zulassen, oder, Adam? Ich kann doch keinen Mann liebhaben, der seine kranke Frau sitzenläßt, oder, Adam? Man kann doch sein Glück nicht auf dem Unglück eines anderen Menschen bauen! Aber Werner will das nicht verstehen!« Sie hatte in ihrer Verzweiflung lauter geredet, als das sonst im Beichtstuhl üblich ist, und fing jetzt an zu weinen.

»Bitte, Adam laß mich bei dir bleiben, sonst weiß ich nicht, was ich tue!«

In diesem Augenblick hörte man ein Gepolter von draußen. Else erschrak und zog den Vorhang beiseite. Werner Daube war aufgestanden und rannte nun schnell weg. Er mußte alles mitgehört haben.

»Werner!« rief Else ihm nach und stand auf. Kempfert öffnete die Tür des Beichtstuhls und sah Else ihrem Geliebten nachlaufen. Er nahm die Stola ab, hängte sie an den Haken im Beichtstuhl und folgte ihr. Else war auf dem Vorplatz stehengeblieben. Kempfert trat hinter sie und legte den Arm um ihre Schulter, während Werner Daube die Tür seines Wagens aufriß, ohne sich umzuschauen einstieg und dann wegfuhr.

»Willst du zu Ende beichten?« fragte Kempfert schließlich.

Else schaute ihn mit seltsam leeren Blick an.

»Das war keine Beichte, Adam! Oder ist es eine Sünde, wenn man jemanden liebt?«

Sie erwartete keine Antwort von ihm und ging einfach weg. Kempfert schaute ihr nach. Dann ging auch er, aber nicht zurück ins Pfarrhaus, sondern zur Eberburg, wo er Charlys Moto Guzzi stehen sah.

In der Eberburg herrschte Hochbetrieb. An einem Tisch in der Nähe der Musikbox saß Charly und spielte Skat mit seinen Freunden. Als die Tür aufging, schaute er kurz auf.

»O nein! Nicht schon wieder«, stöhnte er, als er Kempfert erkannte, der ihm zuwinkte.

»Was ist?« fragte Jo, der gerade ein gutes Blatt hatte und sauer reagierte, als Charly jetzt seine Karten auf den Tisch warf und aufstand.

»Der Herr ruft mich! Ich komme mir schon vor wie einer von den zwölf Aposteln: ›Verlasse Weib und Kind und Stammtisch und folge mir nach.‹« Er nahm seinen Helm von der Stuhllehne und ging zur Tür, wo Kempfert auf ihn wartete.

»Wir müssen nach Limburg!«

»Klar! Wohin sonst! Können Sie mir sagen, warum ich das mache?«

Kempfert klopfte ihm auf die Schulter und grinste.

»Weil ich dir leid tue! Aber das ist schon in Ordnung. Komm! Ich spendiere dir auch einen vollen Tank.«

Die Eberstädter hatten eigentlich schon alles gesehen, was es heutzutage alles zu sehen gab, und was sie nicht selbst erlebt hatten, das kam irgendwann im Fernsehen. Aber einen Pfarrer, katholisch und gut und gern hundertzwanzig Kilo schwer, auf dem Rücksitz einer Moto Guzzi, mit Rocker Charly am Lenker, sich in die Kurve bei der Sparkasse legend und Richtung Autobahn davondüsend, also das, das hatten sie noch nie gesehen, und es war auch kaum zu erwarten, daß so was jemals im Fernsehen gesendet wurde. Deshalb blieben sie mit offenem Mund stehen und starrten dem ungleichen Gespann nach, bis man das Rücklicht durch das alte Stadttor verschwinden sah.

Der Helm von Charlys Freundin war Kempfert etwas zu klein und sein grauer Flanellmantel etwas zu dünn für die Fahrt durch die feuchtkalte Nacht, aber obwohl er fror und er sich oft angstvoll an Charlys Lederjacke festklammerte, tat ihm die Fahrt in tiefster Seele gut. Er hatte Autos nie leiden können. Sie kamen ihm vor wie blecherne Einzelzellen, in denen die Menschen sich von der Umwelt noch mehr abkapselten und nur noch mit der Hupe miteinander kommunizierten und mit verärgerten Gesten wie die Gorillas im Zoo oder die Steinzeitmenschen. Welch ein Fortschritt, ganz zu schweigen von der Vergiftung der Welt! Aber Kempfert hatte gut reden, denn er war nie auf ein Auto angewiesen gewesen. Als Dozent der Akademie hatte er eine Dienstwohnung um die Ecke bewohnt, und ansonsten ging er zu Fuß. Aber jetzt, als Pfarrer, sah das schon anders aus, und oft kam er sich vor wie eine Schildkröte, die von Termin zu Termin kroch und immer zu spät dran war.

Auch nach Limburg zu seinem Termin mit Bischof Neubauer kam er zu spät, und Silenius konnte sich eine spitze Bemerkung nicht verkneifen, als er Kempfert über das knarrende Parkett durch den endlosen Flur mit den Ölportraits der Bischöfe von Limburg seit Bonifazius zur großen Doppeltür von Neubauers Büro geleitete.

»Die Exzellenz war sehr ungehalten, aber wie ich ihn kenne, wird er Ihnen wieder klein beigeben!«

Kempfert schaute ihn unschuldig an und zuckte mit den Achseln.

»Der Bischof ist eben voller Nächstenliebe. Liebe deinen Nächsten wie dich selbst, und ich glaube, Johannes Neubauer hat sich sehr gern!«

Darauf fiel Silenius nichts ein, was man hätte erwidern können, ohne das Gebot »Du sollst den Namen deines Herrn nicht mißbrauchen« zu verletzen. Silenius klopfte betont deutlich an die Tür und ließ Kempfert an sich vorbei in den großen Raum.

»Pfarrer Kempfert!« kündigte er Kempfert an und schloß die Tür hinter ihnen, als schicke er Daniel in die Grube des Löwen.

Bischof Neubauer klappte die Unterschriftenmappe zu und ging Kempfert entgegen.

Kempfert wollte den Bischofsring an der Hand küssen, aber Neubauer zog sie schnell zurück.

»Gib dir keine Mühe, Adam! Wer so spät kommt, wenn sein Bischof ihn ruft, dem nehme ich derartige Respektbezeugungen nicht ab«, knurrte er und schaute Kempfert durchdringend an.

Kempfert grinste mit einem Lächeln, das Neubauer schon aus ihrer gemeinsamen Schulzeit kannte, und konterte gelassen: »Wenn ich dich nicht durchs Abitur geschleppt hätte wie einen Sandsack, dann wärst du heute nicht Bischof, sondern Taxifahrer wie dein Vater!«

Neubauer atmete tief durch.

»Würdest du deine Frechheiten wenigstens leiser vorbringen, oder willst du mich hier unmöglich machen?«

»Wieso? Lauscht Silenius etwa?«

Neubauer winkte ungeduldig ab.

»Laß das, Adam! Wir sind nicht mehr in der Oberprima, und ich habe ernsthaft mit dir zu reden. Zieh deinen Mantel aus und setz dich.«

Kempfert schüttelte den Kopf.

»Ich habe nicht viel Zeit. Unten wartet mein Chauffeur und zu Hause meine verzweifelte Schwester! Also, was kann ich für dich tun!«

Neubauer bekam einen roten Kopf. Kempfert war Gift für seinen hohen Blutdruck.

»Setz dich!« zischte er und deutete unmißverständlich auf den zierlichen Brokatstuhl vor seinem Schreibtisch. Kempfert wollte den Bogen dieser alten Freundschaft nicht überspannen und ließ sich vorsichtig auf die Stuhlkante des schmächtigen Möbels nieder. Auch Neubauer setzte sich und fixierte Kempfert über den Rand seiner Lesebrille hinweg. Dann holte er tief Luft.

»Also«, sagte er in bemüht ruhigem Ton, »daß ich für die Akademie einen neuen Rektor suchen muß, weil du deinen Lehrauftrag hinschmeißt und den Dorfpfarrer mimen willst, habe ich, wenn auch mit Mühe, geschluckt! Daß deine Schwester gekündigt hat, nach fünfzehn Jahren treuer und hervorragender Dienste, daran kaue ich immer noch, aber bitte, Else ist deine Schwester, und wenn du sie brauchst, bitte ...« Der Bischof legte eine gewichtige Pause ein und lehnte sich nach vorne. »Aber, wenn jetzt auch noch mein Syndikus durchdreht und eine lausige Buchhalterstelle im Bistum Freising annehmen will, dann ist Schluß, Adam! Kapiert? Ohne den Werner Daube ist das Ordinariat sozusagen lahmgelegt! Paralysiert!«

Kempfert, der die Standpauke relativ gelassen über sich ergehen hatte lassen, wurde jetzt doch nervös.

»Ohne wen? Sagtest du Werner?«

»Werner Daube! Wer sonst«, brauste der Bischof auf. »Seit deine Schwester gekündigt hat, ist er das reinste Nervenbündel, wenn er überhaupt in seinem Büro erscheint! Also, Adam, ganz offiziell, und Freundschaft hin oder her, als dein Bischof und Chef ordne ich hiermit an, daß das aufzuhören hat und zwar sofort!«

Kempfert nickte nachdenklich.

»Na? Sag was!« drängte Neubauer ungeduldig.

Kempfert versuchte ein Lächeln. »Hast du zufällig einen Cognac?«

Neubauer konnte es nicht fassen.

»Ist das alles, was du zu sagen hast!« rief er ungläubig.

»Ja«, nickte Kempfert, »ich kann dazu nicht mehr sagen.«

Immerhin, sagte er sich, war er allein durch das Beichtgeheimnis verpflichtet, nicht einmal eine Andeutung verlauten zu lassen. Selbst wenn er sich eingestehen mußte, daß es vielleicht gar keine richtige Beichte war.

Neubauer starrte ihn nur an. Dann ließ er sich in seinen Stuhl zurücksinken.

»Dann schenk dir selber ein. Drüben im Aktenschrank muß eine Flasche sein.«

Kempfert stand auf und ging hinüber zu dem schweren Holzschrank und öffnete die Tür.

»Unten«, rief Neubauer ihm nach, »und bringe mir auch einen mit!«

Während Kempfert mit den Gläsern hantierte und sich und Neubauer einen Fingerbreit des alten Cognac einschenkte, redete Neubauer weiter auf ihn ein.

»Also mir ist es egal, wie du das machst, aber der Daube bleibt hier in Limburg! Jetzt mitten im Patronatsprozeß kann ich ihn nicht in die Flitterwochen nach Freising lassen. Das muß deine Schwester verstehen. Und du findest leichter eine neue Haushälterin als ich einen Syndikus von Daubes Format! Wenn du willst, kannst du meine neue Sekretärin haben!«

Kempfert war zurückgekommen und reichte Neubauer sein Glas. »Prosit, Johannes!«

Kempfert trank. Neubauer zögerte, trank aber dann auch und setzte das Glas mit einer endgültigen Geste ab.

»Und jetzt will ich wissen, was du in der Sache zu unternehmen gedenkst.« Er betonte jedes Wort. Kempfert stellte sein Glas ebenfalls betont deutlich ab.

»Nichts, lieber Johannes, weil ich glaube, daß sich das alles von selbst erledigen wird. Aber du kannst mich sicherheitshalber in dein Nachgebet einschließen, falls es nicht so kommen sollte, wie ich vermute.«

Kempfert verbeugte sich leicht und verabschiedete sich.

»Gute Nacht, Exzellenz!«

Neubauer sprang auf und folgte Kempfert zur Tür.

»Na gut! Aber wehe! Ruf mich an morgen, oder ich lasse dich mitten auf deinem Dorfplatz auf dem Scheiterhaufen verbrennen!«

»Ich melde mich«, versicherte Kempfert und reichte Neubauer die Hand.

»Übrigens«, fügte er noch im Gehen hinzu, »ich finde, du hast zugenommen!«

Bevor Neubauer etwas erwidern konnte, war Kempfert draußen, und der Bischof stand allein da mit seinen Gedanken.

*

Während die hereinbrechende Dunkelheit das ungleiche Paar auf der Moto Guzzi, das über die Autobahnbrücke düste und sich den verschlafenen Lichtern von Eberstadt nähert, gnädig den Blicken entzog, saßen in der dämmerigen Küche des Pfarrhauses Else und ihr Syndikus Werner und nahmen Abschied voneinander.

Else hatte ihre Hand auf seine gelegt und redete mit leiser, trauriger Stimme auf ihn ein.

»Es muß sein, Werner. Du würdest dich doch selber dafür hassen. Du bist doch kein Mann, der seine Frau im Stich läßt und mit einer anderen davonrennt, und ich, ich bin nicht die Frau, die einen Mann lieben könnte, der so etwas tut! Verstehst du?«

Daube war den Tränen nahe.

»Ich liebe dich, Elisabeth!« flehte er.

Else legte ihre Hand auf seine Wange und sagte zärtlich: »Ich dich auch, Werner! Aber gerade, weil wir uns so lieben, dürfen wir uns nicht lieben. Weil wir sonst zerstören, was wir lieben!«

Werner nickte langsam. Man hörte ein Motorrad vorfahren. Eine Weile saßen sie still im Dunkeln und schauten sich in die Augen. Dann stand Werner auf.

»Dann ... gehe ich jetzt.«

Else erhob sich schnell und umarmte ihn.

Vom Flur hörte man Schritte, und kurz darauf ging die Tür auf.

»Else?« rief Kempfert, aber als sich seine Augen an das Dämmerlicht gewöhnt hatten und er die beiden sah, die sich immer noch umarmten, als böten ihnen ihre Arme Schutz vor allem und jedem und ihrer einsamen Zukunft, da zog er sich diskret zurück.

»Oh, Entschuldigung!«

Aber Werner Daube löste sich von Else und ging zur Tür. Er knipste das Licht an und schaute Kempfert ruhig und gefaßt an.

»Schon gut, Herr Kempfert, ich muß sowieso gehen.«

»Wegen mir nicht«, versicherte Kempfert hastig und warf Else einen ermunternden Blick zu.

Else wandte sich ab und ging zum Fenster. Daube streckte Kempfert die Hand hin.

»Sie können dem Bischof sagen«, meinte er, »das ... Problem habe sich erledigt.«

Kempfert schüttelte Daube bewegt die Hand. Daube schaute noch einmal zurück zu Else.

»Leb wohl, Elisabeth«, sagte er leise.

Else antwortete nicht. Ihre Schultern zuckten. Sie weinte. Da ging Werner schnell hinaus und die Haustür fiel ins Schloß.

Kempfert stand ratlos da. Was sollte er sagen? Er bewunderte seine Schwester, und gleichzeitig tat sie ihm leid. Er fühlte sich ihr sehr verbunden, und doch war sie ihm fremd geworden in den vielen Jahren, in denen sie sich auseinandergelebt hatten.

»Machst du bitte wieder das Licht aus«, sagte sie plötzlich, ohne sich umzudrehen.

Kempfert tat es und ging zu ihr zum Fenster. Im Schein der Laterne vor dem Pfarrhaus sah er Werner Daube in seinen Wagen steigen und wegfahren.

»Wer aus ganzem Herzen versucht, den Weg zu finden, der

findet ihn auch«, sagte Kempfert leise und legte den Arm um ihre Schultern, »du bist ganz nah dran, ja! Und vielleicht bist du schon da und weißt es nur nicht!«

Das war kein Trost. Aber er wußte nicht, was er sonst hätte sagen sollen. Und sowieso, dachte er, wer noch nie gesündigt hat, der soll den ersten Stein werfen.

Das alte Kamel

Wieder war eine Woche ins Land und durch Eberstadt gezogen. Kempferts Umgestaltung des Tagesablaufs seiner Gemeinde begann spärliche Früchte zu tragen. Vor allem das gemeinsame Frühstück nach der Frühmesse und seine engagierte Beteiligung am Vereinsleben Eberstadts durchbrachen die Isolation, in die Pfarrer und Gemeindemitglieder unter seinem resignierten Vorgänger geraten waren.

Die Katholiken am Ort beobachteten ihn zwar mit etwas Mißtrauen und fanden, er kümmere sich zu viel um alles Mögliche und wenig um die »eigenen Leute«, aber in seinem Gemeindebrief, den er endlich doch zustandebrachte und der seit ein paar Tagen das Gesprächsthema Nummer eins am Ort war, hatte er unmißverständlich zum Ausdruck gebracht, daß er sich in erster Linie als »Mitmensch« unter »Mitmenschen« sah und erst in zweiter als »Repräsentant« kirchlicher Bürokratie. Ebenso lehnte er es strikt ab, mit irgendwelchen Programmen und Veranstaltungen die Leute in die Kirche zu locken. »Wer sich unterhalten lassen will, der soll in den Zirkus«, konnte man da lesen und: »Dem lieben Gott ist es egal, wie viele Leute in die Kirche kommen, wer ihn braucht, für den ist er da!«

Das sollte nicht heißen, daß er sein Amt leicht nahm. Im Gegenteil. Er versuchte die Bedeutung und den Sinn der Sakramente wieder von dem falschen Getue, den ihr gesellschaftlicher Status mit sich brachte, zu befreien, indem er sich viel Mühe bei der Vorbereitung gab, mit den Leuten redete und die heiligen Handlungen besonders schlicht hielt. Wie zum Beispiel die Taufe an diesem Wintermorgen, zu der auch Bürgermeister Rösner erschienen war, der sonst einen großen Bogen um die Kirche und Kempfert machte. Aber er hatte wohl keine andere Wahl, denn der Vater des Kindes war sein Oppositionsführer im Gemeinderat.

Kempfert salbte gerade den kleinen Andreas mit Chrisam, und die kraftvollen Worte der heiligen Handlung trieben Rösner wider besseren Wissens und Überzeugung beinahe eine Träne in die Augen.

»Du wirst nun mit dem heiligen Chrisam gesalbt, denn du bist nun Glied des Volkes Gottes und gehörst für immer zu Christus, der gesalbt ist zum Priester, König und Propheten in Ewigkeit.«

»Amen«, antwortete Rösner mit dem Oppositionsführer, und seine junge Frau konnte sich darum aber doch den Gedanken nicht verkneifen, daß der kleine Andreas, sobald er alt genug war, eine Zigarette zu rauchen, sicher lieber bis zwölf Uhr im Bett liegen würde, als mit dem Volk Gottes in die Kirche zu gehen. Rösners Rührung verflog völlig, als jetzt hinter ihm die Türe der Kirche krachend ins Schloß fiel. Er drehte sich unauffällig um und sah zwei junge Leute, einen Studenten, wie er vermutete und seine Freundin, die ein Kind auf dem Arm hielt, am Ende des Mittelgangs stehen bleiben und miteinander flüstern. Rösner schaute wieder zu Kempfert, der die Schlußworte sprach.

»Allen aber, die hier versammelt sind, gib deinen Frieden in Christus Jesus unserm Herrn.«

»Amen.«

Kempfert segnete die Taufgemeinde. Rösner bekreuzigte sich und war froh, daß es überstanden war. Seine Füße waren eiskalt, und er freute sich auf eine warme Tasse Kaffee, die ihm seine Sekretärin gleich auf den Schreibtisch stellen würde wie jeden Morgen. Vorher mußte er aber noch mit Kempfert sprechen. Er wartete, bis der sich von den Taufpaten und Eltern verabschiedet hatte, und sprach ihn dann an.

»Herr Kempfert?«

Aber Kempfert, der das junge Paar mit dem Kind auch gesehen hatte und sah, daß sie gerade wieder gehen wollten, entschuldigte sich schnell und fing die beiden an der Tür ab.

»Sie wollen doch nicht schon wieder gehen?« lächelte er freundlich und streckte seine Hand aus. »Ich bin Pfarrer Kempfert, was kann ich für Sie tun?«

»Das hat sich erledigt«, murmelte der junge Mann und griff nach der schmiedeeisernen Türklinke. Aber die junge Frau gab Kempfert die Hand.

»Ich würde gerne unser Kind taufen lassen«, sagte sie verlegen.

Kempfert strich dem Baby übers Haar.

»Und wie alt ist es?«

»Anna ist acht Monate«, verbesserte der junge Mann Kempfert. »Also gut, ich bin zwar dagegen, aber wenn wir nun schon einmal da sind, dann bringen wir es hinter uns, dann geht das in einem Aufwasch!«

Kempfert runzelte die Stirn, aber die junge Frau kam ihm zuvor mit der Antwort.

»Ralf!« fuhr sie ihn ärgerlich an und wandte sich wieder an Kempfert: »Herr Baumann ist Marxist, aber ich bin Katholikin, und ich möchte, daß Anna getauft wird.«

Kempfert begann, die Problematik zu begreifen.

»Von mir aus gern, aber ›Aufwasch‹ ist nicht.«

»Na, was habe ich dir gesagt«, schimpfte Ralf, »ohne Krawatte und Anzug läuft bei denen doch nichts!«

Kempfert lächelte belustigt. »Wie kommen Sie darauf? Wie Sie aussehen und welcher Partei Sie angehören, ist mir völlig egal, aber daß Ihre kleine Anna eine schöne Taufe hat, ist mir nun mal nicht egal! Und Ihnen doch sicher auch nicht!«

Die junge Frau nickte ernst, und Kempfert fuhr fort. »Also, ich würde sagen, Sie gehen schon mal vor rüber ins Pfarrhaus, ich komme gleich nach, dann unterhalten wir uns ein bißchen, ja?«

Silke nickte und die beiden gingen. Rösner trat zu Kempfert.

»Kinder mit Kindern!« sagte er etwas abfällig.

»Tja, wer in diese Welt heute Kinder setzt, der muß entweder jung sein oder sehr mutig«, erwiderte er und schaute Rösner fragend an.

»Was gibt's, Herr Ortsvorsteher?«

Rösner ärgerte sich schon, daß er überhaupt gekommen war, aber er brauchte Kempfert, und deshalb lächelte er jetzt und gab sich Mühe, überzeugend zu klingen.

»Ich muß Sie unter vier Augen sprechen, Herr Kempfert, aber nicht hier in der Kirche, sonst denken die Leute noch, wir stecken unter der gleichen Decke!«

»Wir stecken alle unter der gleichen Decke, glauben Sie nicht?« gab Kempfert zurück.

»Sie wissen, was ich meine! Ich gehöre weder zu Ihrem Verein noch zu Ihrer Partei!«

Kempfert nickte.

»Na gut, dann schlagen Sie was vor! Oder wie wäre es mit der ›Eberburg‹. Ist das neutral genug für Sie?«

»Prima«, willigte Rösner ein, »man könnte sich da ja zufällig getroffen haben!«

Kempfert grinste und klopfte Rösner zum Abschied auf die Schulter.

»Womit mal wieder bewiesen wäre, daß es so etwas wie Zufall nicht gibt! Wie?« Er ließ Rösner stehen und ging zurück in die Sakristei.

*

Als Kempfert eine Viertelstunde später ins Pfarrhaus kam, fand er Else schon im Zustand größter Hektik zwischen Aufwasch des umfangreichen Frühstücksgeschirrs und den Vorbereitungen größerer kulinarischer Experimente fürs Mittagessen, sofern man badische Schupfnudeln – oder Bubenspitzle, wie der Schwabe sagt – als Experiment bezeichnen möchte. Für Else Kempfert jedoch war alles Eßbare, dessen Herstellung mehr Fertigkeit und Erfahrung benötigte als das Schmieren eines Butterbrotes, ein kulinarisches Abenteuer.

»Sie sind im Büro«, begrüßte sie Kempfert, »ich habe ihnen

Kaffee angeboten, aber sie haben ihn als zu giftig und für die Entwicklung der dritten Welt abzulehnendes Produkt klassifiziert.« Sie lächelte und zog gleichzeitig eine seriöse Grimasse. »Wahrscheinlich wollen sie ihr Kind mit Kamillentee taufen lassen!«

Kempfert mußte wider Willen lachen, legte aber gleich den Finger auf den Mund.

»Leise«, flüsterte er, »wenn sie dich hören!«

Else zuckte die Achseln und rührte ihren Teig weiter.

»Und wenn? Nicht einmal das Kind haben sie mich auf den Arm nehmen lassen!«

»Weil sie Angst haben, daß du es nicht mehr hergibst!« flüsterte er schon an der Tür und verschwand ins Büro.

Ralf Baumann saß schweigend neben der Mutter, die Klein-Anna an ihre Brust gelegt hatte und stillte. Sie zog schnell ihren Pullover herunter, als Kempfert herein kam, und die kleine Anna begann zu meckern.

Kempfert setzte sich und schaute die beiden an.

»Also«, begann er möglichst locker, denn die jungen Leute schienen in der Zwischenzeit wohl weiter miteinander gestritten zu haben, und Kempfert versuchte die Situation etwas zu entkrampfen, »die Taufe ist ein uraltes Ritual, wahrscheinlich so alt wie die Menschheit. Sie ist ein sehr kraftvolles und mystisches Ritual, das Wasser des Lebens, Reinigung, Aufnahme in die Gemeinschaft der Menschen!« Er schaute jetzt Ralf an und erhob leicht die Stimme. »Das ist kein frommer Fischfang. Auch Marx wurde getauft.«

Ralf lachte trocken auf und dachte sich seinen Teil. Kempfert ließ sich nicht irritieren.

»Sie lachen, aber ob Sie es mir nun glauben oder nicht: Wenn Ihre Tochter getauft ist, dann ist sie danach nicht mehr dieselbe. Sie ist ein Kind Gottes!« Er ließ den letzten Satz eine gewichtige Weile im Raum stehen. »Und es ist Ihre Entscheidung, ob Sie dafür die Verantwortung übernehmen wollen, und niemand kann Sie Ihnen abnehmen. Auch Ihre Frau nicht.«

»Wir sind nicht verheiratet«, erwiderte Ralf, »Silke und ich leben nur zusammen!«

Kempfert ließ diese Bemerkung, die provokativ gemeint war, relativ kalt.

»Zusammen leben, ich meine, richtig zu leben, ist schwerer als aufs Standesamt zu gehen. Aber der Vater sind Sie doch?«

»Leider«, stieß Silke jetzt hervor, »wenn ich gewußt hätte, wie stur du bist, hätte ich mir das überlegt!«

Sie wandte sich wieder an Kempfert, da Ralf auf ihre Bemerkung nicht schnell genug eine Antwort einfiel. »Das mit der Taufe ist mir schon klar, Herr Pfarrer, und ich möchte, daß Anna getauft wird, und zwar möglichst bald, weil wir Montag zu meinen Eltern nach Krefeld wollen!«

»Müssen!« verbesserte sie ihr Lebensgefährte und fügte erklärend für Kempfert hinzu, »Silkes Eltern sind erzkatholisch und haben Angst, daß Anna nicht in den Himmel kommt, wenn wir mit unserer Ente an einem Baum zerschellen sollten!«

Kempfert konnte sich eines Lächelns nicht erwehren.

»Ich verstehe«, erklärte er, »aber da kann ich Sie beruhigen, Anna kommt in jedem Fall in den Himmel. Gott nimmt es mit den Formalitäten nicht so genau wie wir. Also, wie wäre es dann mit Sonntag, nach der Frühmesse?«

»Erst«, rief die junge Mutter enttäuscht.

»Na ja, es gibt ja auch noch einiges zu erledigen vorher! Ich brauche Ihre Papiere und Anna zwei Taufpaten.«

»Muß das sein?« unterbrach ihn Herr Baumann.

»Es muß, aber Sie haben doch sicher wenigstens zwei gute Freunde in Ihrem ... äh ... Umfeld?«

Ralf zögerte. Silke antwortete für ihren Freund.

»Er hat Angst, daß sie ihn auslachen!«

»Du etwa nicht?« zischte er wütend.

Kempfert hatte keine Lust mehr, als Puffer in einer eheähnlichen Gemeinschaft mißbraucht zu werden und stand auf.

»Tja, vielleicht ist das eine gute Gelegenheit, Ihre sogenannten Freunde und Freizeitmarxisten einmal daraufhin zu prüfen, ob sie wirklich Freunde sind und Ihre Entscheidung akzeptieren und vielleicht sogar respektieren.«

Auch sie stand jetzt auf und wandte sich an Kempfert.

»Geht es nicht vielleicht schon heute mittag?«

»Wieso«, begehrte Ralf wieder auf. Silke drehte sich zu ihm und schrie ihn an.

»Weil am Sonntag die Demo in Frankfurt ist, du Blödmann, und deine Taufpaten bestimmt lieber marschieren werden, als mit uns in die Kirche zu gehen!«

»Schluß jetzt! Wenn ihr euch einig werden solltet, dann kommen Sie Sonntag vier Uhr mit zwei Taufpaten, Taufkerze und vor allem einem schönen Taufkleidchen für unsere Anna!« Er öffnete einladend die Tür.

»Wir werden da sein«, verabschiedete sich Silke. Ralf reichte Kempfert noch kurz und verlegen die Hand, dann gingen sie.

Kempfert schloß erleichtert die Tür und setzte sich hinter den Schreibtisch. Warum machen es sich die Menschen so schwer, dachte er, während er nach seiner Pfeife suchte. Da versuchten die jungen Leute mit Gewalt anders zu sein und waren sich doch alle gleich in diesem verzweifelten Bemühen. Auch Jeans und bunte Unterhemden sind letztlich eine Uniform, wenn alle sie tragen. Er kannte sogar ein paar Kollegen, die glaubten, sie bräuchten nur ihre Soutane in den Schrank zu hängen und in Jeans zu schlüpfen und schon waren alle Probleme gelöst und die Barrieren zwischen jung und alt, Tradition und moderne Zeit, Priester und Gemeinde beseitigt. Wenn es so einfach wäre, dann würde Kempfert sich mit Freuden von Theo Stutz die Haare lila färben lassen und eine lederne Soutane tragen. Aber so einfach ist es nun leider nicht und wird es nie sein.

Er hatte seine Pfeife gestopft und zündete sie an. Der Geruch des Tabaks und der milchige Rauch, der nun den Raum füllte und den Duft von Räucherstäbchen und Moschusöl von Annas Eltern wohltuend überlagerte, stimmten ihn wieder heiterer. Ich bin Priester, sagte er halblaut zu sich selbst, und er meinte es ernst. Er wußte, daß er nie so sein konnte wie die anderen. Er hatte lange gebraucht, um das zu akzeptieren, denn es tat weh, nicht so sein zu dürfen wie alle. Aber wer zum Priester geweiht ist, den halten die Menschen nicht mehr für einen von ihnen. Als hätte die Salbung auf der Stirn eines Priesters ein unauslöschliches Kastenzeichen eingebrannt, ein Markenzeichen für wertvollere Qualität. Ein Priester hatte besser, ehrlicher, keuscher, selbstloser, weiser, heiliger und weiß Gott was noch alle szu sein als ein gewöhnlicher Sterblicher und Sünder. Und Kempfert wußte genau, daß er das nicht war.

Trotzdem! Ja was! Er klopfte die halbgerauchte Pfeife aus. Bürgermeister Rösner wartete darauf, daß er »zufällig« in die Eberburg käme und sich »zufällig« mit ihm träfe. Trotzdem, beendete er seine Gedanken, haben die Menschen vielleicht recht. Ein Medizinmann bei den Indianern befand sich schon außerhalb der Stammesordnung und ein Pfarrer in Eberstadt auch. Wir sind nicht anders, sondern allein! Er versteckte die Pfeife wieder in der untersten Schublade, schüttete die Asche in den Papierkorb und öffnete das Fenster, um den Rauch hinauszulassen.

*

Rösner wartete ungeduldig auf Kempfert und das Bier, das Kurt Maiwald endlich vor ihn stellte.

»Wenn Sie mich fragen«, kommentierte er die letzte Äußerung Rösners, »dann haben die gegen die Offenbacher am Sonntag keine Chance.«

»Ich frage Sie aber nicht, und mit Verlaub, Ihre Meinung interessiert mich auch nicht besonders!«

Kurt Maiwald runzelte die Stirn.

»Ist was?«

Rösner wischte sich den Schaum vom Mund und zuckte mit den Achseln.

»Nein! Was soll sein?«

Kurt steckte sein ewig nasses Handtuch in den Gürtel.

»Also komm, Herrmann! Du hockst da und schaust alle paar

Sekunden auf deine Zwiebel oder aus dem Fenster. Hast du eine Verabredung mit deiner Sekretärin? Und hat sie dich versetzt?«

Rösner, der befürchtete, daß seine »zufällige« Verabredung mit Kempfert schon im Anfangsstadium als von langer Hand geplant und ungeduldig erwartet durchschaut sein könnte, und das von einem Kurt Maiwald, der bestimmt nicht das größte Licht in Eberstadt war, bestellte zur Ablenkung und Verschleierung schnell die kleine Vesperplatte mit Blut- und Leberwurst und saurer Gurke, um Maiwald von weiteren Spekulationen abzuhalten. Aber da kam Kempfert herein, und Maiwald wechselte das Thema.

»Da kommt mein bester Kunde«, klärte er Rösner leise aus den Mundwinkeln auf. »Sprudel und Kopfsalat!« Er ging zurück zur Küchentür und bestellte Rösners Vesperplatte.

Rösner erhob sich halb vom Sitz und in einer Lautstärke, die noch bis zur Küchentür deutlich zu verstehen war, begrüßte er Kempfert.

»Tag, Herr Pfarrer, wollen Sie sich nicht zu mir setzen? Man sieht sich ja selten genug!«

»Warum nicht«, erwiderte Kempfert ebenso laut und setzte sich ans Kopfende des Stammtisches.

»Wo bleiben Sie denn«, flüsterte Rösner verärgert, »jetzt ist es wahrscheinlich zu spät!«

»Wofür?« fragte Kempfert und spielte mit dem Bierdeckel.

»Dannecker!« zischte Rösner.

Kempfert schaute überrascht auf.

»Ich habe läuten hören, daß er sein Stammwerk Eberstadt dichtmachen will?!«

Kempfert ließ einen Bierdeckel tanzen.

»Es gibt Gerüchte, ja!«

»Wo Rauch ist, da ist auch Feuer«, unkte Rösner, »und ich möchte nicht warten, bis hier alles in Flammen steht! Wir müssen diesen Irrsinn im Keim ersticken, Kempfert!«

Kempfert legte den Bierdeckel wieder flach und fixierte Rösner.

»Soviel ich von Leo Busche weiß, ist alles noch in der Schwebe! Dannecker will nicht aufgeben!«

»Der Dannecker sagt viel, bis der Tag rum ist«, gab Rösner zurück und legte sein Gesicht in die typischen Eberstädter Falten, die seiner Befürchtung Ausdruck verliehen, daß er es »längst hatte kommen sehen«.

Kempfert versuchte, weniger »ahnungsvoll« dreinzuschauen, und lächelte.

»Das Problem scheint nicht Wilhelm Dannecker zu sein, sondern seine Tochter, die Jutta Dannecker! Ein tüchtiges Mädchen!«

»Mädchen«, lachte Rösner bitter, »ein Mann ist das! Was sage ich. Zwei Männer! Und der Alte frißt ihr aus der Hand!«

Maiwald stellte die Vesperplatte vor Rösner.

»Einmal die kleine Vesperplatte für den Herrn Bürgermeister, und einen Sprudel für den Herrn Monsignore, und wenn Sie mir eine Kerze für die Frankfurter Eintracht anzünden, damit sie in Offenbach am Sonntag gewinnen, dann spendiere ich Ihnen einen grünen Salat!«

Kempfert lachte.

»Tut mir leid, Herr Maiwald, aber ich verstehe nichts von Fußball, und ich fürchte, der heilige Augustin auch nicht.«

Rösner winkte ab.

»Eine Kerze würde da auch nichts bringen, die bräuchten mindestens elf, diese Flaschen!«

Er wartete, bis Maiwald gegangen war, und schob Kempfert den Vesperteller hin.

»Greifen Sie zu, ich habe keinen Appetit! Diese Unsicherheit mit dem Werk kostet mich noch den letzten Nerv!«

Kempfert schob den Teller mit spitzen Fingern zurück, obwohl sein Magen gegenteiliger Meinung war.

»Und was soll ich dabei tun? Wollen Sie auch, daß ich eine Kerze für Sie anzünde? Aber ich sage Ihnen gleich: Sankt Augustin versteht auch nichts von Betriebswirtschaft!«

Rösner war nicht zum Scherzen zumute.

»Sie müssen mit Dannecker reden«, sagte er ernst.

»Ich?« rief Kempfert.

Rösner legte schnell seine Hand auf Kempferts Arm, um ihn zu beschwichtigen.

»Dannecker ist immer noch katholisch, obwohl er sich selten in der Kirche blicken läßt! Wenn ich zu ihm komme, dann schmeißt er mich doch gleich raus oder tut genau das Gegenteil, nur um mir zu beweisen, daß ich tatsächlich der linke Querulant bin, für den er mich hält!«

»Aha!« nickte Kempfert. »Wasch mich, aber mach mich nicht naß, wie?«

»Was soll das heißen«, knurrte Rösner.

»Das soll heißen, daß ihr kein gutes Haar an dem Unternehmen gelassen habt, aber wenn sie den Krempel hinschmeißen wollen, dann braucht ihr sie plötzlich doch!«

Rösner griff zu seinem Bier und trank einen tiefen Schluck. Kempfert seufzte.

»Na gut! Wenn ich Sie richtig verstehe, dann soll ich dem Herrn Direktor mit Feuer und Schwefel etwas einheizen!«

»Genau.« Rösner setzte sein Glas ab. »Und zwar sofort. Wie ich aus zuverlässiger Quelle weiß, findet heute in der Zentrale in Frankfurt eine Sitzung statt, und es sieht schlecht aus, Herr Kempfert. Groninger, der Betriebsleiter vom Werk, macht schon seit zwei Wochen nichts anderes als Zwischenbilanz und hat so viele Miese im ersten Quartal, da muß man kein Prophet sein, um schwarzzusehen!«

Kempfert wußte nicht, worauf Rösner hinaus wollte. Daß Werk Eberstadt in den roten Zahlen war, das pfiffen die Spatzen von den Dächern.

»Jetzt sagen Sie schon, was Sie von mir wollen!« sagte er, um Rösners Schwarzmalerei zu bremsen.

Rösner beugte sich zu Kempfert und flüsterte: »Wenn wir uns beeilen, dann erwischen wir ihn noch vor der Sitzung!«

»Dannecker?« Kempfert wurde es ungemütlich.

»Ja, samstags schwimmt er immer seine fünfzig Bahnen im Pool und dann legt er sich noch eine halbe Stunde unter die Höhensonne.« Rösner schaute auf seine Uhr.

Kempfert trank seinen Sprudel aus und stand auf.

»Na dann! Wenn Sie meinen, das Wohl von Eberstadt hängt von meinem Beruf und meiner Konfession ab!«

Auch Rösner schob den Stuhl zurück und rief laut: »Kurt! Herr Maiwald! Zahlen!«

*

Als Kempfert und Rösner bei der Villa des Unternehmers vorfuhren, öffnete sich wie von Geisterhand das breite, schmiedeeiserne Tor, aber nicht um Rösners alten Kombi ein-, sondern um Danneckers alten schwarzen Mercedes hinauszulassen. Am Steuer saß der grauhaarige Chauffeur Deutz, der auf die Bremse drückte, damit Rösner auf gleiche Höhe heranfahren konnte.

Dannecker ließ die Scheibe des Fensters elektrisch heruntergleiten und wartete, bis auch Kempfert seine Scheibe heruntergekurbelt hatte.

»Der Herr Doktor Kempfert!« begrüßte er Kempfert lächelnd. »Steht der Bürgermeister neuerdings im Dienste der Kirche?«

Kempfert überging die Anspielung.

»Tag, Herr Dannecker! Hätten Sie vielleicht ein paar Minuten Zeit für uns?«

Dannecker lächelte wieder, diesmal bedauernd.

»Tut mir leid, aber ich habe einen wichtigen Termin, und ich komme aus Prinzip nie zu spät und schon gar nicht wegen eines Gespräches, dessen Inhalt ich mir denken kann! Sagen Sie dem Herrn Bürgermeister, wenn er etwas von mir will, dann soll er sich nicht hinter einem Pfarrer verstecken. Nichts gegen Sie, Herr Doktor, aber lassen Sie die Finger von der Politik! Und jetzt entschuldigen Sie mich.«

Dannecker lüftete leicht seinen Hut und ließ die Scheibe hochsurren. Der Wagen fuhr los.

Kempfert schaute Rösner an.

»Was haben Sie dem Mann getan, Herr Rösner? Der hat Sie ja richtig gefressen.«

Rösners Stirnadern schwollen an.

»Ich ihn auch! Der glaubt, die ganze Welt ist nur dazu da, damit er Golf darauf spielen kann! Was hat er denn schon groß geleistet!«

»Immerhin hat er es geschafft, daß Sie gleich eine Gallenkolik bekommen. Also regen Sie sich ab. Die Sache wird jetzt erst spannend!«

Rösner starrte Kempfert fassungslos an.

»Ach, Herr Pfarrer! Sie sind vielleicht naiv! Das ist doch alles gelaufen!«

»Jetzt drehen Sie um und setzen mich an der Haltestelle ab! Ja?«

Rösner schüttelte den Kopf, aber Kempfert klopfte ihm auf die Schulter und munterte ihn auf.

»Jetzt geht es erst richtig los, mein Lieber! Wenn Sie glauben, ich lasse mich so mit links durchs Autofenster abfertigen, dann kennen Sie mich schlecht! Ich sehe zwar recht gemütlich aus, aber ich kann sehr ungemütlich werden!«

Rösner atmete tief durch und legte den Rückwärtsgang ein. Als der Wagen die Landstraße erreichte, schloß sich das Gittertor automatisch wieder.

Welch ein Fortschritt, dachte Kempfert, alles funktioniert perfekt, nur wir Menschen nicht.

*

Von der Chefetage der Hauptverwaltung der Dannecker AG hatte man einen fantastischen Blick auf den Main und die Skyline der Frankfurter City, aber Wilhelm Dannecker, der in Gedanken versunken am Fenster stand, hatte kein Auge für das Panorama. Er mußte sich entscheiden, und er haßte Entscheidungen, die eigentlich nur eine einzige Antwort zuließen.

»Vater, wir warten!« hörte er seine Tochter ärgerlich sagen.

Dannecker drehte sich um und schaute in die Runde. Jutta hörte auf, mit ihrem Füllfederhalter zu spielen. Neben ihr, hinter einem Stapel Computerlisten, saß Honold, der kaufmännische Direktor, der verlegen Danneckers Blick auswich. Er hatte sich in der vorangegangenen Diskussion auf Jutta Danneckers Seite geschlagen, und das würde ihm der Alte sicher übelnehmen, aber Honold mußte sein Fähnchen nach dem Wind hängen, und der blies eindeutig aus der Richtung von Jutta und ihren jungen, aggressiven Managern. Es wehte ein neuer Wind bei Dannecker.

Dannecker sah Leo Busche an, aber auch von ihm war kaum Unterstützung zu erwarten. Im Gegenteil. Seiner Analyse war es zu verdanken, daß »Werk Eberstadt« auf die Abschußliste geraten war. Bis zum Jahresende würde Eberstadt vier Millionen Verlust machen, das war so gut wie sicher, aber das Stammwerk deswegen aufzugeben, das Werk, das sein Großvater gegründet und sein Vater aufgebaut hatte. Ausgeschlossen!

»Nein«, sagte er heftig, »nein und noch einmal nein!«

Jutta warf den Füller auf den Tisch, Honold schaute erschrocken auf, und Leo Busche, der etwas ähnliches erwartet hatte, ließ den Deckel seines Aktenkoffers zuschnappen.

»Tja, das war's dann wohl«, sagte er gelassen, aber Jutta stieß ihren Stuhl zurück und stand auf.

»Das kann doch nicht dein Ernst sein, Vater! Weißt du, was uns dieses ›Nein‹ kostet? Eine Million pro Buchstabe!« rief sie ihm über den Tisch hinweg zu.

Danneckers Hände verkrampften sich um die Lehne des Ledersessels am Kopfende.

»Ja, das ist mir durchaus klar! Aber du scheinst nicht zu bedenken, was uns ein ›Ja‹ kosten würde! Hast du dir mal überlegt, was in den Zeitungen stehen wird, wenn du die Produktion nach Spanien auslagerst? Ganz zu schweigen von den rührenden Geschichten altgedienter Arbeiter, deren Väter schon für Dannecker gearbeitet haben und die dann auf der Straße stehen! Wir haben ein Image zu verlieren, meine Liebe!«

»Keiner muß entlassen werden«, entgegnete Jutta wütend, »wer nicht anderswo unterkommt, den finden wir großzügig ab, und der Rest ist sowieso pensionsreif!«

Dannecker lachte bitter auf.

»Ja! Und mich läßt du gleich mitpensionieren, wie? Nein! Es

bleibt dabei«, wiederholte er seine Entscheidung und ging zur Tür. »Und jetzt entschuldigt ihr mich bitte!«

Die Tür fiel ins Schloß. Die Entscheidung des alten Mannes stand im Raum wie ein Granitblock. Auf der Stirnglatze von Honold bildeten sich trotz der Klimaanlage kleine Schweißperlen. Leo Busche nahm seinen Aktenkoffer und machte Anstalten zu gehen.

»Sie bleiben«, herrschte Jutta ihn an, »das letzte Wort in der Angelegenheit ist noch lange nicht gesprochen!«

Leo zögerte kurz, legte aber dann doch den Koffer wieder auf den Tisch, setzte sich und schlug ostentativ lässig die Beine übereinander. Der Machtkampf zwischen Vater und Tochter begann ihn zu interessieren. Juttas Position hatte durchaus Berechtigung, was die Zahlen und Prognosen anging, aber Leo konnte auch die Entscheidung des alten Dannecker verstehen und sympathisierte mit ihr, obwohl sie im krassen Widerspruch zu allem stand, was Leo Busche gelernt hatte und womit er sein Geld verdiente. Aber Geld ist schließlich nicht alles, dachte er, während er Jutta ruhig anschaute und wartete, daß sie die Initiative ergriff.

»Dann werden wir eben die letzte Karte ausspielen müssen«, sagte sie schließlich und lächelte Busche an.

»Und die wäre?« wunderte sich Leo.

»Der schwarze Bube!« antwortete sie rätselhaft und lächelte wieder. Leo gefiel das Lächeln gar nicht.

Inzwischen war Wilhelm Dannecker in seinem Büro am Ende des Flurs angelangt und hatte seine Pille geschluckt. Irgendwie fiel ihm jede Bewegung schwer in letzter Zeit, und er stand mit dem Wasserglas in der Hand da, unfähig es auszuschütten und wegzustellen.

Was tun, wenn man alles erreicht hat im Leben? Sterben? Ein zaghaftes Klopfen an der Mahagonitür half ihm aus seiner Erstarrung. Er stellte das Glas auf den Rand des Waschbeckens und schloß die Schranktür.

»Herein!« rief er.

Chauffeur Deutz schaute herein.

»Entschuldigen Sie, Chef, aber...« Bevor er seine Entschuldigung zu Ende stammeln konnte, kam Kempfert hinter ihm zum Vorschein.

»Danke, Herr Deutz, aber ab hier komme ich alleine zurecht«, bedankte er sich und ging auf Dannecker zu.

»Ist gut, Deutz«, winkte Dannecker ab, ohne den Blick von Kempfert zu lassen, »die ›Dampfwalze Gottes‹ ist wohl nur schwer zu bremsen!« Deutz schloß die Tür.

»Das haben Sie schön gesagt«, grinste Kempfert und ging an Dannecker vorbei zum Fenster. Dannecker setzte sich hinter seinen Schreibtisch und legte die Arme vor sich auf die blanke Tischplatte.

»Prächtig, prächtig«, tönte Kempfert überwältigt von der Aussicht, »von hier aus müßte man eigentlich Ihr Werk in Eberstadt sehen können!«

Kempfert drehte sich um und lächelte Dannecker aggressiv an.

»Haben Sie keine Angst? Ihre Familie ist doch in Eberstadt und für die Menschen da so etwas wie eine traditionelle Institution, auf die sie stolz sind. Das Lebenswerk Ihres Vaters.«

»Und meines«, unterbrach ihn Dannecker, »ich weiß, ich weiß. Aber wie lange kann ich mir diese Sentimentalitäten leisten? Wir haben zu schnell expandiert! Wir haben den letzten Hosenknopf investiert, Kempfert! Wir brauchen Gewinne, und Eberstadt ist ein Faß ohne Boden!« Er lehnte sich nach vorne und hob die Augenbrauen, um den nächsten Satz zu apostrophieren. »›Wenn dich deine linke Hand ärgert, dann hacke sie ab!‹ So heißt es doch, oder?«

Kempfert setzte sich in den Besucherstuhl.

»Ja, so heißt es«, sagte er ruhig, »aber Eberstadt ist Ihre rechte Hand!«

Dannecker lachte kurz abfällig auf und ließ sich wieder zurückfallen.

»Herr Dannecker«, fuhr Kempfert fort, »ich bin kein Wirtschaftsexperte, aber man darf diese Dinge nicht nur durch die

Brille der Betriebswirtschaft sehen! Es gibt gute Jahre und schlechte Jahre. Na wenn schon, vielleicht machen Sie ein paar Millionen Verlust dieses Jahr, aber das geben Sie doch bestimmt auch für Werbung aus, und haben Sie sich überlegt wieviel es Sie kosten wird, die Macke, die Ihr Image abkriegt, wieder zu flicken!«

Jetzt mußte Dannecker doch herzlich lachen. Kempfert runzelte verärgert die Stirn.

»Was finden Sie daran so lächerlich?«

»Nein, nein«, winkte Dannecker ab, »ich finde es nur komisch, daß ich das gleiche vorhin meinen Leuten gepredigt habe. Sie haben ja recht, Herr Pfarrer, aber bei Dannecker sind jetzt die Jungen dran! Noch kann ich ›Nein‹ sagen, aber wie lange noch? Bis mir der Golfschläger aus der Hand fällt? Kurzum: Werk Eberstadt muß aus den roten Zahlen, oder ich sehe keine Möglichkeit!«

Bevor Kempfert etwas dazu sagen konnte, ging hinter ihm die Tür auf.

»Vater? Oh, Verzeihung. Ich wußte nicht, daß du Besuch hast.« Jutta blieb in der Tür stehen und musterte Kempfert.

Kempfert stand auf, als Dannecker sich erhob.

»Komm' ruhig rein! Du störst überhaupt nicht«, sagte Dannecker, aber sein Gesicht drückte das Gegenteil aus. Jutta schüttelte den Kopf.

»Nein, nein! Wie ich sehe, bist du ja in besten Händen. Ich wollte dich nur bitten, nachher noch einmal rüberzukommen, bevor du gehst, ja?«

»Lieber nicht«, wehrte Dannecker ab, »sonst kriegen wir noch Krach vor versammelter Mannschaft! Hat das nicht Zeit bis heute abend? Ich wollte eigentlich mit Herrn Kempfert einen kleinen Happen im Industrieclub essen!«

Jutta schaute Kempfert wieder mißtrauisch an.

»Na gut«, lenkte sie ein und versuchte ein unbekümmertes Lächeln, »aber denk an deinen Colesterinspiegel! Ich rufe dich an!« Sie wandte sich an Kempfert. »Auf Wiedersehn, Herr Pfarrer!«

»Wiedersehn, Fräulein Dannecker!« erwiderte Kempfert höflich, und Jutta schloß die Tür.

Dannecker seufzte.

»Manchmal wünsche ich mir, sie wäre nicht so tüchtig. Dieses Mädchen steckt sie alle in die Tasche, meine Herren Manager.« Er schaute Kempfert fragend an. »Na, was ist? Gehen Sie mit?«

Kempfert schaute auf seine Armbanduhr und wiegte bedauernd den Kopf.

»Halb eins? Ich fürchte, da muß ich absagen. Ich werde erwartet. Meine Schwester hat was Besonderes kochen wollen, und wenn ich nicht auftauche, dann ...«

Dannecker war sichtlich enttäuscht.

»Aber wie wär's«, fügte Kempfert schnell hinzu, »wie wärs, wenn Sie mit mir kommen. Ich lade Sie ein!«

»Ins Pfarrhaus?« fragte Dannecker etwas konsterniert.

»Dann können wir noch weiterreden!« Kempfert gefiel die Idee immer besser. »Meine Schwester ist zwar keine Drei-Sterne-Köchin, aber bei Schupfnudeln kann man ja nicht viel falsch machen, oder?«

»Bubenspitzle?« entfuhr es Dannecker. »Meine Güte, wann habe ich das zum letzten Mal gegessen! Na gut. Gehen wir!« Dannecker schien die Aussicht auf das Gericht aus seiner Kindheit zu beflügeln. Er riß seinen Mantel aus dem Schrank und ließ sich von Kempfert hineinhelfen.

Wenn Kempfert allerdings gewußt hätte, was sich in der Zwischenzeit in der Küche des Pfarrhauses abgespielt hat, hätte er diese Einladung nicht so leichtfertig ausgesprochen. Else Kempfert stand fassungslos über das aufgeschlagene Kochbuch gebeugt und wiederholte nun laut den Satz, den sie eben schon mit stummem Entsetzen gelesen hatte. Nudeln auf einem Holzbrett über Nacht stehen lassen! Sie richtete sich auf und starrte die Schupfnudeln an, die säuberlich in Reih und Glied vor ihr auf dem Tisch lagen. Tränen stiegen ihr in die Augen, und sie hätte bestimmt losgeheult, wenn Annemarie Bieler nicht gerade hereingekommen wäre.

»Hm! Die sehen ja aus wie gekauft!« sagte sie anerkennend. Else zog die Nase hoch und schüttelte den Kopf.

»Aber daraus wird nichts! Ach, Fräulein Bieler, was ich auch mache, ich mache es falsch!«

»Aber wieso?«

»Weil die erst über Nacht trocknen sollen! Und was koche ich jetzt heute mittag?«

Annemarie kapierte.

»Ach so? Na ja«, tröstete sie Else, »der Herr Kempfert kommt ja wahrscheinlich sowieso wieder nicht, und wegen mir brauchen Sie sich nicht aufzuregen. Wissen Sie was, Sie lassen das jetzt einfach alles stehen und liegen und wir gehen zusammen ins Café Ziegler. Ich spendiere Ihnen eine Schillerlocke! Ja?«

Else schaute Annemarie überrascht an. Dann mußte sie lächeln. »Ich glaube, das ist eine hervorragende Idee! Und dann erzählen Sie mir mal etwas von sich.« Sie schlüpfte aus ihrer teigverschmierten Schürze und legte sie über die Lehne des Küchenstuhls. »Jetzt bin ich schon drei Wochen hier und weiß so gut wie gar nichts von Ihnen!«

»Da gibt es auch nicht viel zu sagen!« wehrte Annemarie ab.

»Von wegen«, lächelte Else, »zum Beispiel interessiert mich sehr, was Friedhelm Haug und Sie, ich meine ... Liebe ist doch ein unerschöpfliches Thema!«

Diese Wendung des Gesprächs war Annemarie nun gar nicht lieb, aber Elses Interesse war so unschuldig hervorgebracht, daß ihr nichts anderes übrig blieb, als zustimmend zu lächeln, als sie im Flur in ihre Mäntel schlüpften. Else warf noch einen kurzen Blick zurück in die Küche, in der es aussah, als hätte jemand darin auf den Posaunen Jerichos geblasen und jede Ordnung zum Einsturz gebracht, aber Annemarie war schon an der Tür, und Else folgte ihr.

Hätte Deutz am Bahnübergang nicht vier Minuten vor der geschlossenen Schranke warten müssen, hätten Kempfert und Dannecker Else noch mitten in ihrem Tohuwabohu angetroffen. So aber stand Kempfert wenig später völlig entgeistert unter der Küchentür und starrte auf die Bescherung.

»Guten Appetit«, lachte Dannecker hinter ihm und klopfte ihm auf die Schulter, »in Ihrem Laden klappt wohl auch nicht alles, wie?«

»Das darf doch nicht wahr sein«, stöhnte Kempfert und näherte sich vorsichtig dem Küchentisch. »Else?« rief er, und als sich niemand meldete: »Fräulein Bieler?«, aber er schien von allen »guten Geistern« verlassen.

»Macht doch nichts«, beruhigte ihn sein Gast, »die Dinger müssen doch nur schnell in die Pfanne!« Dannecker hängte sich Elses Schürze um den Hals und schaute sich suchend nach einer Pfanne um.

»Sie wollen doch nicht etwa...!« Kempfert sah Dannecker amüsiert zu.

»Und ob! Wo ist die Butter?« konterte er und öffnete den Kühlschrank. »So was nennt man in meiner Branche ›Krisenmanagement‹. Suchen Sie eine Pfanne und stehen Sie nicht rum!«

Kempfert fand sie in der Schublade unter dem Backofen und stellte sie auf den Herd.

»Sie verblüffen mich, Herr Dannecker!« sagte er anerkennend, als Dannecker jetzt ein deftiges Stück Butter am Pfannenrand abstrich und das Gas anstellte.

»Da wären Sie nicht der Erste!« grinste er.

»Also wenn das hier was werden sollte, dann kriegen Sie auch Ihre marode Fabrik wieder flott! Meinen Sie nicht?«

»Warten wir es ab, Kempfert! Leider geht im Leben nicht alles nach Rezept!«

Und während Else und Annemarie im Café Ziegler das zweite Kännchen Kaffee bestellten und sich von Frau zu Frau näherkamen, saßen Dannecker und Kempfert am Küchentisch des Pfarrhauses und redeten von Mann zu Mann – das heißt, Dannecker redete von seiner Tochter, und Kempfert hörte zu. Juttas Mutter war gestorben, als Jutta erst vier Jahre alt war, und Dannecker hatte kaum Zeit gehabt, sich um das Kind zu kümmern. Er hatte alle Hände voll zu tun, das »Wirtschaftswunder« auch in Eberstadt zum Zuge kommen zu lassen, und überließ die Erziehung Juttas erst der langjährigen Haushälterin und später den besten Schweizer Internatsschulen und Universitäten in England und den USA.

»Ist das nicht komisch«, sagte er mit vollem Mund, »ich habe ihr praktisch mit dieser Ausbildung genau die Waffen in die Hand gegeben, mit denen sie mich jetzt fertigmachen will.«

Kempfert fand das überhaupt nicht komisch. Daß das Wohl und Wehe von achthundert Eberstädter Arbeitern und ihren Familien auf das Generationengeplänkel eines alternden Unternehmers mit seiner aufmüpfigen Tochter reduziert sein sollte, konnte oder wollte er nicht akzeptieren, aber er ließ Dannecker weiter sein Herz ausschütten und hakte erst später beim Abwasch nach.

»Warum tun Sie sich nicht mit Leo Busche zusammen, Herr Dannecker?« schlug er ihm vor. »Ihm scheint Ihre Tochter doch eher zuzuhören als Ihnen, und er macht mir einen sehr cleveren Eindruck. Vielleicht fällt ihm ein Weg ein, Eberstadt wieder in Schwung zu bringen!«

Dannecker stellte den abgetrockneten Teller ins Küchenbuffet und schlug die Tür so heftig zu, daß die Milchglasscheibe in der Türfüllung schepperte.

»Glauben Sie, daran hätte ich nicht schon längst gedacht?« erwiderte er ärgerlich. »Aber seit neuestem rennt Busche ja Ihrer Gemeindereferentin nach, statt sich um meine Tochter zu kümmern.«

»Wie?« Kempfert fiel aus allen Wolken.

»Na klar!« trumpfte Dannecker auf, »er singt sogar in ihrem Kirchenchor mit, nur um die gleiche Luft atmen zu dürfen wie diese Unschuld vom Lande!«

Das war neu für Kempfert, und er ärgerte sich, daß ihm das entgangen war. Nein, er ärgerte sich, daß Leo Busche nun doch mit seiner Tour bei Annemarie Erfolg haben könnte. Er hatte Fräulein Bieler für gescheiter und geradliniger gehalten, als auf so einen windigen Burschen hereinzufallen.

»Also da müssen Sie ein Machtwort sprechen, Kempfert«, drängte Dannecker, »ich habe den Herrn nämlich nicht mit einer halben Million geködert, damit er nun mit einer anderen davonschwimmt! So viel hat uns nämlich die Unternehmensanalyse von Busche gekostet!«

Kempfert blieb eine Antwort erspart, denn man hörte Schritte im Flur, und dann stand Else unter der Tür und sagte: »Heiliger Strohsack!«

Dannecker drehte sich um, um die Damen zu begrüßen.

»Guten Tag, die Damen!«

Else schaute sich ungläubig in ihrer Küche um, die auf so wundersame Weise in ihrer gewohnten Ordnung erstrahlte.

»Darf ich fragen, was hier vor sich geht?«

»Die Bubenspitzle waren hervorragend, Frau Kempfert«, lächelte Dannecker und zog Elses Schürze aus.

Else schaute Kempfert beleidigt an. »Also es ist furchtbar mit dir! Nie kommst du zum Mittagessen, und wenn man sich einmal darauf verläßt, daß du nicht kommst, dann kommst du natürlich prompt!«

Dannecker überreichte ihr galant die Schürze.

»Das geht auf meine Kappe, Frau Kempfert! So und jetzt muß ich leider gehen«, wandte er sich an Kempfert, »und Sie kümmern sich um die Sache, ja?« Dannecker machte eine versteckte Kopfbewegung zu Fräulein Bieler, die auf dem Weg zum Büro war. Kempfert nahm seine Hand und hielt sie kurz fest. »Und Sie kümmern sich um Ihr Werk, ja?«

»Ich tu, was ich kann, obwohl es eine unternehmerische Dummheit ist! Aber, wie heißt es, eher kommt ein Kamel durch ein Nadelöhr als ein Reicher in den Himmel! Na dann bin ich lieber ein Kamel!« lachte er und verabschiedete sich mit einer leichten Verbeugung. »Guten Tag, die Damen.«

»Ich bringe Sie noch hinaus«, beeilte sich Kempfert und ging schnell an Else vorbei.

Else schüttelte den Kopf und wandte sich an Annemarie, die mit dem Türgriff in der Hand auch etwas verwirrt stehengeblieben war.

»Wissen Sie vielleicht, was das alles bedeuten soll?«

Annemarie schüttelte den Kopf. »Nein! Keine Ahnung, Frau

Kempfert, aber das ist das erste Mal, daß ich den Herrn Dannecker habe lachen sehen!«

Als Kempfert ins Büro zurückkam, saß Annemarie schon an ihrer Schreibmaschine und tippte die Einladungen für das Elterntreffen des Kindergartens. Kempfert setzte sich an seinen Schreibtisch und beobachtete sie eine Weile. Kempfert war zwar kein Frauenkenner, schon von Berufs wegen ersparte er sich diese Beschäftigung mit dem weiblichen Geschlecht, aber er mußte zugeben, daß Fräulein Bieler sicher auch bei den Madonnenmalern des frühen Mittelalters als Modell gefragt gewesen wäre. Ihr Gesicht strahlte eine mädchenhafte Unschuld aus, die allerdings nicht verbarg, daß hinter der hohen Stirn ein sehr klarer und heller Verstand saß.

Annemarie spürte Kempferts Blick und schaute herüber. Kempfert fühlte sich ertappt und tat so, als ob er seine Pfeife suchte.

»Ist was?« fragte sie und hörte auf zu tippen.

»Nein«, wollte Kempfert sich erst herausschwindeln, »doch«, gab er dann zu und verzichtete auf seine Nachtischpfeife, »ist da was dran, mit Ihnen und Leo Busche?«

Annemaries Augen weiteten sich leicht, aber sonst ließ sie sich nicht anmerken, daß die Frage sie innerlich zornig machte.

»Wieso? Haben Sie das etwas von Herrn Dannecker?«

»Ja«, gab Kempfert zu, »natürlich geht mich das nichts an, aber nun, ich dachte, Sie und Friedhelm Haug, ich meine ...« Er hielt inne, da Annemarie ihn ruhig, fast kalt, anschaute und nicht daran dachte, ihm irgendwie zu Hilfe zu kommen. Er ließ den Satz in der Luft hängen, und da hinge er sicher heute noch, wenn Annemarie schließlich nicht doch Kempferts Ungeschicktheit mit einem kühlen Lächeln überspielt hätte.

»Ich kann Herrn Busche nicht verbieten, in die Kirche zu kommen«, sagte sie und wollte weitertippen.

Aber Kempfert hakte nach. »Er singt mit im Chor?«

Annemarie ließ die Hände von den Tasten sinken.

»Er hat vorgesungen, aber da er eine Terz nicht von einer Quinte unterscheiden kann, hat Herr Haug auf eine Mitwirkung von Herrn Busche verzichtet«, sagte sie, ohne Kempfert anzuschauen, und begann auf die Tasten einzuhämmern.

Kempfert wechselte das Thema.

»Wir haben heute mittag noch eine Taufe. Vielleicht brauchen wir dazu noch eine Taufpatin, falls die Eltern niemanden auftreiben können. Wären Sie bereit dazu?«

Annemarie nickte nur. Sie hatte sich vertippt und pinselte den Buchstaben zu. Die Fragen Kempferts hatten sie doch mehr getroffen, als sie sich selbst zugestehen wollte. Es waren nämlich die gleichen Fragen, die ihr Friedhelm schon mehr oder weniger deutlich gestellt hatte.

Irgendwer mußte sie mit Leo Busche vor zwei Tagen beim Italiener gesehen haben. Sie verstand es ja selbst nicht, daß sie sich hatte überreden lassen, sich mit ihm zu treffen. Leo Busche verkörperte für sie eigentlich alles, was sie an einem Mann nicht ausstehen konnte: Seine Schicki-Micki-Kleidung, sein Angeberauto, sein Beruf, der in ihren Augen nichts anderes war als eine Entschuldigung, an der Gesellschaft zu schmarotzen. Aber, und das war das Problem, er hatte Humor und schien sich nicht ernst zu nehmen, und er schien Annemarie ehrlich für das, was sie tat, zu beneiden, ja zu bewundern. Und wenn sie ehrlich war, und sie versuchte immer ehrlich mit sich zu sein, Leo Busche sah verteufelt gut aus, in seinen Schicki-Micki-Anzügen und seinem Angeberauto. Viel besser als ihr Friedhelm in seinen Cordhosen und seiner Windbluse und seiner runden Brille.

Friedhelm hatte sie bestimmt sehr gern, aber seine Liebe gehörte eigentlich der Musik. Da konnte Annemarie noch so lange auf der Orgel üben und im Chor Alt singen. Außerdem wollte Friedhelm sie heiraten. Er redete ständig davon und machte Annemarie Angst damit. Leo Busche machte ihr keine Angst, er brachte sie zum Lachen.

Kempfert, der nun doch nicht widerstehen konnte, seine

Pfeife zu stopfen, schaute überrascht zu ihr, als Annemarie jetzt unwillkürlich auflachen mußte.

»Wissen Sie, was er gesagt hat?« wandte sie sich an Kempfert.

»Wer?«

»Leo Busche. Er hat gesagt, mit ein paar hundert Mark und ein paar Plakaten könnte er jede Kirche vollkriegen!«

Kempfert runzelte die Stirn.

»So, hat er das! Dann reden Sie ihm das bitte wieder aus!« Kempfert zündete die Pfeife an. Annemarie tippte weiter.

Dann griff Kempfert zum Telefon und rief bei der Drogenberatung an.

*

Annemaries Mitwirkung als Taufpatin war dann doch nicht nötig. Die junge Mutter hatte es geschafft, nicht nur zwei Taufpaten, sondern auch einige Bekannte und Freunde zu mobilisieren, die sich offenbar von dieser Veranstaltung etwas Abwechslung vom Studentenalltag versprachen. Kempfert hatte mit Silke bereits die notwendigen Formalitäten in der Sakristei erledigt, und eigentlich warteten sie nur noch auf den Vater.

»Können wir anfangen?« sagte Silke schließlich.

Kempfert war das nicht recht.

»Also ich weiß nicht…«, versuchte er seine Bedenken anzumelden, aber die junge Mutter unterbrach ihn.

»Anna ist meine Tochter«, betonte sie, »und ich kann sie alleine großziehen, wenn es sein muß!« Sie hatte zum Thema noch mehr beizusteuern und ließ sich nicht umstimmen.

Schließlich willigte Kempfert ein und begann mit der Zeremonie. Er winkte die jungen Leute zu sich, bis sie alle um das Taufbecken standen. Silke zupfte Annas Taufkleidchen zurecht und schaute Kempfert erwartungsvoll an.

»Liebe Frau Mehrkatz, Sie haben für Ihr Kind die Taufe erbeten«, begann er aus seinem Rituale-Büchlein vorzulesen, »damit erklären Sie sich bereit, Anna im Glauben zu erziehen. Sie soll Gott und den Nächsten lieben lernen, wie Christus es uns vorgelebt hat. Sind Sie sich dieser Aufgabe bewußt?« Kempfert schaute die junge Frau an.

»Ja«, antwortete sie fest.

Weder Silke noch ihre Freunde, die eher verlegen und belustigt mitgespielt hatten, konnten sich den kraftvollen Worten des Rituals, vorgebracht von Kempferts liebevoller Stimme, entziehen. Sie wurden ernst und spürten das Unfaßbare, das die Zeremonie ausstrahlte, als wäre plötzlich die Schar der Getauften aller Zeiten beschworen und anwesend, um die kleine Anna in ihre Gemeinschaft aufzunehmen. Silke stiegen die Tränen in die Augen, als Kempfert das Wasser dreimal über die Stirn ihrer Tochter schüttete und Anna nur munter brabbelte und mit ihren Händchen nach der silbernen Kanne griff, in der sich die Strahlen der Sonne spiegelten, die durch ein Seitenfenster auf das Taufbecken fielen und die Zeremonie in ein unwirkliches Licht tauchten.

»Anna, ich taufe dich im Namen des Vaters und des Sohnes und des heiligen Geistes.«

Annemarie Bieler schaute von der Orgelempore aus zu. Auch sie war jedesmal gerührt, und sie beneidete die junge Frau. Ein Kind erschien ihr oft wie eine Antwort auf alle Fragen und Probleme. Ein Kind brauchte einen, und damit hatte doch alles einen Sinn. Man war für jemanden da, man war unersetzlich, unaustauschbar.

Sie hätte beinahe den Einsatz verpaßt. Kempfert, der die Schlußworte gesprochen hatte, schaute zur Orgel, und Annemarie rutschte schnell auf der Bank zurück und begann zu spielen. Sie kannte den Choral auswendig, und ihre Gedanken wanderten wieder ab zu Leo Busche. Hätte sie gewußt, daß Leo Busche gerade mit Fräulein Dannecker im Industrieclub an der Bar saß, hätte sie sicher nicht so verträumt gelächelt, und schon gar nicht, wenn sie die Unterhaltung hätte mithören können.

Leo Busche stieß mit Jutta an.

»Und auf was trinken wir?« sagte sie unvermittelt. Leo zog überrascht die Augenbrauen hoch.

»Sie meinen auf unsere Zusammenarbeit?«

»Nein«, entgegnete sie, »ich meine Sie und mich!« Es klang fast berechnend, so, als habe sie sich die Worte genau überlegt.

Leo stellte sein Glas ab. »Holla«, entfuhr es ihm. Auch Jutta stellte ihr Glas wieder ab und taxierte ihn.

»Finden Sie das so abwegig?«

»Abwegig, nein«, brachte Leo schließlich heraus, »eher überraschend.« Er schaute ihr in die Augen. Sie wich seinem Blick nicht aus.

»Ich möchte Ihnen ein Angebot machen«, sagte sie, ohne mit einer Wimper zu zucken, »wir kennen uns nun schon über ein Jahr. Sie haben für Dannecker hervorragende Arbeit geleistet, und Sie können sich auf Ihre Leistung etwas einbilden und auch darauf, daß mein Vater Sie offensichtlich sehr schätzt.«

Leo wurde immer unbehaglicher zumute. Auf was wollte Jutta hinaus?

»Danke«, wehrte er ab. Jutta lächelte.

»Was schauen Sie so mißtrauisch?« Leo holte tief Luft.

»Na ja, wenn ein Auftraggeber unsereinen zu sehr mag, dann haben wir irgend etwas falsch gemacht!«

Jutta mußte lachen.

»Und Humor haben Sie auch! Damit wäre die Bestandsaufnahme Ihrerseits abgeschlossen. Sie sind intelligent, sympathisch, gut aussehend und humorvoll. Und nun zu mir. Ich bin 32 Jahre alt, gehe aber für 27 durch. Ich bin auf den besten Schulen der Welt erzogen, bin nicht unvermögend und werde eines schönen Tages die Mehrheit der Anteile der Dannecker AG kontrollieren, summa summarum, ich bin intelligent, sehe gut aus und ich bin reich, und letzteres ist heutzutage mindestens so wichtig wie Humor...« Sie griff wieder zu ihrem Glas und hielt es hoch. »Ich finde, Sie und ich wären ein ideales Paar!«

Leo hatte ihr mit wachsender Verblüffung zugehört.

»Sie meinen... heiraten?« lachte er ungläubig.

Jutta reichte ihm nun sein Glas. Er griff danach.

»Ja«, sagte sie sachlich nüchtern, »und wenn möglich noch

vor der Hannover-Messe und vor allem, vor der Gesellschafterversammlung, auf der mein Vater dann endlich offiziell zurücktreten kann und seinen Schwiegersohn in die Firma aufnehmen darf!« Sie hielt inne, weil von Leo immer noch keine Reaktion zu hören war. »Was ist? Jetzt sagen Sie doch was!«

Leo stellte das Glas wieder weg.

»Ach so, ich darf auch was sagen! Für mich klingt das so, als wäre alles schon arrangiert!«

Jutta schaute Leo eine Weile wortlos an. Dann seufzte sie.

»Schade! Ich dachte, mit Ihnen könnte man reden, ohne diesen Schmus. Aber anscheinend habe ich Sie doch überschätzt.«

»Zum Heiraten gehört doch mehr, oder? Zum Beispiel: Lieben Sie mich eigentlich?« reagierte Leo nun doch leicht verärgert.

Jutta zuckte die Achseln.

»Ist das so wichtig? Ich habe Sie gern, ich respektiere Sie als Partner und Sie mich doch auch, oder?«

Was sollte Leo da sagen? Er fand einen Kompromiß und formulierte vorsichtig.

»Ich ... Sie sind eine faszinierende Frau!«

»Na also«, lachte Jutta erleichtert, »und zusammen sind wir ein unschlagbares Paar. So und jetzt nehmen Sie endlich Ihr Glas und stoßen Sie mit mir an!«

Aber Leo schüttelte langsam den Kopf. Jutta konnte es nicht begreifen.

»Leo, ich weiß, das ist keine romantische Vollmondnacht, wir hüpfen nicht Hand in Hand durch blühende Wiesen, und ich warte nicht errötend, bis Sie vor mir auf die Knie sinken und mir Ihre Liebe gestehen! Ich bin gewohnt, mir zu nehmen, was ich möchte, und Sie doch auch?«

»Darf ich jetzt auch mal was sagen«, unterbrach sie Leo und fuhr fort, »wissen Sie, was ich glaube? Ich glaube, daß Sie es satt haben, immer noch nach der Pfeife Ihres Vaters tanzen zu müssen und daß Sie darauf spekulieren, daß er sich, wenn er mich als Schwiegersohn kriegt, endlich auf den Golfplatz zurückzieht, statt Ihnen in der Firma Ärger zu machen. Stimmt's?«

Leo schaute sie durchdringend an, aber Jutta war nicht aus der Ruhe zu bringen.

»Na und«, stellte sie kühl fest, »man kann das Angenehme doch mit dem Nützlichen verbinden! Ihnen geht mein Vater doch auch auf die Nerven, oder? Und Eberstadt wird zum Jahresende spätestens geschlossen! So oder so!«

»Ich geb's auf«, resignierte Leo und stand auf. Jutta hielt ihn am Arm fest.

»Ich könnte natürlich auch sagen: Ich liebe dich! Würde das die Entscheidung leichter machen?«

Sie gab sich Mühe, diesen letzten Versuch genau so kühl vorzubringen wie alles andere, aber ein leichtes Zittern in ihrer Stimme verriet nun doch, daß ihr Angebot nicht nur sachliche Gründe hatte, sondern vielleicht auch einfach weibliche, und als Leo antwortete, wurde ihr schmerzhaft deutlich, daß sie sich zu weit vorgewagt hatte.

»Nein«, sagte Leo, »das würde mir die Entscheidung nicht leichter machen. Im Gegenteil, würde ich sagen!« Er ging, und vergaß sogar zu bezahlen oder hatte absichtlich vergessen zu bezahlen, damit sie sich ihre Position als Auftraggeberin besänne. Das kann er haben, dachte Jutta verletzt und trank erst ihr Glas leer und kurz darauf auch seines.

Der Barkeeper wandte sich diskret ab und legte ein neues Tape in den Player im Flaschenregal.

*

An diesem Abend braucht Kempfert wieder endlos lange für den Entwurf seiner Sonntagspredigt. Er hätte gerne geraucht, wollte aber in Elses Gegenwart seinen starken Willen beweisen. Sie saß drüben auf dem Sofa und versuchte, Kempferts losen Jackenknopf anzunähen. Kempfert legte den Kugelschreiber auf die unvollendete Seite und streckte sich gähnend. Else schaute über den Brillenrand herüber.

»Was? Schon fertig!« sagte sie und biß den Faden ab.

»Nein! Ich komme nicht weiter! Ich finde einfach nicht die richtigen Worte!« erwiderte er mißmutig.

»Wieso?« fragte sie erstaunt. »Das mußt du doch auch nicht, schließlich verkündest du nicht deine Meinung, sondern das Wort Gottes, und das steht doch wohl fest!«

»Oh Else«, stöhnte Kempfert, gerührt von ihrer Naivität, und hätte einiges zu diesem Thema zu sagen gehabt, wenn es nicht an der Tür geläutet hätte. Else legte die Jacke neben sich, aber Kempfert war schon aufgestanden.

»Laß nur«, winkte er ab, »ich geh' schon!«

Else schaute auf die alte Wanduhr aus Pfarrer Heinrichs »Nachlaß«. Sie zeigt viertel nach zehn, das hieß, es war kurz vor zehn, denn das Ding ging jeden Tag gut zwanzig Minuten vor. Else war das ganz recht, weil das vorgelegte Tempo besser zum Zeitgefühl ihres Bruders paßte, der je länger der Tag wurde, immer mehr hinter seinem Terminkalender herzuhetzen schien. Else schaute auf, als Kempfert seinen Besucher hereinbat. Es war dieser Student von heute früh.

»Du kennst Herrn Baumann, Else?« stellte Kempfert ihn trotzdem vor und gab ihr ein verstecktes Zeichen, ihn allein mit ihm zu lassen.

»Guten Abend«, sagte Else schnell, »ich hänge die Jacke auf.«

»Bleiben Sie ruhig sitzen«, sagte Baumann, der womöglich noch mißmutiger dreinschaute als am Morgen, »ich gehe sowieso gleich wieder, und was ich dem Pfarrer zu sagen habe, kann von mir aus jeder hören!« Er wandte sich nun an Kempfert und schaute ihn in einer Mischung von Zorn und Verachtung an. »Warum haben Sie das gemacht? Können Sie mir das sagen? Ich habe Ihnen doch nichts getan!«

Else sank erstaunt aufs Sofa zurück. Kempfert hatte keine Ahnung, auf was Baumann hinaus wollte.

»Was getan?« fragte er erstaunt.

»Was?!« brüllte Baumann jetzt, und seine Stimme klang fast verzweifelt. »Sie haben doch meine Tochter getauft! Oder? Obwohl ich dagegen war!«

»Moment«, versuchte Kempfert die Tatsachen richtig zu rücken, »Sie sind nicht gekommen zur Taufe!«

Baumann lachte bitter auf.

»Und warum wohl? Weil ich mit der Sache nichts zu tun haben wollte, deshalb! Ich dachte, wenn ich nicht auftauche, dann kommt Silke zur Besinnung! Das ist doch alles idiotisch! Aber Sie, Sie wollen ja nur Ihre Schäfchen ins Trockene bringen! Schon wieder eine katholische Seele mehr! Wie?«

Kempfert wurde nun doch allmählich wütend, und obwohl er vorgehabt hatte, den jungen Mann ruhig ausreden zu lassen, fuhr er ihn jetzt an: »Also ich muß doch sehr bitten, Herr Baumann!«

Aber der hörte nicht zu.

»Sie können sich gratulieren, die fromme Mama hat mich vorhin aus unserer Wohnung geschmissen. Sie haben uns auseinandergetauft. Zufrieden? Wie haben Sie so schön gesagt heute früh, nach der Taufe ist meine Tochter nicht mehr dieselbe? Ja, Sie hatten recht, sie ist jetzt katholisch und ich, ihr Vater, bin dann ja logischerweise ein Heide!«

Kempfert wollte wieder etwas sagen, aber Baumann winkte wütend ab.

»Ach«, sagte er resigniert, »Sie verstehen das ja sowieso nicht.« Dann drehte er sich um und ging einfach.

Else schaute Kempfert betreten an. Man hörte die Tür zuschlagen, dann war es still. Kempfert schüttelte den Kopf. Er war tief getroffen. Else wollte etwas sagen.

»Bitte nicht«, sagte Kempfert schnell.

»Aber wieso läßt du dir das gefallen, Adam!«

Kempfert drehte sich auf der Türschwelle um.

»Weil er recht hat, deshalb!« Er ging hinaus. Er brauchte Luft. Er brauchte ienen ruhigen Platz zum Nachdenken.

Else, die zum Fenster geeilt war, sah ihn über den Marktplatz zur Kirche hinübergehen.

Kempfert setzte sich in die erste Bank, um August nicht zu stören, der schon auf seinem Stammplatz unter seinem Mantel lag und schlief. Er schaute zum Altar und wartete, daß sich das beruhigende Gefühl der Geborgenheit einstellte, das er seit seiner frühesten Kindheit hier immer gefunden hatte und das er jetzt dringend brauchte.

Mein Gott, dachte er, wie dumm kann einer nur sein! Noch heute früh hatte er so selbstgefällig und scheinbar in aller Bescheidenheit über seinen Beruf als Priester nachgedacht, und heute abend, ein paar Stunden später, mußte er einsehen, daß dazu mehr gehörte, als den »Medizinmann« zu spielen, der nur schnell mal »heiliges Wasser« über die Stirn eines Kindes zu gießen braucht und einen Zauberspruch losläßt, und schon ist alles bestens. Er hatte sich bereitwillig mißbrauchen lassen. Was nützte der kleinen Anna die ganze Gemeinschaft der Gläubigen, wenn sie nun keinen Vater mehr hatte?

Kempfert saß lange da, die Hände im Schoß, so lange bis er nichts mehr denken konnte und es immer ruhiger in ihm wurde. Endlich stand er auf und kniete nieder, um für die ihm anvertrauten Menschen zu beten, als er die Kirchtür gehen hörte.

Auch August erwachte, als die Tür krachend ins Schloß fiel, und richtete sich auf.

Herr Dannecker ging den Mittelgang hinauf und kniete sich neben Kempfert.

»Ich muß Sie sprechen!« sagte er leise.

»Bitte!« antwortete Kempfert ruhig.

»Hier! Ich weiß nicht«, zögerte Dannecker.

Kempfert schaute ihn an.

»Ich habe keine Geheimnisse vor dem Allwissenden«, ermutigte er Dannecker und wunderte sich über die Ernsthaftigkeit des Mannes. Dannecker holte tief Luft.

»Ich bin gekommen, um Ihnen mitzuteilen, daß ich meine Zusage von heute mittag zurücknehmen muß. Aber meine Tochter hat mir vorhin mitgeteilt, daß man gegen uns und Werk Eberstadt Anzeige erstattet hat, bei der Umweltbehörde, und wenn wir alle Auflagen, die im Bescheid aufgeführt werden, erfüllen müssen, dann können wir gleich schließen. Es ist aussichtslos, Herr Kempfert.«

Dannecker versuchte im Halbdunkel, Kempferts Reaktion zu erkennen. Aber Kempfert wandte sich wieder zum Altar. Es war wie eine stille Aufforderung, der Dannecker nach kurzem Zögern nachkam, indem er langsam seine Hände faltete und auch zum Tabernakel schaute. Aber so sehr er auch bereit war zu beten, es wollte ihm nichts einfallen. Es war zu lange her.

August legte sich wieder hin und starrte an die hohe Decke der Kirche, deren spätgotische Kapitelle sich über ihn wölbten wie die Streben eines riesigen Zeltes. Er fühlte sich geborgen und bedauerte seine Leidensgefährten, die sich auf der Bahnhofstoilette oder im Hausflur herumdrückten. »Gottes Haus« gehört allen, dachte er und schlief ein.

Die halbe Wahrheit

Es sollte nur eine Woche dauern, da wußte jeder in Eberstadt, daß Dannecker »dichtmachen« mußte, und jeder »hatte es kommen sehen«, außer Klaus Bardusch, der im Lokalteil der Frankfurter immer noch flammende Attacken gegen das Werk und sein Management ritt und seine alte Geschichte vom »Ausverkauf« nun mit der Geschichte vom »Umweltskandal« anreichern konnte.

»Haben Sie gelesen?« fragte Kempfert Friedhelm Haug, der nach der Frühmesse um ein Gespräch mit Kempfert gebeten hatte und sich auf das Sofa im Büro setzte. Er reichte Haug die Zeitung und stopfte seine Pfeife nach. Haug überflog kurz den Lokalteil und reichte Kempfert das Blatt zurück.

»Umweltskandal bei Dannecker! Das ist doch nichts Neues! Das hat mein Großvater schon gewußt und ist vermutlich auch an dem Dreck gestorben. Aber Hauptsache, man hat Arbeit, nicht wahr?«

»Was bleibt den Leuten denn anderes übrig?« warf Kempfert ein und saugte an der Pfeife, bis cremige Rauchwolken aufstiegen und Haugs Augen zu tränen begannen.

»Dreck schlucken und den Mund halten, wie seit eh und je!

Aber die Leute sind mir im Augenblick egal, Herr Kempfert, ich habe andere Probleme!«

Kempfert hob die Augenbrauen.

»Fräulein Bieler?« vermutete er richtig, denn Haug nickte zustimmend und wedelte den Rauch vor seinem Gesicht weg.

»Indirekt ja! Aber ich bin nicht zu Ihnen gekommen, um mich bei Ihnen auszuweinen. Ich weiß selber, was zwischen Annemarie und mir falsch gelaufen ist. Und daß sie jetzt mit diesem Angeber rumzieht...« Er zuckte abfällig mit den Schultern.

»Sie meinen Leo Busche?« versuchte Kempfert Haug zu ermuntern.

»Ja! Aber ich bin selber schuld! Ich dachte, ich kenne Annemarie in- und auswendig und wir gehören zusammen, auch wenn wir nicht verheiratet sind.«

Kempfert konnte es sich nicht verkneifen, genau das zu monieren.

»Und warum sind Sie dann nicht verheiratet, wenn Sie schon zusammengehören! Oder haben Sie was dagegen?«

»Ich«, empörte sich Haug, »nein, Annemarie will nicht! Sie meint, sie habe nicht studiert, um jetzt Windeln zu waschen und meine Unterhosen noch dazu. Ich habe ihren Wunsch respektiert. Was hätte ich ihr auch schon bieten können! Vom Orgelspielen in St. Augustin und dem Korrepetieren am Theater kann keiner leben, geschweige denn sich einen flotten Porsche leisten!«

Kempfert nahm die Pfeife aus dem Mund und verteidigte Annemarie.

»Also, wenn Sie glauben, Fräulein Bieler legt auf so etwas wert, dann unterschätzen Sie Ihre Verlobte gewaltig!« schimpfte er.

Haug beeilte sich, ihn zu beruhigen.

»Ja, ja, trotzdem, irgendeinen Grund muß es ja haben, warum sie plötzlich nichts mehr von mir wissen will. Klar, wenn man sich so lange kennt wie Annemarie und ich, dann hält man den anderen für selbstverständlich! Man arbeitet, sieht sich ab und zu, und von Liebe ist nicht mehr so oft die Rede, wenn Sie verstehen, was ich meine!«

Kempfert nickte. »Ja, doch! Aber warum sagen Sie das nicht Annemarie?«

»Habe ich ja! Sie will nicht! Sie will nicht heiraten, sie will keine Kinder, sie will die Menschheit retten oder was auch immer sie hier im Pfarrhaus macht!«

»Ohne Fräulein Bieler könnte ich hier zumachen«, bemerkte Kempfert trocken. Er stand auf und klopfte seine Pfeife aus.

»Von mir aus kann sie ja auch tun und lassen, was ihr Spaß macht«, begehrte Haug auf, »nur, wenn sie mich am langen Arm verhungern läßt und gleichzeitig mit der anderen Hand mit Busche Händchen hält, dann nehme ich ihr das ganze aufopfernde Getue nicht mehr ab. Das ist doch nicht normal! Wir, wir lieben uns doch, Himmel noch mal!« Er war in seiner Erregung aufgesprungen und stand nun vor Kempfert. Kempfert hob ratlos die Schultern.

»Tja, und was kann ich da Ihrer Meinung nach tun? Ich bin schließlich nicht ihr Vater!«

»Ich dachte, Sie könnten so etwas wie den Schiedsrichter spielen zwischen uns. Wenn wir allein miteinander reden, dann legt jeder die alten Platten auf, und nach drei, vier Rollen fängt es an zu kratzen. Wir kriegen ständig Krach!«

Kempfert seufzte und stand auf.

»Ob ich mich als Eheberater für Unverheiratete eigne, weiß ich zwar nicht, aber bitte! Wenn Sie in Kauf nehmen, daß ich ab und zu die Bibel zitiere, da steht zu diesem Thema eine Menge drin!«

»Das war vor 4000 Jahren vielleicht mal aktuell«, brummte Haug ablehnend, während Kempfert zur Tür ging und nachschaute, ob Annemarie noch beim Frühstück war.

»Fräulein Bieler, können Sie mal kommen bitte?« Er wandte sich wieder an Haug.

»Was in der Bibel steht, haben die Leute schon vor viertausend Jahren nicht begriffen, geschweige denn danach gehandelt«, wies er seinen Organisten zurecht.

Annemarie stand unter der Tür und schaute Friedhelm zornig an.

»Ja?«

Kempfert machte eine einladende Geste zum Sofa und schloß die Tür zur Küche, was am Küchentisch draußen sofort zu wildesten Spekulationen Anlaß gab.

»Ich glaube, es ist soweit«, flötete Frau Bebel, »der Friedhelm bestellt das Aufgebot!«

»Es wird aber auch Zeit«, meldete sich Theo Stutz und zog vielsagend die Augenbrauen hoch.

Charly, der auf Kempfert wartete, weil er ihm den Beiwagen vorführen wollte, den er organisiert und an seine Moto Guzzi für ihn montiert hatte, steckte den letzten Bissen des Marmeladebrötchens in den Mund.

»Ich weiß, warum es der Haug plötzlich so eilig hat«, verkündete er vielsagend, »ich sage nur ›Porsche Cabriolet‹.«

Frau Bebels Augen weiteten sich.

»Leo Busche und Annemarie! Ich glaube, du siehst Gespenster, Charly!«

»Geisterstunde war schon, aber Gespenster waren das keine, die ich da nachts um zwölf auf der Mainbrücke überholt habe!« konterte Charly.

Diese Meldung war Wasser auf Theo Stutz' Mühle.

»Wann?« wollte er wissen.

»Samstag vor einer Woche«, antwortete Charly gelassen.

»Ich hab's ja geahnt! Diese Annemarie hat es faustdick hinter ihren Ohren. Dabei sieht sie aus, als könnte sie kein Wässerchen trüben!« Stutz ärgerte gerade dieser Umstand am meisten. Er fühlte sich persönlich hintergangen und in seiner sprichwörtlichen Menschenkenntnis, die er sich in dreißig Jahren in seinem Salon erworben zu haben glaubte, zutiefst getäuscht.

August, der sich bisher aus allem herausgehalten hatte, um Frau Bebel nicht darauf aufmerksam zu machen, daß er sich schon das dritte Brötchen schmierte, ließ sich nun auch vernehmen.

»Ja, ja die Liebe! Wo die hinfällt, da wächst kein Gras mehr«, sinnierte er und zog sich mit dieser philosophischen Bemerkung jetzt Elses Zorn zu, die die Spülbürste ins Wasserbecken warf, daß es spritzte, und ihn anfuhr: »Oh, Herr Hähnlein! Ich würde sagen, Sie legen das Brötchen wieder hin und fangen im Garten mit Ihrer Arbeit an!«

August stand schnell auf. Mit der Frau Kempfert wollte er es sich auf keinen Fall verderben.

»Das hat man davon, wenn man freiwillig seine Dienste anbietet. Aber das hat ja Gott sei Dank bald ein jähes Ende, wenn ich nämlich nächste Woche weiterziehe. Die Krokusse blühen schon!« August war schon an der Tür, als jetzt auf einmal die Tür zum Büro aufgerissen wurde und Annemarie herauskam.

Sie hatte einen roten Kopf und rief ins Büro zurück: »Und das lasse ich mir von keinem vorschreiben! Auch von Ihnen nicht, Herr Kempfert!« Sie schlug die Tür zu und ging, ohne links oder rechts zu schauen, an August vorbei, der ihr die Tür aufhielt. Die Frühstücksteilnehmer am Küchentisch schauten sich verblüfft an. So kannten sie Annemarie gar nicht. Nur Charly nickte beifällig.

»Sehr richtig! Diese Orgelpfeife von Organisten würde ich auch nicht heiraten!«

»Charly!« wies ihn Else zurecht.

Frau Bebel stand auf.

»Dann ist ja vielleicht doch was Wahres dran mit dem Herrn Busche«, seufzte sie und trug ihren Teller zur Spüle.

Else hielt es nicht mehr aus. »Also Schluß jetzt mit dem Gequatsche! Charly, Sie spülen weiter und Sie, Frau Bebel, sind so nett und holen die Blumen von der Gärtnerei Schmidt, ja?«

Das paßte Charly gar nicht in den Kram.

»Ich muß doch gleich mit dem Pfarrer weg, Frau Kempfert!«

»Nichts da«, schüttelte Else den Kopf, »bis der Herr Haug sich da drinnen ausgeweint hat, haben Sie das bißchen

Geschirr längst im Schrank. Los, los!« Sie fischte die Spülbürste aus dem Wasser und drückte sie Charly in die Hand, aber der ging erst mal zum Fenster, weil man das satte Motorengeräusch eines Porsche hörte.

Leo Busche war vorgefahren und parkte neben Charlys Maschine. Er stieg aus und schaute sich fachmännisch den Beiwagen an.

August kam mit dem Spaten über der Schulter aus dem Tor und stellte sich neben Busche.

»Tag«, sagte Busche und wollte gehen.

»Sie müssen Leo Busche sein«, bremste ihn August und schaute ihn von Kopf bis Fuß an.

»Ja! Wieso?« fragte Leo erstaunt.

»Nichts, nichts ... nur so!« wiegelte August schnell ab und stiefelte davon.

Bevor sich Leo von seinem Erstaunen erholen konnte, sprach ihn Frau Bebel an, die mit den beiden Blumenkörben durchs Tor kam.

»Ah, der Herr Busche! So ein Zufall, gerade haben wir von Ihnen gesprochen!« lächelte sie süßlich.

»Guten Morgen«, begrüßte Leo die alte Frau, »kennen wir uns?«

»Vom Sehen, ich bin hier die Küsterin!« antwortete sie und trat näher. »Die Annemarie, falls Sie sie suchen sollten, sie ist oben im Wohnzimmer!«

Sie hätte gerne noch mehr gesagt, aber da sah sie Friedhelm Haug aus dem Pfarrhof kommen und ging schnell weiter.

Leo wurde es allmählich unheimlich. Er ging auf Haug zu und begrüßte ihn. Aber der stieg auf sein Fahrrad und ließ Leo stehen.

»He! Was ist denn los!« rief Leo ihm nach.

»Das kann ich Ihnen sagen«, hörte er Kempferts Stimme hinter sich, »aber nicht hier! Kommen Sie, wir gehen in die ›Eberburg‹.«

Leo blieb stehen.

»Erst will ich wissen, was los ist!«

Kempfert nahm ihn beim Arm und zog ihn mit sich.

»Das Pfarrhaus ist ein einziger Porzellanladen, und Sie sind der Elefant!«

Leo gab nach und folgte Kempfert hinüber zum Wirtshaus. Charly kam hinterhergerannt.

»Herr Pfarrer!«

Kempfert drehte sich um.

»Gleich, Charly! Ich habe nur kurz etwas mit Herrn Busche zu erledigen!« rief er zurück und hielt Leo die Tür. Charly kehrte enttäuscht um.

Auch in der Eberburg war dicke Luft. Hinter Trude, die dabei war, die Kaffeemaschine in Gang zu setzen, stand Kurt Maiwald und war außer sich.

»Soll das heißen, Marion ist heute nacht nicht heimgekommen!« brüllte er.

Trude, die Kempfert und Busche hereinkommen sah und nicht wollte, daß der Herr Pfarrer Zeuge dieser Familientragödie wurde, wies ihren Mann zurecht.

»Jetzt reg dich nicht auf«, zischte sie, »und vor allem nicht so laut!«

Aber Maiwald war schon auf hundertachtzig und nicht so schnell auf Zimmerlautstärke zurückzubringen.

»Ich bin ganz ruhig«, brüllte er, »ich habe es zwar kommen sehen, aber ich bin ganz ruhig. Meine Tochter treibt sich mit einem dahergelaufenen Südländer herum, aber ich bin die Ruhe selbst. Ich habe ja auch nichts zu sagen! Die Mama hat das ja alles erlaubt, aber ich bin ganz ruhig ...«

Trude hätte ihm am liebsten mit seinem nassen Handtuch den Mund gestopft, aber Kurt wandte sich jetzt Kempfert und Busche zu.

»Wir haben noch geschlossen! Sehen Sie das nicht!«

Trude stieß ihm heftig ihren Ellenbogen in die Rippen und ging auf die beiden zu.

»Nein, nein! Setzen Sie sich ruhig, Herr Pfarrer. Der Kaffee ist gleich durch! Tag, Herr Busche!« Sie nahm die Stühle von einem Tisch am Fenster und stellte sie auf den Boden.

»Keine Umstände, Frau Maiwald«, entschuldigte er sich und half ihr.

Trude war das peinlich.

»Wir sind heute etwas spät dran. Der Kurt muß noch in die Markthalle, dann haben wir Ruhe!« Sie warf ihrem Mann einen kurzen Blick zu und wischte dann den Tisch blank.

»Kann ich Sie nachher mal sprechen, Herr Kempfert?«

Kempfert setzte sich. »Natürlich, Frau Maiwald!«

Auch Leo setzte sich, und Kempfert schaute ihn fragend an.

»Kaffee für Sie?«

Leo schüttelte den Kopf. »Ein Orangensaft wäre mir lieber!«

»Und für mich einen Kaffee. Schwarz, bitte!«

Trude Maiwald nickte und ging. Auf dem Weg zum Tresen stellte sie noch die restlichen Stühle runter, um ihrem Mann keine Gelegenhiet zum Schimpfen zu geben. Aber er hatte sich wohl beruhigt.

»Brauchst du was Bestimmtes aus der Markthalle?« brummte er, bevor er ging.

»Schalotten, wenn es welche gibt, und Pilze! Aber keine wilden, die sind verstrahlt!« rief sie ihm nach.

Leo Busche wartete auf eine Erklärung. Kempfert wich seinem Blick aus und tat so, als ob er Maiwald nachschaute.

»Also jetzt sagen Sie endlich, was passiert ist!«

Kempfert schaute ihn an. Wie sollte er Busche das beibringen, ohne ihn zu vergraulen. Er brauchte ihn, weil er, was das Werk Eberstadt anging, einiges mit ihm vorhatte, und er wollte nicht, daß diese leidige Affäre alles verdarb.

»Herr Kempfert!« Leo wurde nun wirklich ungeduldig.

»Um es kurz zu machen. Friedhelm Haug hat den Verdacht, daß Ihnen seine Annemarie nicht gleichgültig ist!«

»Den Verdacht habe ich auch«, erwiderte Leo lakonisch, »warum glauben Sie, gehe ich jeden Sonntag in die Kirche!«

Kempfert hatte Mühe, sich an Leos leichte Art zu gewöhnen, mit der er alles von sich abschüttelte.

»Also, ich will ab sofort nichts mehr damit zu tun haben, wer wen liebt oder wer wen nicht liebt! Nur eins sage ich Ihnen, wenn Sie mir meinen Organisten vergraulen, dann spielen Sie die Orgel in St. Augustin! Ist das klar?«

Leo grinste. »Also gut, ich werde ab sofort Orgelunterricht nehmen.«

Kempfert holte tief Luft, um seinen Zorn loszuwerden, aber da kam Trude mit dem Orangensaft und dem Kaffee und stellte auch noch einen Kuchenteller vor Kempfert.

»Das letzte Stück von gestern, aber die Sahne ist frisch!« lächelte sie freundlich.

»Aber Frau Maiwald«, stöhnte Kempfert gequält auf, »Sie wissen doch, ich . . .«

»Ein Stück macht nicht dick und wo Sie doch immer so nett zu meinem Hans Peter sind! Das wird gegessen!« Sie legte die Kuchengabel neben den Pflaumenkuchen und ging.

Kempfert schob Leo den Teller hin.

»Wollen Sie?« bot er an.

»Um Himmels willen«, wehrte Busche mit beiden Händen ab, »da muß ich ja drei Stunden Squash spielen, um so was wieder rauszuschwitzen.«

Kempfert zog den Teller wieder zu sich und seufzte.

»Es ist zum Verrücktwerden! Ständig zwingen mich die Leute zum Essen, und ich sehe doch weiß Gott nicht so aus, als wäre ich am Verhungern! Oder?«

Busche zuckte mit den Achseln.

»Die Leute haben Sie halt gern!«

Kempfert begann zu essen.

»Na ja! Dann laß' ich eben das Mittagessen ausfallen«, sagte er kauend und fuhr fort: »Also, vergessen wir mal diese Liebesgeschichten! Erzählen Sie mir lieber von Dannecker!«

Leo nippte an seinem Orangensaft.

»Was soll sein? Die ganze Woche sind draußen im Werk die Umweltexperten rumgekrochen, aber das ist ja nicht das erste Mal und bestimmt kein Problem. Die zahlen wie jedes Jahr ein paar tausend Mark Strafe, und schon raucht der Schornstein wieder!«

Kempfert legte die Gabel weg.

»Ja, lesen Sie denn keine Zeitung!« empörte er sich über Leos Lässigkeit. »Mit ein paar tausend Mark ist es diesmal nicht getan, mein Lieber! Die Behörde will ein Exempel statuieren und entweder kommen die Filter rein oder die Firma muß die Gehäusegießerei stillegen. So sieht das aus!«

Leo traute seinen Ohren nicht. »Was? Dann kann der Betrieb zumachen!«

»Das sag' ich doch!« rief Kempfert, »Und Sie haben nichts Besseres zu tun, als Squash zu spielen und meiner Gemeindereferentin den Kopf zu verdrehen!«

Aber Leo hörte Kempfert nicht zu. Er schaute aus dem Fenster und spielte abwesend mit dem Salzstreuer.

»Herr Busche! Sagen Sie was!«

Leo stellte den Salzstreuer mit einem Knall auf den Tisch.

»Dieses raffinierte Luder!« sagte er und schüttelte den Kopf.

»Wie?«

»Nichts«, winkte Leo ab, »ich habe nur laut gedacht. Na ja, das ändert natürlich die Sachlage. Wenn der alte Dannecker auch noch ein paar Millionen in eine Filteranlage stecken muß, dann sehe ich wirklich schwarz für Eberstadt, und seine Tochter hat zwei Fliegen mit einer Klappe erwischt!« Er lächelte Kempfert an, der ihn etwas ratlos anschaute. »Die eine ist Werk Eberstadt, und die andere bin ich!«

Kempfert steckte das letzte Stück vom Kuchen in den Mund und biß zu. Es knirschte, und er schrie auf.

»Autsch!« Er hatte auf einen Pflaumenkern gebissen und natürlich mit dem Zahn, in dem er die Plombe hatte.

»Das hat man davon, wenn man wider besseres Wissen und Gewissen einen Pflaumenkuchen essen muß! Jetzt ist die Plombe endgültig raus!« jammerte er, als er den Stein vor sich auf den Teller legte.

»Und so was passiert auch grundsätzlich am Wochenende, wenn kein Zahnarzt aufzutreiben ist«, bedauerte ihn Leo, aber Kempfert winkte ab.

»Dannecker, Herr Busche! Es muß doch eine Möglichkeit geben! Eberstadt ist doch bestimmt nicht die erste Firma, die

Sie sanieren, oder!« Er schaute Busche flehend an. Leo schüttelte langsam den Kopf.

»Ich kann vielleicht einen Schnupfen kurieren oder ein gebrochenes Bein, aber keine galoppierende Schwindsucht!«

Kempfert konnte und wollte nicht aufgeben. »Ich habe zwar gerade geschworen, mich nie in Liebesdinge einzumischen, aber hat nicht der alte Dannecker ein Auge auf Sie geworfen? Ich meine ja nur, falls da was dran sein sollte mit Ihnen und Fräulein Dannecker, dann wären Sie doch im Werk am Drükker!« spekulierte er hoffnungsvoll.

»Also, Herr Pfarrer«, drohte Leo mit dem Finger, Kempfert wurde verlegen.

Man hörte die Tür gehen und gleich darauf Frau Maiwalds aufgeregte Stimme.

»Ja, Marion! Endlich!«

Kempfert und Leo wandten sich zur Tür, durch die jetzt hinter Marion Maiwald ein dunkelhaariger und gutaussehender junger Mann hereinkam.

Leo trank seinen Orangensaft aus und stand auf.

»Ich muß los! Aber ich werde mal sondieren, was die Werksleitung vorhat«, sagte er abschließend und suchte in seiner Tasche nach Kleingeld.

»Lassen Sie stecken! Wie ich Frau Maiwald kenne, war das alles für Gotteslohn!« sagte Kempfert und stand auch auf.

Leo reichte ihm die Hand und grinste. »Leider zahlt Gott gewöhnlich unter Tarif!«

Kempfert blieb ernst.

»Mir ist nicht nach flotten Sprüchen zumute, Herr Busche!« sagte er. »Die Lage ist wirklich ernst!«

»Ich rufe Sie an, sobald ich mehr weiß!« versicherte Leo und winkte noch kurz Frau Maiwald zu, aber die war zu beschäftigt mit ihrer Standpauke, mit der sie ihre Tochter malträtierte. Erst als die Tür ging, schaute sie herüber und rief: »Ja, halt, Herr Kempfert! Oder haben Sie keine Zeit?«

»Ach so!« fiel es Kempfert ein und er kam zurück. »Zeit habe ich zwar keine, aber was kann ich für Sie tun?« Er seufzte und betastete seinen Kiefer mit den Fingern. Die fehlende Plombe fing an ihm Schmerzen zu bereiten.

»Es handelt sich um meine Tochter, Herr Kempfert!« begann Trude eine Geschichte, die länger dauern sollte, und bot Kempfert Platz am Stammtisch an. Kempfert sah durchs Fenster hinüber zum Pfarrhaus. Charlys Motorrad war weg. Er hatte wohl aufgegeben, auf Kempfert zu warten. Aber dafür stand Leo Busches Porsche immer noch da und sein Besitzer verschwand gerade in der Toreinfahrt des Pfarrhauses.

Der Schmerz in Kempferts Kiefer verstärkte sich prompt, als er an Annemarie dachte.

⋆

Frau Bebel, die auf dem Rückweg von Blumen-Schmidt ein längeres Gespräch mit der völlig aufgelösten Frau Pfeiffer gehabt hatte, zeigte Annemarie gerade das Foto von Pfeiffers entlaufenem Pudel Maxi, das sie im Schaukasten an der Kirche anbringen sollte.

»Und wissen Sie, was der Bardusch gesagt hat«, schimpfte sie empört, »wir können doch nicht das Foto von jedem entlaufenen Hund oder verflogenen Wellensittich auf die Titelseite bringen!«

Annemarie hörte nur mit einem Ohr zu, denn sie hörte Schritte im Flur.

»Aber sonst drucken die alles, jeden Mord und Totschlag! So eine tragische Tiergeschichte, das interessiert die Leute doch viel mehr. Aber wenn die beiden Rentner dann vor lauter Verzweiflung den Gashahn aufdrehen, weil ihr einziger Freund, der Maxi, nicht mehr heimkommt, dann ist der Bardusch gleich da mit seinem Fotoapparat.«

Es klopfte an der Tür.

»Ich hoffe, ich störe nicht!« sagte Leo Busche fast schüchtern, als er ins Zimmer trat.

»Nein, nein«, antwortete Frau Bebel für Annemarie und nahm ihre Blumenkörbe vom Küchentisch. »Ich muß sowieso in die Kirche, die Blumen müssen ins Wasser!«

Sie zwinkerte Leo im Vorbeigehen noch kurz zu, und er schloß die Tür hinter ihr.

Annemarie war ins Büro nebenan gegangen. Leo folgte ihr.

»Ich will ja nur mit Ihnen reden, sonst gar nichts«, fing er an.

Aber Annemarie zog das Telefonbuch heraus und begann nach einer Nummer zu suchen. Leo trat zu ihr.

»Annemarie! Ich glaube, Sie machen sich ein völlig falsches Bild von mir«, drängte er.

»So, finden Sie!« antwortete sie, ohne aufzuschauen.

»Ja«, entgegnete Leo fast heftig, »ich bin nicht der, den Sie sehen! Was Sie sehen ist ein englischer Maßanzug und ein Vierundfünfzigmark-Haarschnitt! Die Fassade von Busche und Partner, Unternehmensberatung Engros und Detail! Aber hinter der Fassade ist Leo Busche, und wenn Sie sich die Mühe machen würden, genauer hinzusehen, dann würden Sie ihn auch sehen!«

Das Telefon begann zu läuten. Annemarie wollte abnehmen, aber Leo legte die Hand auf den Hörer.

»Geben Sie mir eine Chance, Annemarie! Mehr will ich nicht!«

Wieder läutete das Telefon. Annemarie gab nach.

»Ich weiß zwar nicht, was Sie sich davon versprechen, aber gut. Um ein Uhr habe ich Pause. Treffen Sie mich unten am Mainufer, bei der Brücke!«

Leo lächelte, nahm den Hörer ab und reichte ihn ihr.

Annemarie meldete sich.

»St. Augustin! Tut mir leid, Herr Bardusch, aber der Herr Kempfert ist nicht da!«

Leo benutzte die Gesprächspause, um sich zu verabschieden.

»Danke«, flüsterte er und winkte ihr von der Tür aus zu.

»Samstags ist es immer schlecht«, erwiderte jetzt Annemarie dem Anrufer, »aber ich werde es ihm ausrichten! Wie war die Nummer?« Sie notierte die Zahlen auf dem Rand des Telefonbuches und richtete sich wieder auf. »Ja! Herr Kempfert ruft zurück! Wiederhören!«

Sie legte auf und schloß die Tür, die Leo offengelassen hatte. Warum hatte sie sich wieder überreden lassen? Was wollte er von ihr! Alle wollten sie etwas von ihr, dachte sie bitter. Und zu wem kann ich gehen? Mit wem kann ich reden?

Sie schaute Leo nach, der vor dem Pfarrhaus in seinen Wagen stieg und lospreschte. Beinahe wäre er mit dem Kombi von Kurt Maiwald zusammengestoßen, der gerade von der Markthalle zurückkam und die Kurve vor der Eberburg etwas weiter nahm, damit die Kisten, die er hinten gestapelt hatte, nicht verrutschten. Vor Schreck drückte er anhaltend seine Hupe. Annemarie trat vom Fenster zurück und zog ihren Mantel an. Sie hatte versprochen, Else im Garten zu helfen. Sie legte Kempfert noch Barduschs Telefonnummer hin mit drei Ausrufezeichen. Wo steckte der Pfarrer nur wieder!

Kempfert »steckte« bis zum Hals in einer neuen »Liebesgeschichte« und versuchte, im Sinne der aufgeregten Trude auf die viel zu stürmisch verlaufene Beziehung von Marion und dem jungen Spanier einzuwirken. Enrice arbeitete bei Elektro-Hauff als Fernsehelektroniker, wo er im Hinterzimmer die in Zahlung gegebenen Schwarzweißfernseher der Eberstädter Bevölkerung reparierte, die Hauff dann an ärmere Einwohner und als Zweitgeräte für Halbwüchsige weiterverkaufte. Im Augenblick hatte Enrice allerdings alle Hände voll zu tun, sein eigenes »Bild« zu reparieren, das durch das nächtliche Ausbleiben Marions mehr als gelitten hatte. Marion, die ihrem Freund dabei helfen wollte, hatte ihrer Mutter vorgeschlagen, dann eben zu heiraten, wenn ihre Eltern mit Marions »Nachtleben« moralische und, wie sie betonte, spießbürgerliche Probleme hätten, ein Vorschlag, der Trude hektische rote Flecken auf die Gesichtshaut trieb.

»So einfach, wie ihr euch das vorstellt, ist das nicht«, mahnte Kempfert, »so eine Ehe ist kein Kinderspiel! Wartet doch wenigstens, bis Enrice die Gesellenprüfung in der Tasche hat!«

»Oh Gott!« rief Trude entsetzt. »Der Papa! Schnell raus

hier!« Sie zog Enrice vom Stuhl hoch und schob gleichzeitig Marion an: »Und du gehst auf dein Zimmer!«

Dieses verlogene Versteckspiel paßte Kempfert nun überhaupt nicht. Er hatte nicht eine Stunde hier den Familientherapeuten gespielt, damit jetzt alles wieder in der Nachttischschublade versteckt wurde.

»Halt!« rief er und stand auf. »Mit dieser Heimlichtuerei wird alles nur noch schlimmer!«

Die anderen starrten ihn mit großen Augen an. Er wandte sich an Trude.

»Irgendwann wird Ihr Mann es doch erfahren, und was dann? Er ist zwar ein ganz einfacher Mensch, aber dumm ist er auch nicht, und daß seine Tochter sich mal irgendwann verlieben wird, damit muß er schließlich als Vater rechnen!«

Kempfert bekam seinen Satz gerade zu Ende, als Kurt Maiwald die Tür mit seinem Rücken aufdrückte und mit vier Gemüsekisten auf den Armen hereinkam. Verblüfft blieb er stehen, als er der Versammlung am Stammtisch gewahr wurde. Kempfert ging auf ihn zu und versuchte, der Situation die gefährliche Spitze zu nehmen.

»Herr Maiwald«, beruhigte er den Wirt, »bevor Sie jetzt etwas sagen, was Ihnen hinterher leid tut, möchte ich Sie bitten, erstmal in aller Ruhe ...«

Aber das Stichwort »Ruhe« bewirkte bei Maiwald genau den gegenteiligen Effekt. Er schob Kempfert mit den Kisten vor dem Bauch einfach zur Seite, knallte sie auf den Tisch, und ging auf seine Tochter zu.

»Kurt«, schrie Trude angstvoll, aber da war es schon passiert. Marion, die ihrem Vater aufreizend gelassen entgegen geschaut hatte, wurde von der ersten Ohrfeige ihres Lebens überrascht. »Auf dein Zimmer!« brüllte Kurt.

Marion hielt ihre brennende Backe und starrte ihren Vater ungläubig an.

»Los! Wird's bald!«

»Herr Maiwald«, sagte Kempfert traurig, »genau das wollte ich verhindern!«

Trude wollte den Arm um ihre Tochter legen, aber Marion stieß sie von sich und rannte hinaus in den Flur.

»Marion!« rief Enrice ihr nach, und er wollte ihr folgen, aber Maiwald packte ihn am Arm.

»Und du haust ab. Am besten gleich bis nach Spanien! Capisco?«

So geht man nicht mit heißblütigen Spaniern um, und Maiwald wäre beinahe umgefallen, als Enrice sich losriß und Maiwald vor die Brust stieß.

Kempfert konnte gerade noch dazwischengehen, sonst hätte es die schönste Rauferei gegeben. Er hielt den schäumenden Maiwald fest und bedeutete Enrice mit hektischen Kopfbewegungen, sich zu entfernen.

Trude klammerte sich jetzt auch an Kurt und schüttelte ihn durch.

»Ja, bist du jetzt völlig übergeschnappt? Was fällt dir ein, das Kind zu schlagen!«

»Auf Wiedersehen, Frau Maiwald!« verabschiedete sich Enrice an der Tür, um zu zeigen, daß er sich von Kurt nicht einschüchtern ließ, was Maiwalds Zorn wieder auf Hochtouren brachte.

»Hau ab, oder ich …«

»Herr Maiwald«, brüllte nun auch Kempfert, »beherrschen Sie sich doch! Aber bitte, wenn Sie jemanden brauchen, an dem Sie Ihren Zorn auslassen wollen. Bitte! Ich stehe zur Verfügung!«

Maiwald starrte Kempfert an. Die Adern an seinen Schläfen waren dick geschwollen, und er mahlte mit dem Kiefer. Aber dann schlug er doch nicht zu, sondern zischte seine Frau an.

»Sag dem Herrn, er soll sich um seinen eigenen Kram kümmern!«

Er griff nach den Kisten auf dem Tisch und stapfte in Richtung Küche davon. Kempfert ging ihm nach.

»Herr Maiwald! Was sollen die Kinder denn machen, wenn sie nicht mal zum eigenen Vater kommen können mit ihren Problemen?«

Maiwald drehte sich mit dem Rücken zur Schwingtür um und lächelte böse.

»Und noch etwas! Ab sofort haben Sie bei mir Lokalverbot! Ihr habt mich doch auch exkommuniziert. Also! Raus hier!«

Er stieß die Tür mit seinem Hintern auf und verschwand in der Küche. Kempfert starrte auf die pendelnde Tür, aber als er schon ansetzte, um Maiwald zu folgen, hielt ihn Trude zurück.

»Lieber nicht, Herr Pfarrer! So kenn' ich ihn gar nicht! Vielleicht gehen Sie jetzt doch lieber! Ich muß nach dem Kind schauen.«

»Tut mir leid, Frau Maiwald, aber damit habe ich nicht gerechnet. Ich dachte immer, mit Offenheit fährt man besser.« Er versuchte, trotz seiner Zahnschmerzen zu lächeln. »Aber das klappt wohl nur im Beichtstuhl!«

»Er hat Marion noch nie geschlagen. Sie ist doch sein ein und alles!«

Kempfert nickte nur und ging dann langsam zur Tür hinaus.

*

Als Kempfert ins Pfarrhaus zurückkam, war nur Else da, die in der Küchenspüle ihre verschlammten Gartenschuhe abbürstete.

»Es wird Frühling«, strahlte sie Kempfert an, »die Krokusse schlagen aus.«

Kempfert lachte trocken auf.

»Ja, daran wird es liegen! Am Frühling! Der Herr Maiwald hätte mich aber am liebsten mit bloßen Händen erwürgt, nur weil seine Tochter sich verliebt hat, und unser Herr Organist glaubt anscheinend auch, daß ich für seine Liebesprobleme verantwortlich bin. Wenigstens die Annemarie liebt nur ihre Arbeit«, betonte er ironisch, »und macht hintenherum dem Leo Busche Hoffnungen! Alles der Frühling! Wenn das so ist, dann können wir uns auf einen heißen Sommer gefaßt machen!«

Else hatte ihrem Bruder mit immer größer werdenden Augen zugehört und stellte nun den Wasserhahn ab, der hinter ihr immer noch unbenutzt weitergelaufen war, und ging, ihre nassen Hände an der Schürze abwischend, auf Kempfert zu.

»Aber Adam!« Sie wollte ihre Hand auf seine Wange legen, aber er wich schnell zurück.

»Nicht!«

Else hielt konsterniert inne.

»Was hast du denn?«

»Zahnweh«, sagte Kempfert und ging in sein Büro und ließ sich in seinen Stuhl fallen. Auf der Schreibunterlage fand er Annemaries Telefonnotiz.

»Zahnweh?« Else war ihm nachgekommen.

»Schon gut!« wehrte Kempfert ab. »Viel mehr Schmerzen bereitet mir dieser idiotische Artikel von Bardusch. Wenn er so weitermacht, dann ist Eberstadt erledigt, noch bevor wir etwas unternehmen können!«

Else hatte nach der Zeitung auf dem Tisch gegriffen und las kurz.

»Er hat doch recht! Wer Dreck macht, der soll ihn auch wieder wegputzen. Ich tu das doch auch!«

Kempfert hatte keine Lust mit seiner Schwester über die Diskrepanz zwischen gesundem Menschenverstand und gewinnorientierter Unternehmensführung zu diskutieren, obwohl sie zweifellos recht hatte, und begann die Nummer der Lokalredaktion zu wählen.

»Ich habe doch recht! Oder?« bohrte Else weiter. »Daß es auf der Welt überhaupt ein Umweltproblem gibt, liegt doch nur daran, daß alle nur Dreck machen und keiner putzt!«

Kempfert winkte ab, weil Bardusch sich am anderen Ende meldete.

»Kempfert! Ja, natürlich habe ich den gelesen, und ich teile Ihre journalistische Begeisterung überhaupt nicht. Was heißt hier objektiv, Herr Bardusch! Es nützt doch keinem etwas, wenn man recht hat. Das ist wie im Straßenverkehr: Sie mögen zwar das Recht auf Vorfahrt haben, aber wenn Sie dem anderen einfach an den Kotflügel fahren, wem ist dann geholfen?!«

Hinter Else tauchte nun auch Frau Bebel auf, mit einem

Strauß in der Hand, den sie von den übriggebliebenen Altarblumen gebunden hatte.

»Bitte gern, fragt sich nur warum«, fuhr Kempfert nach einer Weile mit ruhigerer Stimme fort und blätterte in seinem Terminkalender. »Na gut, ich komme vorbei! So gegen drei! Bis dann, Herr Bardusch!« Er legte auf und schaute Frau Bebel an, die jetzt aufgeregt auf ihn zukam.

»War das der Bardusch? Also wenn Sie mich fragen, das ist ein ganz brutaler, herzloser Mensch!«

Kempfert berührte seinen hohlen Zahn vorsichtig mit der Zunge und das Loch, das er mit der Spitze fühlte, war so groß wie das Loch in seiner Pfeife.

»Da komme ich extra zu ihm und bringe ihm das Foto von Pfeiffers Pudel, aber meinen Sie, der hilft denen, daß sie Maxi wiederkriegen! Also Herr Kempfert, Sie müssen die unbedingt besuchen, sonst passiert noch was Schlimmes. Ohne den Maxi kann die Frau Pfeiffer nicht leben!«

»Ja, was ist denn mit dem Hund?«

»Weg ist er! Spurlos verschwunden!« jammerte sie.

»Er hat doch bestimmt ein Halsband und eine Hundemarke. Der findet sich schon wieder«, versuchte Kempfert sie zu beruhigen.

»Eben nicht! Das ist doch abgerissen, als der Maxi dem Dalmatiner von Lehmanns nach ist. Das heißt, der Dalmatinerin!«

Kempfert mußte wider Willen lachen.

»Noch eine frühlingshafte Liebesgeschichte, wie!«

Frau Bebel schaute ihn streng an.

»Da gibt es nichts zu lachen. Für die Pfeiffers ist das so, als ob ihr Kind gestohlen worden wäre!«

Kempfert stand auf.

»Na gut, ich gehe vorbei. Und wo wohnen die Pfeiffers?«

»Gleich neben dem Blumen-Schmidt, Am Eberbach 7!«

»Und geh zum Zahnarzt!« mahnte Else. »Mit so was soll man nicht leichtsinnig sein!«

Kempfert nahm seine Aktentasche und ging zur Tür.

»Bis Montag werde ich schon durchhalten. Wo ist übrigens Charly?« fragte er noch.

»Der hat die ganze Zeit auf dich gewartet, dann ist es ihm wohl zu dumm geworden! Soll die Annemarie dich fahren?« bot Else an, aber Kempfert schüttelte den Kopf.

»Nein! Dann lauf' ich eben!« Er ging hinaus. Else schaute Frau Bebel seufzend an.

»Also heute gefällt er mir gar nicht! Er nimmt sich alles so zu Herzen und alle wollen was von ihm, Tag und Nacht! Er ist doch kein Wunderheiler oder Hellseher!« Sie warf die alten verwelkten Blumen in den Papierkorb und stellte Frau Bebels Strauß in die Vase auf Annemaries Tisch.

»Schon wieder Gladiolen?« monierte sie.

»Seit der Schmidt die neue Kühlvitrine hat, können wir froh sein, wenn er überhaupt noch was rausrückt! Wieso, was hat der Herr Pfarrer!« fragte sie besorgt.

»Zahnweh!« lenkte Else ab. Frau Bebel hätte sie sowieso nicht verstanden.

*

Kempfert war froh, aus dem Haus zu sein. Frühling lag in der Luft, und ein paar mutige Eberstädter Hausfrauen hatten schon ihre Federbetten und Kopfkissen ins Fenster gelegt.

Vor dem Schaufenster vom Elektro-Hauff blieb er kurz stehen. Er würde sich demnächst einen Fernseher zulegen müssen. Alle schauten sie fern in Eberstadt, und er mußte doch wissen, was in den Köpfen seiner Mitmenschen vor sich ging. Die Frage war nur, ob er überhaupt Zeit finden würde zum Fernsehen. So wie es bis jetzt aussah, blieben ihm nur die Stunden nach Mitternacht, und was lief da schon! Außerdem lagen um diese Zeit die Eberstädter längst in ihren gelüfteten Federbetten und schliefen.

Er bog in die enge Gasse ein, die von der Hauptstraße hinunter zum Eberbach führte, und blieb gleich wieder stehen. An einem renovierten Fachwerkhaus sah er nämlich ein verführerisches Emailleschild neben der Tür, auf dem in blauen Lettern zu lesen war:

Dr. med. dent. R. M. Wolf. Zahnarzt, Alle Kassen. Sprechstunde Mo.–Fr. 9–12, 15–17 Uhr.

Er könnte es ja mal versuchen, dachte er, und sein plombenloser Zahn stimmte heftig schmerzend zu. Auf sein Läuten antwortete die Stimme einer Frau.

»Ja?«

Kempfert beugte sich zur Sprechanlage über dem Klingelknopf und versuchte seiner Stimme einen verzweifelt geplagten Unterton beizumischen.

»Verzeihen Sie die Störung, aber ist der Herr Doktor da?«

»Die Praxis ist samstags geschlossen«, schnarrte die Sprechanlage, »um was handelt es sich denn?«

»Um einen Zahn mit einem Loch«, erwiderte Kempfert und legte noch etwas vom Unterton zu. »Ich will ja nur, daß er sich den Zahn mal anschaut, und wenn es Zeit bis Montag hat, komme ich eben am Montag wieder.«

Es entstand eine kleine Pause, aber dann schnarrte der Türsummer.

Als Kempfert den Flur betrat, kam ihm eine rüstige Frau so um die Fünfzig in einer Küchenschürze entgegen und schloß die Tür zur Praxis auf.

»Guten Tag«, grüßte Kempfert höflich, »Zahnschmerzen kennen leider kein Wochenende!«

Die Frau schien es eilig zu haben. Sie ließ Kempfert an sich vorbei.

»Kommen Sie bitte!«

In der Praxis roch es genau so, wie Kempfert befürchtet hatte, nach antiseptischen Putzmitteln und dem Angstschweiß schmerzgepeinigter Zeitgenossen.

Die Frau war zum Waschbecken in der Ecke gegangen und wusch sich die Hände.

»Na los! Setzen Sie sich!« sagte sie ungeduldig, und Kempfert dämmerte es, daß sie nicht die Haushälterin oder die Frau von Dr. Wolf war, sondern der Doktor selbst.

»Sie waren noch nie bei uns?« fragte sie, während sie die Hände abtrocknete.

Kempfert kletterte auf den Folterstuhl und legte den Kopf auf die Nackenstütze.

»Nein! Ich bin erst knapp vier Wochen in Eberstadt. Ich bin der neue Pfarrer von St. Augustin.«

Frau Dr. Wolf trat neben ihn und schaute auf ihn herunter.

»Sie sind Dr. Kempfert?« fragte sie, und in ihrer Stimme klang Erstaunen mit.

»Ja!« nickte Kempfert.

Sie nickte und griff nach ihrem Sondierinstrument. Kempfert öffnete den Mund. Während sie nun in seinem Mund herumstocherte, redete sie weiter.

»Nach allem, was ich so von meinen Patienten höre, machen Sie ziemlich viel Wirbel im Pfarrhaus. Ich glaube, ich muß mir auch mal eine Predigt von Ihnen anhören ... na, Ihr Zahn sieht ja aus wie ein Kerzenleuchter!«

Sie legte das Instrument ab und griff nach dem Bohrer, der drohend über Kempferts Kopf an einem Schwingarm hing. Er bekam es nun doch mit der Angst zu tun.

»Muß das sein? Ich dachte, eine kleine vorläufige Füllung reicht übers Wochenende!« schlug er schüchtern vor. Aber schon fing das Gerät an zu surren und näherte sich seinem Mund.

»Als Theologe mögen Sie recht haben, aber die Zahnmedizin ist eine exakte Wissenschaft. Ich muß den Rest der alten Plombe entfernen. Also bitte!«

Kempfert holte Luft und öffnete dann gottergeben seinen Mund. Die Frau Doktor plapperte weiter.

»Was mich mal interessieren würde, Herr Pfarrer, ist, warum die Kirche immer noch glaubt, den Menschen von heute etwas geben zu können! Außer natürlich, ihnen eine perfekte Ausrede zu liefern, nicht selbst die Verantwortung für sich übernehmen zu müssen ... spülen Sie mal?« Sie setzte den Bohrer ab und wartete, bis Kempfert ausgespült hatte.

»Also, das finde ich unfair«, protestierte er, »Sie reden, und ich kann nicht antworten mit offenem Mund!«

Frau Dr. Wolf lächelte und stellte den Bohrer wieder an.

»Das ist das einzig Schöne an meinem Beruf! Sie sollten mal hören, was ich dem Herrn Dietz vom Finanzamt alles erzähle, oder dem Herrn Drexel, unserem laschen Abgeordneten. Aber was wollen Sie? Wenn Sie predigen, redet Ihnen doch auch keiner rein? Ist doch äußerst praktisch! Da können Sie den Leuten in aller Seelenruhe sagen, was gut und böse ist, wen man wählen soll und wie man es schafft, stillzuhalten. Trotz all der Ungerechtigkeit auf der Welt und im Leben hier auf Erden, weil ja spätestens im Jenseits alles wieder in Ordnung sein wird... so, noch mal spülen, bitte!« Sie hängte den Bohrer zurück und begann, in einer kleinen Porzellanschale die Füllung für Kempferts »Kerzenleuchter« zu mixen.

Kempfert stellte das Glas ab und schaute ihr zu.

»Wann waren Sie denn das letzte Mal in der Kirche?« fragte er schließlich.

»Wann waren Sie das letzte Mal beim Zahnarzt?« antwortete sie und hob die Augenbrauen. Kempfert wußte nicht, was er von ihr halten sollte. Sie mußte einmal eine schöne Frau gewesen sein und wäre es sicher heute noch, wenn nicht diese tiefen Falten um den Mund und um die Augen gewesen wären. Sie schaute ihn kurz an und lächelte bitter.

»Das hört man raus, was? Ja...«, nickte sie, »ich war katholisch! Aus bestem katholischen Haus, und es hat mich mein halbes Leben gekostet und einen Mann und beinahe auch noch meinen Verstand, bis ich endlich begriffen habe! Und dann bin ich ausgetreten!« Sie hatte begonnen, die Paste in Kempferts Zahn zu spachteln.

»So, beißen Sie mal fest drauf!« forderte sie ihn jetzt auf und strich den Rest in die Porzellanschale. Kempfert biß vorsichtig auf die Füllung.

»Drei Stunden nichts Festes essen, und falls Sie sich die Fortsetzung meiner traurigen Ausführungen anhören wollen, dann lassen Sie sich von meiner Helferin nächste Woche einen Termin geben.« Sie nahm Kempfert den Papierlatz ab, und er kletterte erleichtert vom Stuhl. Dann reichte er ihr die Hand.

»Und falls es Sie interessieren sollte, was ich zu diesem

Thema zu sagen habe, dann können Sie ja mal in meine Sprechstunde kommen: Montag bis Sonntag von Null bis 24 Uhr.«

Margarete nickte und lächelte leicht abfällig.

»Ja, ja! Der Seelendoktor! Aber keine Angst, ich kann die Schmerzen schon aushalten. Die Wahrheit tut eben weh.«

Sie wandte sich ab und ging zum Waschbecken. Kempfert folgte ihr. »Und was ist die Wahrheit?« Frau Dr. Wolf hielt inne.

»Die Wahrheit ist«, sagte sie und drehte den Wasserhahn auf, »daß jeder allein ist auf der Welt!« Sie begann ihre Hände zu waschen, als erwarte sie von Kempfert darauf keine Antwort mehr.

Kempfert schaute ihr ruhig dabei zu, bis sie aufhörte und zum Handtuch griff. Sie schaute ihn etwas unsicher geworden an. Kempfert lächelte freundlich.

»Vielleicht ist das auch nur die halbe Wahrheit!«

Die Frau Doktor hielt seinem Blick stand, griff aber nach einer Weile nach ihrer Schürze und band sie sich um, während sie Kempfert hinausbegleitete. Kempfert bedankte sich noch einmal, was sie nur stumm, mit einem abwesenden Nicken quittierte, und dann war er wieder auf der Straße, aber seine gute Stimmung war weg, zugespachtelt, wie sein Plombenloch. Der Zahnschmerz war zwar verflogen, aber dafür tat ihm jetzt der Gedanke weh, daß es immer die intelligenten, engagierten Menschen zu sein schienen, die der Kirche den Rücken kehrten.

Erst als er am Ende der Straße das Plätschern des Eberbachs hörte und er an das Rohrgeländer gelehnt, dem Spiel des grünen Wassers um die Fundamente der bemoosten Brücke eine Weile zugeschaut hatte, ließ der Schmerz in seinem Herzen nach. Es hilft nichts, dachte er, man muß eben weitergehen, ohne zurückzuschauen.

Und genau das tat er. Eberbach Nummer 7, und Kempfert läutete bei Pfeiffers. Während er wartete, versuchte er sich an den Namen des Hundes zu erinnern, aber er wollte ihm nicht einfallen.

Auch August Hähnlein hatte keine Ahnung, wie der Hund

hieß, der da vor ihm saß und mit diesen bekannt treuen Augen das Brötchen anstarrte, das August beim Frühstück im Pfarrhaus hatte mitgehen lassen und das er sich auf seiner Lieblingsbank in der Mainanlage gerade einverleiben wollte.

»Na, wer bist denn du?« fragte er den Pudel und brach ein kleines Stück von der Semmel. »Da, komm! Du sollst auch nicht leben wie ein Hund!« Er hielt den Happen hoch, und der Pudel machte brav »Männchen«, wie er es von Herrn Pfeiffer zu Hause gelernt hatte. August war beeindruckt.

»Gute Kinderstube! Wie?«

Der Pudel fing den begehrten Bissen in der Luft auf und wedelte kauend mit dem Schwanz. Nach und nach verfütterte der weichherzige Mann das ganze Brötchen an seinen neuen Freund und war damit so beschäftigt, daß er keine Augen für das Liebespaar hatte, das weiter vorne auf dem Uferweg stand.

Nun, es war ja auch kein Liebespaar, sondern nur Leo Busche, der auf Annemarie einredete, während sie dem tiefliegenden Frachtschiff nachschaute, das den Main hinuntertrieb.

»Ich denke, daß Sie drauf und dran sind, den größten Fehler Ihres Lebens zu machen«, sagte er mit leiser Stimme, »ich weiß, das klingt jetzt wieder dumm und arrogant, aber das ist nun einmal, was ich denke!«

Annemarie wandte sich zu ihm.

»Und fühlen?« erwiderte sie heftig. »Fühlen Sie ab und zu auch mal was?«

Bevor Leo dazu etwas einfiel, redete sie schon weiter. »Für Sie ist doch die ganze Welt ein Witz, über den Sie ständig selber lachen! Und mich finden Sie wahrscheinlich auch ganz witzig, mal so zur Abwechslung!«

»Nein«, sagte Leo ernst, »ich finde Sie überhaupt nicht witzig. Ich... liebe Sie nämlich!«

Jetzt war es raus, und Annemarie blieb kurz die Luft weg. Dieses Eingeständnis paßte überhaupt nicht zu einem Mann wie Busche, und sie wollte es auch nicht glauben.

»Ich liebe Sie so sehr, daß ich jetzt dastehe wie ein Idiot! Ich habe das noch niemand bisher gesagt! Anscheinend wußte ich nicht, was Liebe ist oder ich habe noch nie eine Frau richtig geliebt... bis jetzt eben! Und genauso habe ich mir das vorgestellt: Peinlich, sehr peinlich.« Er verzog das Gesicht schmerzhaft. »Na ja, aber nun ist es passiert und ich... liebe Sie! Und wenn Sie jetzt nicht sofort etwas sagen oder tun, dann springe ich in den Main. Sie können mich ja dann bei der nächsten Schleuse wieder rausfischen, falls Ihnen doch etwas an mir liegt!«

»Wie wäre es, wenn wir gleich zusammen ins Wasser gehen«, lächelte sie.

Leo tat begeistert. »Hand in Hand?«

»Mir ist danach zumute!« antwortete sie und sah ihn an.

Das ließ sich Leo nicht zweimal sagen. Er nahm Annemarie bei der Hand und zog sie die Böschung hinunter. Annemarie wehrte sich lachend.

»Herr Busche, bitte! Leo!«

Leo hielt an und wurde ernst.

»Annemarie!« sagte er leise.

Sie errötete etwas und versuchte abzulenken. »Eines muß man Ihnen ja lassen«, fing sie an, aber Leo unterbrach sie: *»Dir* lassen, wenn schon! Seit drei Sekunden sind wir per du! Du hast angefangen.« Annemarie atmete tief durch und begann ihren Satz von neuem. »Eines muß man dir lassen, langweilig bist du nicht!«

Leo trat näher und legte die Arme um ihre Hüfte.

»Du hältst mich auch ganz schön in Trab!« Er versuchte sie an sich zu ziehen, und nach kurzem Widerstand gab Annemarie nach.

»Ach Leo! Wir haben doch so gut wie nichts gemeinsam! Du arbeitest für die andere Seite da drüben!« sagte sie und schaute hinüber ans andere Ufer, wo sich die gläsernen Wolkenkratzer der City im Main spiegelten. »Und ich arbeite für die, hier am anderen Ufer!« Wie aufs Stichwort begannen die Glocken von St. Augustin zu läuten. Annemarie schaute auf ihre Armbanduhr.

»Da sehe ich keinen Unterschied«, sagte Leo schnell, »worauf es ankommt, ist doch letztlich nur, daß jeder gute Arbeit leistet! Egal, ob man für die Leute oder den lieben Gott arbeitet!«

Annemarie schaute auf.

»Du glaubst doch nicht etwa an Gott?« stieß sie hervor und versuchte sich von ihm loszumachen. Leo hielt sie aber fest.

»Siehst du«, lachte er traurig auf, »da unterschätzt du mich schon wieder! Glaubst du etwa, ich suche nicht wie du nach einem tieferen Sinn hinter allem? Du glaubst eben, daß du die Antwort schon gefunden hast. Ich bin noch nicht so weit, aber...«, er küßte sie sanft auf die Lippen, »ich habe dich gefunden, und das ist schon mehr als ich verkraften kann!«

Annemarie war von seinem Kuß überrascht worden und von der Zärtlichkeit, mit der seine Lippen ihre berührt hatten, und als er sich jetzt wieder näherte und sie an sich zog, gab sie nach, und es war ihr, als würde sie ins Wasser springen und davontreiben.

Weiter oben stand August auf und stopfte die Plastiktüte in seinen Kinderwagen, in dem er seine gesamte Habe transportierte. Der Pudel sprang erregt an ihm hoch und freute sich, daß es weiterging.

»Ist ja gut«, wehrte August ihn lachend ab, »du darfst ja mit. Mal sehen, ob ich uns im Pfarrhaus ein Stück von Frau Bebels Kuchen organisieren kann!« Er schob los, und der Hund lief aufgeregt neben ihm her.

»Aber wir müssen aufpassen, daß dich keiner sieht, gell? Sonst kriege ich Ärger mit der katholischen Kirche!« Der Hund begann zu bellen. Wahrscheinlich dachte er, es ginge nach Hause zu seinem Frauchen, aber selbst mit der Unterstützung von Kempfert und der Kerze, die Frau Bebel für Pfeiffers vor dem Bild des heiligen Augustin am Seitenaltar angezündet hatte, sollte das etwas länger dauern.

⋆

Kempfert schüttelte traurig den Kopf und versuchte die völlig gebrochene Frau Pfeiffer zu trösten.

»So etwas dürfen Sie nicht einmal denken, Frau Pfeiffer! Der

Maxi ist nicht der erste Hund, der mal rumstreunt und dann plötzlich vor der Türe steht!« Kempfert hatte seinen Stuhl näher zu ihr gezogen und legte seine Hand nun auf die magere Hand der alten Frau, der die Tränen jetzt noch schneller über die Wangen liefen.

»Nicht unser Maxi! Der ist kein gewöhnlicher Hund, Herr Pfarrer!« schluchzte sie und zog ihre Hand zurück, um sich die Nase zu schneuzen.

Kempfert wußte bald nicht mehr, was er sagen sollte, aber er versuchte es trotzdem.

»Das glaube ich Ihnen gern, aber auch wenn er jedes Wort versteht und Ihrem Mann die Zeitung ans Bett bringt und was weiß ich noch alles kann, deshalb ist er trotzdem nur ein Hund, und wegen einem Hund dürfen Sie nicht alles ... wegwerfen!«

»Ich habe nichts mehr zum Wegwerfen!« sagte sie plötzlich laut. »Gott hat uns sowieso schon alles genommen!«

Man hörte die Tür im Flur, und Kempfert atmete erleichtert auf. Das mußte Herr Pfeiffer sein.

Frau Pfeiffer stand auf und rief nach ihm.

»Herrmann?«

Ein hagerer und sehr erschöpft wirkender Mann kam herein, und Frau Pfeiffer schaute ihn atemlos an. Herr Pfeiffer schüttelte traurig den Kopf.

»Bei der Polizei nicht, und im Tierheim wurde nur ein Schäferhund abgegeben! Ich bin sogar nach Gugenheim!«

Kempfert war auch aufgestanden und reichte Herrn Pfeiffer die Hand.

»Ich glaube, statt dem Hund nachzulaufen, sollten Sie sich jetzt lieber um Ihre Frau kümmern, Herr Pfeiffer! Sie braucht Sie!«

Herr Pfeiffer setzte sich langsam auf das Sofa und klärte Kempfert dann mit seltsam gleichgültiger Stimme auf.

»Das glaube ich nicht, daß meine Frau mich braucht. Erst kommt bei uns der Hund, dann lang nichts und dann noch einmal der Hund und dann komme vielleicht ...«, er hob den

Finger, »aber nur vielleicht ich!« Er schaute kurz zu seiner Frau, die ihn jetzt böse anstarrte. »Meine Frau glaubt sowieso, daß ich Maxi absichtlich habe ausbüchsen lassen!«

Kempfert schaute jetzt auch überrascht Frau Pfeiffer an.

»Das hast du auch!« rief sie und wandte sich abrupt ab. Mit beiden Händen umklammerte sie die Kante des altertümlichen Buffets, in dessen Oberteil man hinter Glas ihre Sammeltassen sehen konnte und wo auf einem Spitzendeckchen ein schwarzer Porzellanpudel »Männchen« machte.

Herr Pfeiffer zuckte mit den Schultern und bot Kempfert einen Schnaps an, mit dem Hinweis, daß er selber gut einen brauchen könnte. Kempfert lehnte ab. Er hielt es nicht länger in dieser traurigen und muffigen Wohnung aus. Er verabschiedete sich fast überstürzt. Frau Pfeiffer drehte sich nicht einmal um, nur Herr Pfeiffer erhob sich mühsam und begleitete Kempfert hinaus. Kempfert drehte sich im Hausflur noch einmal um.

»Ich bin gleich mit Klaus Bardusch verabredet, von der Zeitung, und ich werde ihn bitten, eine Anzeige zu schalten. Sie können ja eine Belohnung aussetzen!«

Pfeiffer lachte bitter auf. »Von unserer Rente? Vergessen Sie es, Herr Pfarrer! Der Hund ist weg, und ich kann auch nichts ändern! Meine Frau...«, er seufzte, »zwei Söhne hat sie im Krieg verloren und ihren ersten Mann nach 45 bei der Verteidigung der Heimatfront. Letzte Weihnachten ist ihr Sittich tot im Käfig gelegen und jetzt ist noch der Hund weg! Es ist zum Heulen, Herr Pfarrer!«

Kempfert wußte nicht, was er sagen sollte. Herr Pfeiffer nickte traurig und schloß die Tür. Kempfert stand noch eine Weile da, um sein schlechtes Gewissen zu beruhigen. Aber was hätte er denn tun können? Irgendwo in einer der Wohnungen plärrte ein Radio eine unvergängliche Melodie. Aus der Parterrewohnung drangen die streitenden Stimmen eines Mannes und einer Frau. Kempfert war froh, als er draußen war und das Rauschen des Eberbachs alle anderen Geräusche zudeckte.

Kempfert war wieder einmal zu spät dran, und Klaus Bardusch rief zum zigsten Mal im Pfarrhaus an.

»Wenn er gesagt hat, er kommt, dann wird er schon noch kommen, Herr Bardusch, und jetzt wäre ich Ihnen wirklich dankbar, wenn Sie nicht ständig hier anrufen würden«, fertige Else Kempfert ihn ab und fügte anklagend hinzu, »ich war gerade in der Waschküche!« Sie knallte den Hörer auf die Gabel und stieß fast mit Friedhelm Haug zusammen, der eigentlich gehofft hatte, Annemarie im Büro zu finden.

»Ist Annemarie noch nicht zurück?«

Else war auch deswegen nicht besonders gut gestimmt.

»Offenbar nicht, und gleich ist es drei. Aber ich bin ja da und kann alles machen!« Aber als sie jetzt Haugs enttäuschtes und trauriges Gesicht sah, tat es ihr leid, daß sie ihren Ärger ausgerechnet an diesem unglücklichen Liebhaber ausgelassen hatte.

»Jetzt nehmen Sie es nicht so tragisch«, versuchte sie ihn aufzumuntern, »eine Frau ist nicht immer logisch, Herr Haug! Vor allem, wenn sie sich ihrer Gefühle nicht ganz sicher ist. Aber das wird schon. Und wo Sie so schön Orgel spielen können. Frauen lieben Musik – ich auch! Also vorhin, wie ich in der Sakristei war, da hätte ich beinahe weinen müssen!«

Haug, der alles andere nötig hatte, als sich die guten Ratschläge von der Schwester des Pfarrers anhören zu müssen, versuchte Else zu entkommen, aber da sie sowieso wieder in die Waschküche mußte, ging sie hinter ihm her und hinaus über den Pfarrhof und redete weiter auf ihn ein. Aber dann blieben ihr ihre gutgemeinten Ratschläge doch im Halse stekken, als ausgerechnet jetzt, wo Friedhelm durch das Tor ging, Leo Busches Porsche vorfuhr und Annemarie ausstieg. Sie verabschiedete sich lachend von Leo und rannte zum Tor. Als sie Friedhelm dastehen sah, verlangsamte sie ihre Schritte.

»Ich hoffe, du weißt, was du tust!» empfing sie Haug und versuchte seine Stimme kühl und beherrscht klingen zu lassen.

»Ich glaube schon«, erwiderte Annemarie ebenso kühl und wollte an ihm vorbei. Haug ließ aber nicht locker.

»Ich habe jedenfalls keine Lust, mir das länger mitanzusehen, wie du dem Kerl nachläufst!«

»Friedhelm«, lenkte Annemarie ein, »das hat nichts mit dir zu tun!«

»So«, stieß er hervor, »mit wem denn dann? Also entweder gehst du jetzt mit mir ins Theater, oder...« Er ließ den Satz drohend in der Luft hängen.

»Das geht leider nicht. Ich muß zu meiner Mutter! Heute ist Samstag!«

Haug hatte das vergessen. Annemarie ging jeden Samstag zu ihrer Mutter, hatte aber bisher tausend Ausreden gefunden, um ihn davon abzubringen, mit ihr zu gehen und ihn ihr vorzustellen.

»Auch recht! Aber ich gehe mit, und du stellst ihr deinen Verlobten vor! Auch darum hast du dich lange genug herumgeredet«, sagte er in bestimmtem Ton und faßte Annemarie an den Oberarmen. »Versteh mich doch! Ich... liebe dich und ich möchte dich heiraten, eine Familie haben! Was ist denn daran so schlimm! Nur, wenn du so weitermachst, dann machst du noch alles kaputt!«

Schweigend und die Arme an ihren Oberkörper gepreßt, starrte sie ihn an, bis er endlich losließ und gehen wollte.

»Also gut«, rief sie ihm nach, »wie du willst!«

Er drehte sich überrascht um und fragte zweifelnd: »Wir gehen zu deiner Mutter?«

»Ja«, sagte sie ruhig und ging an ihm vorbei zu ihrem Wagen. Friedhelm folgte ihr.

Frau Kempfert hat recht, dachte er, als er einstieg und den Sicherheitsgurt umlegte, man muß einer Frau eben ihre Gefühle klar machen, dann klappt das schon.

Annemaries Wagen brauchte eine Weile, bis er ansprang. Friedhelm schaute sie von der Seite an und fand, daß sie immer schöner wurde. Wie eine Fuge von Bach, dachte er, klar, schön und sehr schwer zu spielen.

Der Motor fing an zu stottern. Annemarie half mit dem Gaspedal nach, legte den Gang ein und fuhr los.

Kurz vor der Mainbrücke bei der Uferanlage begegnete ihnen der Wagen von Klaus Bardusch, der im Schrittempo am Park entlangfuhr, während Kempfert durch das heruntergekurbelte Seitenfenster die Gegend nach dem entlaufenen Pudel absuchte. Er sah Annemarie mit Friedhelm vorbeifahren und winkte. Aber sie reagierten nicht. Dafür reagierte Bardusch immer noch und schon wieder seinen Ärger über die Kirche an Kempfert ab.

»Die Kirche kann sich jedenfalls nicht länger davor drücken, Stellung zu beziehen«, schimpfte er laut, »und wenn die Firma Dannecker systematisch und unter Umgehung aller Umweltvorschriften ihre Gewinne auf Kosten unserer Gesundheit macht, dann gehört das diesen Herren nicht nur in der Zeitung, sondern auch von Ihrer Kanzel herunter um die Ohren gehauen!«

Kempfert zog den Kopf zurück und erwiderte schärfer als beabsichtigt auf diese Aufforderung seines Mitbruders von der Presse: »Und warum, wenn ich fragen darf? Warum soll ich den Leuten Dinge predigen, die sie selber schon lange wissen und gegen die sie trotzdem nichts tun? Was glauben Sie denn, hat Ihr flammender Artikel bewirkt? Werden etwa die Verantwortlichen zur Rechenschaft gezogen? Nein! Das Werk wird geschlossen werden und die Leute nach Hause geschickt! Da haben sie dann viel Zeit, die schönen Artikel von Klaus Bardusch zu lesen, bis sie das Abonnement nicht mehr bezahlen können!«

Hinter Bardusch fingen verärgerte Autofahrer an zu hupen, aber er hörte gar nicht hin, sondern schrie Kempfert jetzt an: »Zumachen? Das kann der Dannecker sich doch gar nicht leisten! Wenn er das macht, dann zünden ihm die Eberstädter seine schicke Villa über dem Kopf an!«

»Na und«, schrie Kempfert, »dann zieht er eben zu seinem Nummernkonto in die Schweiz und liest auf der Terrasse seines Chalets die schönen Artikel von Klaus Bardusch in der Frankfurter, die er sich vielleicht aus sentimentalen Gründen nachschicken läßt! Oh, Herr Bardusch!« Kempfert schaute wieder aus dem Fenster und sah einen Hund, der eine der alten Linden beschnüffelte.

»Da!« rief er, »da ist er, wenden Sie!«

Bardusch machte eine halsbrecherische Kehrtwendung wider alle Vorschriften und begleitet von einem ärgerlichen Hupkonzert der Schlange, die sich hinter seinem Wagen gebildet hatte, und schaute sich suchend um.

»Das ist doch kein Pudel, Herr Kempfert, das ist ein irirscher Setter!« seufzte er.

Kempfert kurbelte die Scheibe hoch und lehnte sich zurück.

»Na gut! Versuchen wir die letzte Möglichkeit. Wissen Sie, wer in Eberstadt eine Dalmatinerhündin hat!«

»Dalmatiner? Ja! Oberlehrer Lehmann! Wieso?« fragte er erstaunt.

»Fahren Sie hin! Vielleicht ist er wieder dort!« ordnete Kempfert an und Bardusch schaltete in den Dritten. Auch Bardusch war am Ende seiner Geduld. Wie kam er dazu, den Herrn Pfarrer durch die Gegend zu kutschieren. Was ging ihn der Pudel von irgendwelchen Rentnern an!

»Also«, setzte er ihren Streit fort, »was gedenken Sie dann zu unternehmen, oder wollen Sie einfach mit gefalteten Händen zuschauen, wie die mit uns machen, was sie wollen!«

Er schaute Kempfert angriffslustig an. »Also dann, dann trete ich aus der Kirche aus!« Die Drohung war durchaus ernst gemeint, um so verblüffter war Bardusch von Kempferts gelassener Antwort.

»Nur zu, Herr Bardusch, nur zu! Da befinden Sie sich dann in bester Gesellschaft! Kennen Sie eine Frau Dr. Wolf?«

Kempfert schaute ihn an.

Bardusch hatte keine Ahnung, worauf Kempfert hinaus wollte.

»Ja! Leider! Mein Gebiß ist eine einzige Goldmine! Wieso?«

»Weil sie auch aus der Kirche ausgetreten ist. Wissen Sie vielleicht warum?« Wieder schaute er Bardusch fragend an. Der zuckte die Achseln. »Ihr Mann ist vor ein paar Jahren mit der Sprechstundenhilfe abgehauen! Das gab einen ziemlichen

Aufstand hier. Der Mann war ein guter Katholik. Aber Sie lenken ab, Herr Pfarrer! Was gedenken Sie zu tun?«

Kempfert holte tief Luft. Was erwartete Bardusch von ihm?

»Mit Dannecker? Nichts! Solange mir nichts Besseres einfällt als Ihnen, gar nichts! Auf keinen Fall werde ich von der Kanzel herunter mit glühenden Kohlen werfen! Kreativität, Bardusch, ist gefragt! Zu deutsch, Schöpferkraft, das vornehmste Attribut Gottes! Nur damit kommt man weiter. Nicht indem man das Maul aufreißt und schimpft. So, und jetzt fahren Sie mich bitte zurück ins Pfarrhaus! Ich sehe schon überall schwarze Pudel!«

Bardusch sah schon überall »schwarz« und war froh, Kempfert los zu werden. Außerdem plagten ihn jetzt doch Zweifel, ob er mit seinem Artikel nicht mehr Schaden angerichtet hatte, als ihm lieb sein konnte, und er nahm sich vor, herauszufinden, wer ihm die Unterlagen und vertraulichen Memos aus dem Werk Eberstadt zugespielt hatte. Auf dem braunen Din-A-4-Umschlag hatte nur sein Name gestanden.

Auch Kempfert war in Gedanken, und so fuhren sie schweigend zum Pfarrhaus zurück.

*

Auch Leo Busche hatte sich so seine Gedanken gemacht, wer die Umweltbehörde auf Werk Eberstadt gehetzt und die Presse verständigt haben könnte, nur daß er im Gegensatz zu Klaus Bardusch schneller darauf kam, wer dahinter steckte.

»Cherchez la femme«, sagte er sich, und die »femme fatale« konnte nur Jutta Dannecker sein, die den »Schwarzen Buben« aus dem Ärmel gezogen hatte und ihrem Vater damit den letzten Trumpf abnahm. Nun, auch er hatte noch ein paar Karten im Ärmel, und er war nach dem Gespräch mit Annemarie am Mainufer genau in der richtigen Stimmung, sie Jutta Dannecker auf den Schreibtisch zu knallen.

Er ging einfach an Juttas Vorzimmerdame vorbei, und bevor die begriff, was vor sich ging, war er, ohne anzuklopfen, hinter der dicken Tür von Juttas Büro verschwunden.

Jutta schaute ungehalten von ihrem Computerbildschirm

auf. Leo ging über den dicken Teppich direkt auf sie zu und lächelte sie unverschämt freundlich an.

»Verzeihen Sie, wenn ich meine guten Manieren vergesse und unangemeldet vor Ihrem Thron erscheine, aber ich glaube, wir müssen uns dringend unterhalten«, sagte er und setzte sich lässig auf die Kante des Tisches.

Jutta rollte ihren Stuhl vom Computer weg und drehte sich zu ihm. »Ach ja?« Sie verschränkte lächelnd die Arme und sah ihn aufreizend ironisch an.

»Ach ja«, gab Leo zurück, »aber vorher möchte ich Sie warnen! Versuchen Sie keine faulen Tricks, ich bin nämlich nicht einer von Ihren hochdotierten Hampelmännern hier im Palast! So und jetzt sagen Sie mir, was Sie mit allem erreichen wollen! Wen wollen Sie treffen? Mich doch nicht! Dann wohl Ihren Vater, aber geht das nicht etwas zu weit? Ihm werfen Sie Sentimentalität vor, wenn er das Werk seines Vaters nicht Hops gehen lassen will, aber was Sie da abziehen, ist noch dümmer als Sentimentalität, nämlich falscher Ehrgeiz und enttäuschte Erwartungen und vor allem maßloser Egoismus!«

Er hielt inne, um die Wirkung seiner Worte zu prüfen, aber Jutta lächelte weiter amüsiert und als er nicht weiterredete, ging sie ihrerseits zum Angriff über.

»Jung Siegfried, der Retter auf dem weißen Roß! Wem wollen Sie damit imponieren! Mir doch bestimmt nicht. Also wem? Vielleicht einer kleinen katholischen Gemeindemaus?«

Leo stand wütend auf.

»Können Sie das Private nicht mal beiseite lassen«, sagte er mühsam beherrscht, »es geht doch hier nicht um uns, sondern um achthundert Arbeiter und ihre Familien! Und nur weil ›Jung Siegfried‹ nein gesagt hat zu Ihrer Heiratsofferte, müssen Sie doch nicht die beleidigte Kriemhild spielen und Ihrem alten Vater ein Kreuz ins Hemd nähen! Also, bleiben wir cool und überlegen uns, wie wir diese Umweltsache wieder gerade biegen können, ja?«

Er hatte gehofft, bei dieser logisch denkenden Frau mit

Sachlichkeit etwas erreichen zu können, deshalb war er sehr überrascht, als sie jetzt aufsprang und ihn anschrie.

»Geh'n Sie! Und zwar sofort! Oder ich lasse Sie rauswerfen!«

Leo starrte sie an. Na gut, dachte er, wenn du nicht freiwillig mitspielst, dann werde ich dich eben austricksen müssen.

»Hören Sie nicht! Sie sollen verschwinden!«

Leo drehte sich einfach um und ließ sie stehen. Er machte sich nicht einmal die Mühe, die Tür hinter sich zu schließen. Jutta ging ihm nach und schlug sie wütend zu. Herr Busche war erledigt, er wußte es nur noch nicht.

★

Friedhelm Haug hätte auch am liebsten die Tür aufgerissen und wäre davongerannt, aber er stand wie gelähmt mit dem Rücken zu dem schmalen Resopalschrank im Zimmer von Annemaries Mutter und starrte auf Annemarie, die der Frau am Tisch die Plastikschere wegnahm, mit der sie versuchte, nach ihrer Tochter zu stechen, und beruhigend auf sie einsprach.

»Mama, darf ich dich mit Friedhelm Haug bekannt machen! Er hat sich sehr gefreut, dich kennen zu lernen!« Sie lächelte Friedhelm traurig zu. »Nicht wahr, Friedhelm!«

Friedhelm brachte kein Wort heraus. Aber es war auch nicht nötig, denn Frau Bieler fing an, um sich zu schlagen, und begann, die Illustrierte, aus der sie alle Männer ausgeschnitten hatte, mit unkontrollierten Bewegungen zu zerfetzen. Erst als Annemarie ihr die Schere zurückgab, beruhigte sie sich.

»Genügt das?« fragte Annemarie und schaute Friedhelm an.

Friedhelm nickte und ging zur Tür. Annemarie versuchte, ihrer Mutter noch einen Abschiedskuß zu geben, aber die stieß sie heftig von sich.

»Bis nächsten Samstag. Auf Wiedersehn, Mutter!« Sie holte Friedhelm im Flur ein und ging neben ihm her zum Ausgang der Anstalt.

»Die Ärzte meinen, ich habe eine siebzigprozentige Chance, einmal genau so zu enden wie meine Mutter«, sagte sie leise, ohne Friedhelm anzuschauen, »und meine Kinder auch, falls ich je welche kriege!«

Friedhelm blieb stehen und drehte Annemarie zu sich um.

»Warum hast du mir nie etwas davon gesagt?«

Irgenwo begann eine Stimme zu schreien, und ein vielfältiges Echo verstärkte den Schrei in dem kahlen Flur. Annemarie lächelte Friedhelm traurig an.

»Verrückt, nicht wahr?« sagte sie und ging weiter.

*

Der Mensch ist allein auf der Welt, hatte Frau Dr. Wolf gesagt, und sie schien recht zu behalten, wenigstens an diesem Samstag. Leo Busche saß allein an der Hotelbar des Frankfurter Hofs und versuchte Ordnung in seine Gedanken zu bringen, wobei ihm der dritte Cocktail nicht gerade behilflich war.

Friedhelm, den Annemarie beim Theater abgesetzt hatte, saß in der letzten Reihe bei der Tür und fühlte sich mutterseelenallein, obwohl jetzt sechshundert Leute um ihn herum begeistert der Primaballerina aus USA applaudierten, die in Friedhelms geplantem Musical die Hauptrolle tanzen sollte.

Annemarie saß allein auf dem Sofa in ihrer kleinen Wohnung und starrte auf das Poster mit den bunten Pferden von Marc und hatte sich in ihrem ganzen Leben noch nie so einsam gefühlt.

Herrmann Pfeiffer saß allein in der Küche und lauschte ab und zu hinüber ins Wohnzimmer, wo seine Frau auch allein im Dunkeln saß.

Nur Kempfert, der noch vier Besuche in seiner Sprechstunde gehabt hatte nach dem Beichtstuhl und dann in der Gesellschaft Else und Frau Bebels ein geschwätziges Abendessen über sich ergehen hatte lassen müssen, er hätte gut etwas mehr Einsamkeit vertragen können. Nicht einmal im Büro konnte er in Ruhe seine Pfeife rauchen, weil ständig das Telefon klingelte, bis er schließlich aufstand und in das einzige Haus in Eberstadt ging, in dem kein Telefon war, nämlich in die Kirche.

August, der so spät mit keinem Besucher mehr gerechnet hatte, und Maxi, der gegen Besucher generell etwas hatte, lauschten im Beichtstuhl auf die Schritte, die durch die Kirche hallten. Maxi fing an zu knurren, und als August ihm mit der Hand die Schnauze zuhalten wollte, ging Maxi sein angeborener Wach- und Beschützerinstinkt durch. Er biß August in die Hand und rannte bellend den Schritten und dem Geruch von englischem Pfeifentabak nach. Er stellte Kempfert vor der Kommunionbank und sträubte knurrend seine Nackenhaare.

Kempfert traute seinen Augen nicht: Ein schwarzer Pudel! Ein Wunder! Und das als Abschluß eines Tages, an dem eigentlich alles schief gelaufen war, vom Pflaumenkuchen am Morgen bis zum Pfannkuchen von Else.

»Maxi?« probierte Kempfert vorsichtig, und der Hund hörte schlagartig auf zu knurren und wedelte freundlich mit dem Schwanz.

Jetzt war auch August heran, der seinen lädierten Finger lutschte, und das »Wunder« fand eine sehr natürliche Aufklärung.

Und so gab es doch noch einen versöhnlichen Ausklang des Abends.

Kempfert sorgte dafür, daß August umgehend Pfeiffers ihren Hund zurückbrachte, und als hinter den beiden endlich die Kirchentür zufiel und der Krach verhallt war, kniete sich Kempfert an seinen Lieblingsplatz in der ersten Reihe und ließ sich von der Stille umarmen.

Der lächelnde König

Gewöhnlich gingen die Probleme in St. Augustin erst nach der Frühmesse los. An diesem Freitag aber schien selbst dieses Naturgesetz überholt: Vor der Kirche standen die wenigen Gläubigen, die sich die Mühe machten, die Frühmesse zu besuchen, und steckten die Köpfe zusammen. Etwas Unerhörtes war geschehen und wurde erregt diskutiert.

»Und ich weiß auch, wer dahintersteckt«, rief Theo Stutz und fixierte Annemarie mit einem wissenden Blick.

»Was regen Sie sich auf, Herr Stutz!« verteidigte August Annemarie, »endlich passiert mal was!«

Annemarie konnte das nicht auf sich sitzen lassen: »Ich habe nichts damit zu tun«, gab sie Stutz zurück, aber der wußte es besser und lachte höhnisch auf: »Ha! Das pfeifen ja schon die Spatzen von den Dächern, Sie und dieser Werbemensch, dieser Busche! Und wer sonst kommt auf so eine Blasphemie! He?«

»Vielleicht hat er es ja gut gemeint!« wagte Frau Bebel nicht sehr überzeugt einzuwenden und zog damit Stutz' Zorn auf sich. Er richtete das Brennglas seiner Entrüstung auf die arme Frau, und es hätte nicht viel gefehlt und ihre Wollmütze hätte Feuer gefangen.

»Die frohe Botschaft ist kein Waschpulver, Frau Bebel, mit dem man Schaum schlagen kann. Aber das ist typisch für den Geist, in dem hier neuerdings Gemeindearbeit geleistet wird!«

»Warum schreien Sie mich an«, wehrte sich Frau Bebel, »ich tu meine Arbeit wie immer!«

Jetzt kam auch Trude Maiwald angerannt.

»Habt ihr gesehen? Ja, was denkt sich unser Herr Pfarrer da bloß!« fragte sie, und ihre wasserblauen Augen schauten ratlos in die ebenso ratlose Runde.

»Das frage ich mich schon lange!« kläffte Stutz. »Man muß umgehend den Bischof verständigen! So einen Pfarrer kann man doch keiner ordentlichen Gemeinde zumuten!«

Den letzten Satz hätte er allerdings am liebsten verschluckt, aber es war zu spät. Kempfert, der mit Else aus dem Pfarrhof gekommen war, hatte ihn schon gehört.

»Was für einen Pfarrer kann man Ihnen nicht zumuten?« fragte er betont freundlich und schaute Stutz in die Augen.

August antwortete für ihn. »Herr Stutz regt sich über Ihre Plakate auf!«

»Welche Plakate?« Kempfert hatte keine Ahnung. »Also, ich weiß nicht, was Sie mir da wieder anhängen wollen, Herr Stutz, aber...!«

»Anhängen?« rief Stutz empört. »Sagen Sie bloß, Sie wissen nichts davon!!«

»Nein«, sagte Kempfert jetzt lauter, »und vor der Messe will ich auch nichts davon wissen!« Sprach's und ging einfach weiter in die Kirche.

»Ich habe Ihnen ja gleich gesagt«, trumpfte Frau Bebel noch auf, bevor sie Kempfert folgte und auch die anderen ließen Stutz stehen.

Wenn Kempfert gewußt hätte, um was es ging, hätte er sicher nicht in aller Seelenruhe die Messe zelebriert. Auf der anderen Seite hätte er aber auch nichts mehr tun können, um den Stein, oder besser gesagt, die Steine des Anstoßes daran zu hindern, loszurollen. Spätestens als Klaus Bardusch auf dem Weg in seine Lokalredaktion an dem Bauzaun für die neue Bahnunterführung vorbeifuhr und die Plakate sah, war die Lawine nicht mehr aufzuhalten. Er machte eine Vollbremsung und stieg aus.

Es waren drei Plakate, die da nebeneinander über die Waschmittelreklame geklebt waren. Auf dem ersten stand in riesigen Lettern: *Ich bin der Weg.* Und darunter, am unteren Rand in kleinen Buchstaben: *Wer wissen will, wo es lang geht, Sonntag 9 Uhr in St. Augustin.* Das zweite Plakat verkündete: *Ich bin die Wahrheit.* Und darunter: *Wer wissen will, was Sache ist, 9 Uhr St. Augustin.* Das dritte Plakat konnte Bardusch sich schon denken: *Ich bin das Leben,* murmelte er und rannte zum Auto zurück, um seine Kamera aus dem Handschuhfach zu holen, und wenig später hatte er seinen »Aufmacher« für die Lokalseite der Wochenendausgabe im Kasten.

Bester Stimmung fuhr er weiter, aber als er das Autoradio einschaltete, war seine gute Laune gleich wieder dahin: »... schlägt der Umweltskandal um das Eberstädter Werk der Firma Dannecker hohe Wellen! In einer Pressekonferenz versicherte gestern Minister Kreisling, daß nichts vertuscht werden dürfe, aber man lasse sich von der Sensationspresse nicht zu voreiligen Maßnahmen zwingen.«

Bardusch schaltete wütend wieder ab. »Sensationspresse«, natürlich! Er fuhr an der Redaktion vorbei und weiter zum Kirchplatz.

Kempfert war schon in der Sakristei, als Bardusch hereinkam und ungeduldig wartete, bis Frau Bebel Kempfert das Chorhemd über den Kopf gezogen hatte.

»Also mich hätten Sie doch wenigstens informieren können, Herr Kempfert!« legte er los. »So eine Werbeaktion gehört doch abgesprochen, vor allem, wenn der Redakteur der hiesigen Zeitung Mitglied des Pfarrgemeinderates ist, oder? Wenn erstmal die anderen Zeitungen Wind davon bekommen, wer weiß, was die schreiben! Nicht alle Kollegen stehen nämlich der Kirche so aufgeschlossen gegenüber wie ich!« Er schaute Kempfert vorwurfsvoll an.

»Also mal langsam jetzt! Wovon reden Sie?«

»Ich bin der Weg, die Wahrheit und das Leben!« rief Bardusch. »Die Plakate!«

»Wollen Sie damit sagen, daß jemand Plakate geklebt hat, auf denen das steht?« staunte Kempfert.

»Überall!« bestätigte Agnes Bebel. »Unten bei der Sparkasse, beim Parkplatz vom Supermarkt!«

»Und am Bauzaun von der Unterführung«, ergänzte Bardusch, »und Sie wollen nicht davon gewußt haben?«

Kempfert schüttelte den Kopf und zog seine Jacke an.

»Nein, aber das werden wir gleich haben!« brummte er und ging hinaus.

Na ja, dann kam die Geschichte raus. Herr Busche hatte in einem Anfall von Liebe oder Leichtsinn die Plakataktion gestartet, ohne irgendwen zu informieren. Nicht einmal Annemarie wußte davon und war überrascht wie alle. Else, die neben ihr auf dem Sofa im Büro saß, schaute Annemarie kopfschüttelnd an, während Kempfert nach seiner Pfeife suchte.

»Wo ist meine Pfeife?« fragte er schließlich, als er sie nicht in ihrem Versteck in der untersten Schublade vorfand.

»Weg!« erwiderte Else spitz. »Du willst dir doch das Rauchen abgewöhnen! Also wozu brauchst du dann eine Pfeife?«

»Sehr richtig«, gab Kempfert ärgerlich zurück, »ich will mir das Rauchen abgewöhnen, nicht du mir! Also, wo ist sie?«

»›Wer da sagt, ich kenne ihn und hält seine Gebote nicht, der ist ein Lügner‹«, zitierte Else und fügte die Stelle in der Bibel gleich hinzu, »erster Brief des Johannes, Kapitel zwei!«

Kempfert schob die Schublade mit dem Fuß zu und konterte: »›Laß dein Herz guter Dinge sein und tue, was ihm lüstet!‹ Prediger Salomo, zweites Kapitel.«

Else stand auf und stützte die Hände auf den Schreibtisch und näherte sich Kempfert drohend.

»›Und wisse, daß dich Gott und dies alles wird vor Gericht führen! Ebendaselbst!‹«

Auch Kempfert lehnte sich kampflustig vor und führte den letzten Schlag: »›Lieber in der Wüste leben, als mit einem zänkischen Weib, das einem auf die Nerven geht ...‹ Sprüche einundzwanzig Nummer neunzehn!«

Else starrte Kempfert eine Sekunde lang feindselig an, dann ging sie wortlos zu ihrem Nähkorb, kramte Pfeife und Tabakdose heraus, die sie unter ein paar schwarzen Socken versteckt hatte, und knallte die Rauchutensilien wortlos vor Kempfert auf den Tisch. Dann ging sie hinaus, nicht ohne durch kräftiges Zuschlagen der Türe ein Ausrufezeichen hinter ihr Mißfallen zu setzen.

In die Stille hinein, die nach diesem effektvollen Abgang folgte, sagte Annemarie leise:

»Eigentlich hat Ihre Schwester ja recht!«

»Das ist ja das Schlimme!« gab Kempfert zu und stopfte trotzdem seine Pfeife. Annemarie stand auf.

»Und was machen wir jetzt?«

»Erst muß ich mir die Plakate mal ansehen«, murmelte Kempfert, »sind sie wenigstens gut gemacht?«

»Mir gefallen sie«, sagte sie, »und warum eigentlich nicht? ›Ich bin der Weg, die Wahrheit und das Leben!‹ Das klingt doch besser und ist sinnvoller als ›Ich rauche gern‹.«

Kempfert mußte jetzt grinsen. »Trotzdem«, sagte er und setzte seine Pfeife in Gang, »trotzdem wäre mir lieber, Ihr ungestümer Liebhaber würde sich bescheidenerer Mittel bedienen, um Ihr Herz zu erobern! Am Ende habe ich das nämlich auszubaden!«

Und schon klingelte das Telefon. Kempfert machte eine Geste, die zum Ausdruck bringen sollte: Na, hab' ich's nicht gesagt, und griff nach dem Hörer.

»St. Augustin? Ah, der Herr Silenius! Nein, dazu kann ich nichts sagen, weil ich die Plakate selber noch nicht gesehen habe! Aber unser Fräulein Bieler kann Ihnen da erschöpfend Auskunft geben!« Er reichte Annemarie den Hörer und stand auf.

»Ja?!« flüsterte Annemarie und legte schnell die Hand auf die Sprechmuschel.

»Ja! Sie!« lächelte Kempfert. »Ich muß in die Schule! Religionsunterricht!«

Er hatte seine Aktentasche genommen, winkte ihr unter der Tür noch kurz zu und war weg. Annemarie seufzte.

*

Religionsunterricht! Das war auch so eine Sache, vor der Kempfert etwas Angst hatte. Als Professor vor Studenten hatte er zwar oft und lange genug bewiesen, daß er ein guter Lehrer war, aber mit Schulkindern war das sicher etwas ganz anderes. Und wenn Kempfert sich an seinen eigenen Religionsunterricht erinnerte, der für ihn und seine Klassenkameraden so etwas wie eine Blödelstunde war oder bestenfalls eine Erholpause zwischen den anderen Fächern, dann nahm er sich fest vor, es seinen Schülern nicht so bequem und langweilig zu machen.

Die Schule war zu Fuß etwa zwanzig Minuten entfernt im Neubauviertel, das man in den fünfziger Jahren auf den ehemaligen Eberstädter Äckern gebaut hatte, und die Fassade des damals modernen Gebäudes war vom Ruß aus den Dannecker Schornsteinen im Laufe der Jahre zu einem »antiken« Grauton verkommen.

Bis Kempfert sich zum Klassenzimmer durchgefragt hatte, war es schon zu spät, um bei den fünf Schülern ein Beispiel an Disziplin zu geben. Dafür schien den drei Mädchen und zwei Jungs seine massige Figur ziemlich viel Eindruck zu machen.

»Wenn der so fromm ist, wie er fett ist, dann wähle ich Religion ab!« flüsterte Martin seinem Banknachbar Hans Peter Maiwald noch schnell zu und wandte sich mit unschuldigem Gesicht wieder Kempfert zu, der sein Jackett an den Stuhl hinter dem Pult hängte und sich vorstellte.

»Tut mir leid, daß ich zu spät bin, soll auch nicht wieder vorkommen! Also ich bin der Pfarrer Kempfert, Adam mit Vornamen wie der erste Mensch...«, scherzte er und versuchte, das Eis zu brechen und fragte dann jeden nach seinem Namen, die er dann mit der Liste verglich, die er von Rektor Stadler erhalten hatte. Eine Schülerin fehlte.

»Und wo ist die Sylvia«, forschte Kempfert nach.

»Die fehlt schon lange. Die ist krank«, gab Hans Peter Auskunft, und Kempfert nahm sich vor, sich im Rektorat nach ihr ausführlicher zu erkundigen.

»So«, sagte er und legte die Liste weg, »und jetzt kann es losgehen! Aber bevor wir in die spannendste Geschichte einsteigen, die sich auf unserem Erdball und in der vieltausendjährigen Geschichte der Menschheit je zugetragen hat, nämlich in die Geschichte des ›Sohnes des Menschen‹ oder des Menschensohnes, hätte ich gerne von euch gewußt, warum ihr überhaupt hier seid! So wie ihr ausseht, glaube ich nämlich nicht, daß Religion euer Lieblingsfach ist! Na?« Er schaute aufmunternd in die verblüfften Gesichter vor ihm und als sich keiner traute, auf diese »intime« Frage eine Ausrede vorzubringen, half ihnen Kempfert mit der ihm eigenen Offenheit selbst etwas auf die Sprünge.

»Also kommt! Wir sind doch hier unter uns, und wenn wir nicht ehrlich zueinander sind, dann können wir das Ganze gleich vergessen und ins Hallenbad gehen!«

Martin kicherte nervös und Kempfert ging zu ihm.

»Soll ich euch sagen, warum ihr hier seid? Erstens weil sonst der Teufel los ist, bei euch zu Hause und zweitens, weil ihr glaubt, so ganz lässig euern Durchschnitt aufbessern zu können, und drittens, aber da kommt ihr so schnell nicht drauf, weil dazu muß man etwa so alt sein wie ich und etwas mehr vom Leben gesehen haben, drittens also seid ihr hier, weil es keinen Zufall gibt. Ihr seid nicht zufällig hier und ich auch nicht, sondern das hat alles einen tieferen Sinn und den werden wir versuchen zusammen im Laufe des Schuljahres herauszufinden. Klar?«

Er lächelte die jungen Leute freundlich an und verteilte das Neue Testament.

»Und wir fangen damit an, daß ihr das Evangelium des Johannes lest, um die Erinnerung etwas aufzupolieren, weil ich nochmal schnell zum Rektor muß, um herauszufinden, was mit eurer Freundin Sylvia los ist. Ich bin gleich wieder da!« Er ging zur Tür, schaute noch einmal zurück und ergänzte: »Und unterstreicht ruhig die Stellen, die euch komisch vorkommen!«

Rektor Stadler, der in seiner Freistunde immer sein zweites Frühstück einzunehmen pflegte und dazu die Zeitung las, schaute unwillig auf, als Kempfert unaufgefordert nach kurzem Anklopfen eintrat.

»Lassen Sie sich nicht stören«, beschwichtigte ihn Kempfert, »ich wollte mich nur nach Sylvia Rahrer erkundigen. Sie soll schon länger fehlen, und bei meinen wenigen Schülern fällt das doch auf. Was hat sie denn?«

Rektor Stadler legte die Zeitung weg.

»Nichts!« sagte er trocken. »Sylvia Rahrer ist nicht mehr auf unserer Schule und daß sie bei Ihnen noch auf der Liste steht, ist ein Versehen!«

»Ist sie umgezogen oder was?« insistierte Kempfert, weil irgend etwas in Stadlers Benehmen ihn störte.

»Nein«, sagte der gequält. »Aber ich kenne Sie gut genug, um den Sachverhalt lieber für mich zu behalten. Sylvia Rahrer ist nicht zum Unterricht erschienen, und dabei wollen wir es belassen!«

Er hielt das Gespräch für beendet und griff wieder nach

seiner Zeitung. Kempfert ließ sich aber nicht so leicht abfertigen.

»Na schön! Dann werde ich das Mädchen eben selber fragen müssen!«

Stadler atmete tief durch und legte die Zeitung wieder weg.

»Herr Kempfert! Bitte!«

Kempfert zuckte die Schultern und ging zur Tür.

»Sie hat Aids!« rief Stadler ihm nach und Kempfert blieb mit der Türklinke in der Hand stehen. Langsam drehte er sich um. Stadler stand jetzt auf und ging auf Kempfert zu.

»Wenigstens wird das behauptet, und ich werde mich hüten, mich da irgendwie von amtlicher Seite einzumischen. Wenn Sie es genau wissen wollen, ich bin gottfroh, daß sie nicht mehr kommt, sonst wäre ich nämlich gezwungen, sie vom Unterricht fernzuhalten!«

Kempfert schüttelte ungläubig den Kopf.

»Also wie? Hat sie nun Aids oder nicht? Und selbst wenn, hat das Kind ein Recht hierherzukommen!«

Genau diese Reaktion hatte Stadler geahnt und befürchtet.

»Dr. Kempfert, der Engel der Unterdrückten! Hören Sie, wir sind hier nicht im katholischen Kindergarten! Das hier ist eine Realschule! Realismus ist bei uns am Platz!« Stadler wurde immer lauter und sein Gesicht röter. »Was glauben Sie denn, was hier los ist, wenn wir das Mädchen hier reinlassen? Die Eltern werden auf die Barrikaden gehen! Lesen Sie denn keine Zeitung!!«

»Doch!« entgegnete Kempfert und der sogenannte »heilige Zorn« stieg in ihm auf, »trotzdem werde ich nie begreifen, wie aus normalen Menschen, die nasse Augen kriegen, wenn der Pandabär im Zoo Schnupfen hat, wie aus diesen lieben, netten Menschen plötzlich Unmenschen werden!«

Stadler seufzte.

»Aus Angst«, lenkte er ein, »aus Angst! Ich finde es auch erbärmlich, aber was soll ich machen! Das Ganze ist eine Grauzone, verwaltungstechnisch gesehen!«

Kempfert wußte, daß er von dieser Seite nicht mit mehr Verständnis rechnen konnte, und öffnete die Tür.

»Na, Herr Rektor, dann werden wir eben ein bißchen Farbe reinbringen müssen, nicht wahr, in diese Grauzonen!«

Er ging hinaus, und Stadler schloß die Tür hinter ihm. Die schönen Zeiten ohne Religionsunterricht waren wohl vorbei.

Hans Peter Maiwald ging nach der Schule mit Kempfert zu dem Haus, in dem Rahrers wohnten. Er wollte sich aus dem Staub machen, aber Kempfert bat ihn mitzukommen.

»Bitte! Sonst sieht es so offiziell aus, und die Sylvia ist doch schließlich deine Klassenkameradin, oder?«

»Vielleicht sind sie ja gar nicht da!« antwortete Hans Peter hoffnungsvoll, aber als Kempfert die Klingel drückte, ertönte kurz darauf der Türsummer, und Kempfert hielt ihm einladend die Tür auf.

Rahrers wohnten unterm Dach, und Kempfert war ziemlich außer Atem, als er oben ankam. Hans Peter stand schon vor der Tür und läutete nochmal.

»Moment«, versuchte Kempfert ihn aufzuhalten, »ich muß erst mal verschnaufen!« Aber da ging die Tür schon auf, allerdings nur so weit, wie es die vorgelegte Kette erlaubte, und Hans Peter stammelte verlegen eine Begrüßung: »Hallo, Sylvia!«

Sylvia antwortete nicht, sondern starrte Kempfert an, der näher getreten war. Hans Peter beruhigte sie.

»Das ist nur der neue Pfarrer, und weil du gefehlt hast in Religion, da wollte er dich besuchen!«

»Guten Tag, Sylvia«, griff Kempfert jetzt ein und lächelte, »ich wollte eigentlich nur mal nachschauen, wie es dir geht!«

»Gut!« antwortete das Mädchen kurz angebunden.

»Ist denn deine Mutter zufällig da?« fragte Kempfert.

»Nein! Die ist in der Firma, aber um eins wollte sie wieder daheim sein!« antwortete das Mädchen. Kempfert schaute auf seine Uhr.

»Na ja! Es ist ja gleich eins! Dürfen wir vielleicht so lange warten?«

Sylvia zögerte, aber dann, als hinter ihr in der Wohnung jemand nach ihr rief, machte sie doch schnell auf und ging voraus durch den Flur zu einer Tür, die nur angelehnt war. Sie schaute ins Zimmer.

»Ja, ich bin ja da«, sagte sie etwas genervt.

Kempfert und Hans Peter blieben verlegen im Flur stehen.

»Warum hast du die Musik ausgemacht«, hörten sie wieder die Stimme.

»Weil jemand an der Tür geläutet hat!« antwortete das Mädchen und wollte die Tür schließen. Aber die Stimme gab sich nicht zufrieden.

»Wer?«

»Ich weiß nicht, sie sind wieder gegangen«, log Sylvia, »Mama kommt gleich wieder, dann kriegst du dein Mittagessen.«

Sie schloß schnell die Tür und drehte sich zu Kempfert um. Kempfert wollte etwas fragen, aber Sylvia legte den Finger auf den Mund und winkte. Leise folgten Kempfert und Hans Peter ihr ins kleine Wohnzimmer mit den schrägen Wänden.

»Es ist nicht aufgeräumt«, sagte das Mädchen entschuldigend und sammelte die Zeitschriften vom Sofa, damit die Besucher sich setzen konnten.

»Nur keine Umstände«, beschwichtigte sie Kempfert, »bei mir würde es genau so unordentlich aussehen, wenn meine Schwester nicht immer hinter mir her wäre.«

Er hatte sich gesetzt und bot ihr den Platz neben sich an.

»Komm, setz dich! Ich würde ja nur gerne wissen, ob ich oder die Klasse irgend etwas für dich tun können! Wenn du dich gut fühlst, könntest du sowieso auch wieder in die Schule kommen!«

Sylvia schaute Hans Peter an, der sie gespannt anstarrte.

»Nein! Vorläufig bleibe ich lieber zu Hause.«

»Warum?« entfuhr es Hans Peter.

»Weil ich nicht will!« erwiderte sie heftig.

Man hörte die Wohnungstür gehen und Sylvia atmete erleichtert auf.

»Das ist meine Mutter!« Sie ging schnell zur Tür und öffnete.

»Mama, wir haben Besuch«, warnte sie ihre Mutter leise, und Kempfert erhob sich mühsam von dem niedrigen Sofa. In Mantel und Hut kam Frau Rahrer herein und schaute Kempfert ängstlich an.

»Guten Tag, Frau Rahrer«, sagte Kempfert schnell und streckte die Hand aus, »ich bin der neue Pfarrer von St. Augustin, und das ist Hans Peter Maiwald, ein Klassenkamerad Ihrer Tochter! Wir wollten nur...«

»Gehen Sie bitte«, unterbrach ihn die Frau, und ihre feste Stimme stand in krassem Widerspruch zu ihrer zierlichen Figur und ihrem bekümmerten Gesicht.

»Wir wollen Ihnen bestimmt keine Schwierigkeiten machen!«, versicherte Kempfert, aber sie schüttelte heftig den Kopf.

»Das mag sein, aber ich möchte Sie trotzdem bitten zu gehen!«

Hans Peter lächelte Sylvia verlegen zu und ging an Frau Rahrer vorbei in den Flur. Kempfert versuchte es nochmal.

»Also Frau Rahrer! Rektor Stadler hat mich informiert, und ich möchte Ihnen sagen, daß ich überhaupt nicht seiner Auffassung bin. Es gibt keinen Grund, warum Sylvia nicht zur Schule gehen könnte, trotz ihres Zustandes!«

Frau Rahrer schaute Kempfert ungläubig an, dann lachte sie auf, aber es klang gar nicht lustig.

Kempfert runzelte etwas befremdet die Stirn. Frau Rahrer wandte sich an Sylvia.

»Gehst du mit Hans Peter mal in die Küche«, bat sie ihre Tochter, »ich muß mit dem Herrn Pfarrer alleine sprechen, ja?«

Sylvia nickte und ging hinaus. Frau Rahrer schloß die Tür hinter ihnen und zog ihren Mantel aus.

»Setzen Sie sich! Kann ich Ihnen etwas anbieten?«

Kempfert schüttelte den Kopf, setzte sich aber und wartete, bis auch sie im Sessel gegenüber Platz genommen hatte. Während sie nun zu reden begann, suchte sie in ihrer Handtasche herum.

»Irgendwann kommt es ja sowieso raus, und in meiner Firma ist es schon rum! Man hat mir heute gekündigt!«

Sie reichte Kempfert einen Brief. »Lesen Sie ruhig. Da steht es schwarz auf weiß«, begann sie auswendig herzusagen, »möchten wir Sie bitten, von Ihrer Anwesenheit am Arbeitsplatz Abstand zu nehmen. Ihr Gehalt wird Ihnen selbstverständlich wie gewohnt überwiesen.« Kempfert antwortete nicht, weil er beschäftigt war, das Schreiben zu lesen. Dann legte er es auf den Couchtisch und schüttelte den Kopf.

»Entsetzlich! Und das alles nur, weil Ihre Tochter Aids hat?«

»Sylvia?« lachte Frau Rahrer wieder traurig. »Nein! Sylvia ist so gesund wie Sie und ich. Ihr Bruder hat Immunschwäche! So heißt das bei uns! Immunschwäche! Er ist Bluter! Mit vierzehn haben sie ihm in der Klinik verseuchtes Serum gespritzt! Seitdem haben wir ihn in seinem Zimmer versteckt! Aber als er vor zwei Monaten von der Ambulanz geholt wurde und auf die Intensivstation mußte, da haben es die Leute gemerkt: Rahrers haben Aids!« Sie hielt es nicht mehr auf dem Sessel aus und stand auf.

Kempfert wußte nicht, was er ihr sagen konnte.

»Wir sind Aussätzige, Herr Pfarrer! Wir könnten alle genauso gut tot sein!« weinte sie jetzt los, griff aber gleich zu ihrem Taschentuch und tat so, als müßte sie sich nur schneuzen, weil die Tür aufging und Sylvia hereinschaute.

»Mama, kannst du schnell kommen! Manfred!«

Frau Rahrer nickte und stand auf. Kempfert hangelte sich auch hoch.

»Darf ich ihn vielleicht auch begrüßen?« fragte er zögernd. Frau Rahrer steckte das Taschentuch in ihre Handtasche.

»Bitte! Wenn Sie sich trauen! Im Krankenhaus ziehen sie immer Gummihandschuhe an. Damit kann ich nicht dienen!« Sie schaute Kempfert fast spöttisch an, aber Kempfert nickte.

»Bitte!«

»Gut«, sagte sie, »aber nicht jetzt. Erst muß ich Manfred fragen, ob es ihm recht ist, und dann wird er sich zurechtmachen wollen. Er ist da sehr empfindlich.«

»Selbstverständlich!« versicherte Kempfert. »Wann immer Sie meinen! Fragen Sie ihn doch, ob es ihm heute abend recht ist. Wir könnten eine Krankenmesse feiern?«

»Wozu!« schnitt sie ihm die gutgemeinten Worte ab. »Für einen Gott, der so etwas zuläßt? Der Junge hat keinem was getan. Er ist brav in die Kirche mit mir gegangen und hat vor dem Schlafengehen gebetet. Und was hat er davon? Die Hölle hat er!«

Sylvia konnte es nicht mehr ertragen. »Mama!« flehte sie ihre Mutter an aufzuhören.

»Schon gut, Sylvia!« Sie führte Kempfert hinaus und zur Wohnungstür.

»Also bis heute abend«, verabschiedete sich Kempfert. Frau Rahrer übersah die Hand, die er ihr zustreckte.

»Falls er Sie nicht sehen will, schicke ich Sylvia ins Pfarrhaus! Ansonsten kommen Sie um sechs her, falls Sie es sich nicht anders überlegen!«

»Ich werde da sein«, sagte Kempfert.

»Wiedersehen, Frau Rahrer«, sagte Hans Peter und winkte auch Sylvia kurz zu.

»Wiedersehen!« Frau Rahrer schloß die Tür.

Kempfert und Hans Peter gingen schweigend die Treppe hinunter.

*

Auf dem Weg zurück ins Pfarrhaus kamen sie bei der Sparkasse vorbei, und Kempfert blieb kurz vor den Plakaten stehen, die da unübersehbar die Aufmerksamkeit der Menschen auf dem Weg, die Wahrheit und das Leben lehren sollten. Warum nicht, dachte Kempfert nun auch und ging weiter. Es wurde für so vieles geworben, was keinem etwas nützte und vielen sogar schadete. Warum also nicht dafür werben, daß es sich lohnt, über sich und die Welt nachzudenken? Dabei bezweifelte er, ob die Leute wegen drei Plakaten gleich in die Kirche gerannt kämen. Das ganze Theater würde bestimmt ausgehen wie das Hornberger Schießen.

Als er mit Hans Peter auf den Kirchplatz einbog, mußte er

allerdings seinen voreiligen Schluß gleich revidieren, denn vor der »Eberburg« parkte der Kombi der hiesigen Rundfunkanstalt, und ein Drei-Mann-Team war gerade dabei, die Kirche abzulichten.

Hans Peter rannte gleich hin, um zuzuschauen, während Kempfert versuchte, so unauffällig wie möglich, ins Pfarrhaus zu gelangen, und dort beinahe in die Arme des recherchierenden Redakteurs lief, der Else in der Küche interviewte.

»Also, Frau Kempfert, das können Sie mir doch nicht erzählen«, hörte Kempfert ihn sagen, als er durch den Flur ging, »irgendwer muß die Dinger doch in Auftrag gegeben haben! Und wer sonst als der Pfarrer hätte ein Interesse!«

»Tut mir leid«, blieb Else fest, »aber ich kann Ihnen dazu nicht mehr sagen. Die Plakate waren auf einmal da!«

»Auf einmal«, höhnte der Reporter, »wie ein Wunder?!«

Kempfert schlich leise weiter die Treppe hoch in sein Zimmer und wartete an der angelehnten Tür, bis der Herr sich verabschiedete und ging.

Else verfolgte am Küchenfenster den Abgang des unangenehmen Menschen und fuhr erschreckt herum, als Kempfert hereinkam.

»Na?« fragte er, »kommst du heute abend im Fernsehen?«

»Wo warst du?« entgegnete sie zornig.

»Das erzähle ich dir lieber nicht!« Er ging schnell in sein Büro und schloß die Tür hinter sich.

Else wäre ihm bestimmt nachgegangen, aber die Ereignisse auf dem Kirchplatz interessierten sie doch mehr als irgendeine schlechte Lauen ihres Bruders, und sie spähte wieder zum Fenster hinaus.

Das Kamerateam hatte eingepackt und folgte nun dem Redakteur hinüber zur Kirche.

Was wollen die in der Kirche, wunderte sich Else und seufzte. Adam würde sich um die Sache kümmern müssen, bevor sie außer Kontrolle geriet. Sie ging leise zur Bürotür und lauschte. Ihr Bruder telefonierte.

»Nein, Herr Stadler, das verstehe ich nicht und will es auch nicht verstehen«, hörte Else seine wütende Stimme durch die Tür, »das grenzt ja an Sippenhaft!« Else nahm die Hand von der Klinke und schüttelte den Kopf. Sie würde es später noch einmal versuchen, wenn er sich abgeregt hatte.

Aber später war es dann zu spät. Die Milch war verschüttet, wie ein häufig gebrauchtes geflügeltes Wort in Eberstadt lautete. Das Kamerateam stieß auf seiner Suche nach optischer Untermalung des Berichts in der Kirche auf Frau Bebel, die mit August dort den Boden naß wischte, und die einfache Frau mit ihrer schnellen Zunge erzählte ihnen alles, was sie wissen wollten. Natürlich unter dem Siegel der Verschwiegenheit:

»Stellen Sie das Ding mal ab! Das dürfen Sie nicht im Fernsehen bringen, sonst heißt es noch, ich hätte es Ihnen gesagt.«

Der Kameramann ließ sie im Glauben, daß er abgeschaltet habe, und Frau Bebel ließ die Katze aus dem Sack.

»Unser Herr Pfarrer hat mit der ganzen Geschichte nichts zu tun. Das war die Firma Busche und Römer, also fragen Sie die mal lieber, bevor Sie hier so einen Wirbel machen. Der Herr Kempfert hat schon genug Scherereien mit dem Ordinariat.«

»Hast du?« fragte der Redakteur seinen Kameramann. Der nickte. »Sehr gut!« lächelte er und wandte sich wieder an Frau Bebel. »Und jetzt sind Sie doch so nett und zünden uns die Kerzen am Altar an! Das gibt doch mehr Stimmung!«

August, der aus einiger Entfernung das Interview verfolgt hatte, lehnte nun seinen Schrubber an die vierte Station des Kreuzweges und machte sich im Schutze der dicken Säulen davon.

Er erwischte Fräulein Bieler oben im Wohnzimmer des Pfarrers, wo sie mit der Jugendgruppe Firmunterricht hielt und winkte sie zu sich in den Flur.

»Ihr Herr Busche muß her, Fräulein Bieler, und zwar sofort. Die Frau Bebel hat eben alles verpfiffen!« flüsterte er.

»Wie?« fragte Annemarie und verstand Augusts Aufregung nicht ganz.

»Die filmen in der Kirche drüben und wissen, daß Leo

Busche die Plakataktion gestartet hat, und wie ich Kempfert kenne, wird er den Kopf hinhalten, und der Bischof wird draufhauen! Rufen Sie Busche an, er soll kommen!« August sah sie flehend an.

»Ich kann jetzt nicht weg«, sagte Annemarie verzweifelt, »erst in einer Stunde.«

August holte tief Luft. »Na gut! Geben Sie mir die Nummer, Büro und privat und eine Mark. Ich muß von der ›Eberburg‹ aus telefonieren, der Kempfert ist unten im Büro!«

Annemarie nickte und ging ins Zimmer zurück. Kurz darauf kam sie mit ihrer Handtasche zurück und gab August das Verlangte.

»Im Büro ist er nicht, da habe ich es schon versucht!« sagte sie noch.

»Dann ist er sicher bei Danneckers«, überlegte August und steckte das Geld ein. »Keine Angst, den treibe ich schon auf.« Er kniff ein Auge zu und huschte dann die Treppe hinunter, schlich an der Küche vorbei und hinaus. Als er an der Tür zur »Eberburg« war, sah er das Fernsehteam aus der Kirche kommen. Der Kameramann baute das Stativ vor dem Kirchenportal auf, und der Redakteur rannte über den Platz zurück zum Pfarrhaus.

»Jetzt geht es los«, murmelte August und ging hastig in die Kneipe.

Kempfert schaute ärgerlich auf, als es an der Bürotür klopfte und der Redakteur hereinkam.

»Hallo, Herr Kempfert! Gut, daß ich Sie endlich erwische!« strahlte er ihn an. »Zöllner ist mein Name, vom dritten Programm!«

Kempfert legte die Bibel weg, in der er nach einem Psalm für den Abend gesucht hatte. Es war ein Psalm des König Davids, wie er sich erinnerte, der ihn, als er ihn zum ersten Mal gelesen hatte, mit siebzehn, und dann später, immer wieder seltsam berührt hatte, weil er eine so aggressive Anklage des verzweifelten Königs an Gott war. David machte Gott für sein Leid verantwortlich und bat ihn, ihm doch zu helfen.

»Wir hätten gerne noch eine Stellungnahme von Ihnen, Herr Kempfert«, versuchte der Redakteur Kempfert zu überreden und lächelte so überzeugend, wie er nur konnte.

»Ach so, die Plakate«, seufzte Kempfert, »und was ist daran so aufsehenerregend?«

»Na hören Sie mal!« gab der zurück, »Werbung und Kirche! Das ist doch ein Novum, und mich und unsere Zuschauer würde schon interessieren, was Sie sich davon versprechen! Mein Team wartet vor der Kirche! Also bitte! Wenn wir uns beeilen, dann schaffen wir es noch, um 5 Uhr ist Redaktionsschluß.«

Kempfert überlegte. Sollte er einfach ablehnen oder gute Miene zum bösen Spiel machen. Aber dann dachte er, wenn schon, denn schon, und stand auf.

»Also, bringen wir es hinter uns!« sagte er und ging voraus.

Inzwischen hatten sich einige Neugierige bei der Kirche versammelt. Vor der Eberburg hatte sich eine Menschentraube gebildet, einige der Leute hatte noch ihr Glas in der Hand und lachten, als Kurt Maiwald trocken einen seiner Sprüche losließ.

»Da haben wir's wieder! Jetzt kommt Eberstadt endlich mal ins Fernsehen und wen sieht man? Den Pfarrer und seine vergammelte Kirche. Aber Fett schwimmt halt immer oben!«

August drängte sich durch die Türsteher nach draußen und schaute aufgeregt hinüber, wo Kempfert nun neben dem Redakteur vor dem Kirchenportal Aufstellung nahm.

»Ton ab«, rief der Kameramann.

»Ton läuft«, antwortete der Tonmann.

Der Redakteur lächelte und hob das Mikrophon an den Mund.

»Ich steh' hier vor dem Hauptportal von St. Augustin in Eberstadt, einer der ältesten Kirchen im Großraum Frankfurt, und neben mir Pfarrer Dr. Dr. Kempfert, dessen Plakataktion hier am Ort und sicher bis nach Limburg beim Bischof für einige Aufregung gesorgt hat!« Er hielt jetzt Kempfert das Mikrophon hin. »Herr Pfarrer, ist diese Art der Missionierung nicht etwas … äh … anstößig?«

Kempfert runzelte die Stirn.

»Anstößig? Wenn überhaupt, dann vielleicht ungewöhnlich! Aber gute Werbung ist immer ungewöhnlich, oder?«

»Sicher«, gab Redakteur Zöllner zu, »aber die Geister scheiden sich doch hier am Produkt, für das Sie werben, und das ist ja Ihre Religion oder etwas provokativer formuliert, Gott?«

Kempfert nickte und schaute direkt in die Kamera.

»Und der hat gesagt: ›Wer Augen hat zu sehen, der sehe, und Ohren hat zu hören, der höre‹, und eine bessere Antwort kann ich Ihnen auch nicht geben!«

Der Redakteur setzte zur nächsten Frage an, aber da unterbrach das Motorengeräusch von Busches Porsche die atemlose Stille auf dem Kirchplatz, und Zöllner mußte warten, bis Busche den Zündschlüssel abgezogen hatte und ausgestiegen war.

»Sind denn noch weitere Aktionen geplant«, wandte er sich wieder an Kempfert.

»Allerdings!« legte Kempfert jetzt los. »Ich habe es nämlich bis obenhin satt, einfach nur dazustehen und zusehen zu müssen! Wir müssen den Mund aufmachen und uns dagegen wehren, daß Stück für Stück abbröckelt, was einmal ›gut‹ war. Sie finden diese Plakate ungewöhnlich, ich finde viel empörender, was sich sonst so abspielt in unserer Gesellschaft. Machen Sie doch mal einen Bericht über die Diffamierung einer ganzen Familie mit einem Aidskranken in der Wohnung, aber das ist natürlich keine Sensation mehr, damit langweilt man die Zuschauer nur, nicht wahr? Aber hätte ich keine Liebe, dann wäre ich nichts als tönernes Erz und eine klingende Schelle ... oder, was meinen Sie, Herr Busche?« begrüßte er Leo, der sich neben ihn stellte. »Herr Busche ist nämlich der Initiator der Aktion!«

Der Redakteur zog Busche vor die Kamera und hielt ihm das Mikrophon hin.

»So ist es!« lächelte Busche. »Jede Botschaft muß unter die Leute gebracht werden, falls sie etwas bewirken soll, warum also nicht auch oder gerade die sogenannte ›Frohe Botschaft‹.

Und Busche und Partner sind stolz darauf mit diesem Konzept für Aufregung gesorgt zu haben.«

»Danke«, schloß Zöllner jetzt und lächelte seinen imaginären Zuschauern wieder zu, »und für diejenigen, die noch keine Gelegenheit hatten, die Plakate zu sehen, hier eine Kostprobe!«

Er lächelte noch etwas länger als nötig, bis der Kameramann abgeschaltet hatte, und schüttelte dann eilig Kempferts Hand.

»Das haben Sie sehr schön gesagt, Herr Pfarrer«, sagte er abfällig, »nur werden Sie mit Ihrer Predigt eben genau so wenig erreichen wie mit Ihren Plakaten! Guten Tag, die Herren!« Er wickelte die Schnur ums Mikrophon und ging. Kempfert schaute Leo an.

»Na, zufrieden?« fragte er.

»Man tut, was man kann!« antwortete Leo.

»Manchmal ist das nicht genug, aber sicher ist das eine gute Werbung für Busche und Partner!«

»Ich habe meinem Partner heute früh gekündigt«, sagte Leo ruhig. Kempfert, der schon gehen wollte, drehte sich überrascht um. Leo lächelte. »Ich bin aus der Firma ausgetreten. Ich...« Leo zögerte und fuhr sich nervös durch die langen Haare. »Na ja, ich bin ›ausgestiegen‹, wie man so sagt, ich habe genug Spaß gehabt. Jetzt wird es ernst!«

Ohne auf eine Antwort Kempferts zu warten, ging er die Stufen hinunter und hinüber zum Pfarrhaus, wo er Annemarie aus dem Fenster schauen sah.

Kempfert drehte sich um und ging in die Kirche.

»Halt, Herr Pfarrer!« empfing ihn die aufgeregte Stimme von Frau Bebel. »Nicht durch den Mittelgang, da ist noch alles naß!«

Kempfert ging gehorsam durch das Seitenschiff nach vorne und setzte sich auf seinen Platz. Frau Bebel, die ihm ein Stück gefolgt war, blieb auf halbem Weg stehen. Sie spürte, daß Kempfert allein sein wollte.

*

Es dämmerte schon, als Kempfert mit Hans Peter kurz nach sechs Uhr wieder bei Rahrers vor der Tür standen.

Frau Rahrer öffnete und ließ die beiden herein.

»Manfred freut sich, aber er hat Schmerzen. Also bitte nicht so lange, Herr Pfarrer!«

Sie hatte ein dunkles Kleid angezogen und auch Sylvia überredet, etwas »Nettes« anzuziehen. Es roch nach Bohnerwachs im Flur.

»Die anderen wollen auch kommen«, flüsterte Hans Peter Sylvia zu. »Alle«, bekräftigte er mit einem Nicken, »ich habe ihnen Bescheid gesagt.«

Frau Rahrer ließ Kempfert an sich vorbei in Manfreds Zimmer, und Kempfert ging auf das Bett unter der Dachschräge zu, in dem Manfred mit zwei Kissen im Rücken halbaufgerichtet saß und ihm entgegensah. Kempfert stellte seine Tasche mit der Eucharistie auf dem kleinen Schreibtisch ab und setzte sich auf die Bettkante. Der junge Mann war abgemagert und Ekzeme bedeckten das Gesicht. Kempfert streckte seine Hand aus.

Manfred schüttelte langsam den Kopf.

»Das brauchen Sie nicht!«

»Ich will aber«, sagte Kempfert lächelnd und hielt seine Hand so lange ausgestreckt, bis Manfred sie schließlich ergriff.

»Ich weiß, ich kann dir nicht viel helfen, aber deine Hand halten kann ich. Was kann ich dir auch schon sagen!«

Kempfert hielt Manfreds Hand fest und legte nun auch seine andere auf die Hand des Jungen.

»Warum bin ich nicht tot, Herr Pfarrer! Warum?«

Kempfert seufzte. »Darauf gibt es keine Antwort oder ich weiß keine. Aber es gibt ein Lied von König David, das ich herausgesucht habe und wieder gelesen habe, weil ich sehr traurig und wütend bin wie du und wie damals der David. Willst du es hören?«

Frau Rahrer wollte etwas sagen, aber da läutete es an der Tür. Sylvia rannte hinaus. In der Zwischenzeit zog Kempfert seine abgegriffene Bibel aus der Tasche und schlug sie auf. Er schaute Manfred an.

»Willst du?«

»Ich weiß nicht!« flüsterte er schwach. »Sind doch alles nur fromme Sprüche!«

Kempfert schüttelte den Kopf. »Nein, mein Junge, das sind keine frommen Sprüche. Das da hat einer geschrien, der am Ende seiner Kraft war wie du...« Kempfert begann zu lesen. Hinter ihm kamen die Klassenkameraden ins Zimmer und blieben verlegen an der Tür stehen, aber ihre Verlegenheit wich schnell, als Kempferts Stimme die kleine Dachkammer bis in den letzten Winkel füllte.

»Herr, warum zürnst du mir! Laß es genug sein mit dieser Pein! Deine Pfeile bohren sich in mich und deine Hand schlägt mich schwer! An meinem Körper ist keine heile Stelle und keines meiner Glieder ist mehr gesund. Ich bin am Ende mit meiner Kraft, kann nur noch schreien vor Qual! Es zittert mein Herz, kraftlos liege ich, selbst meine Augen versagen mir den Dienst...« Kempfert machte eine kleine Pause, um seiner eigenen Rührung Herr zu werden. Auch die Freunde Manfreds bekamen nasse Augen und Frau Rahrer weinte. Sylvia griff nach ihrer Hand.

Kempfert räusperte sich und las weiter. Manfred hatte seine Augen geschlossen und lauschte.

»Die Freunde und Nachbarn meiden mich, weil sie mein Unglück fürchten, selbst meine Nächsten haben sich entfernt. Man will, daß ich sterbe und stellt mir nach, man verwünscht mich und lästert hinter meinem Rücken, tagaus, tagein. Oh Herr, laß mich nicht allein, verbirg dich nicht vor mir. Mein Gott, komm und hilf mir bald, Herr, du mein Retter.«

Kempfert ließ das Buch sinken und schaute Manfred an. Der öffnete langsam seine Augen und sah seine Freunde an der Tür.

»Hallo«, lächelte er.

Auch Kempfert drehte sich jetzt um.

»Ja so was! Das ist aber toll, daß ihr doch gekommen seid! Kommt rein, kommt rein, dann feiern wir jetzt zusammen mit Manfred die Heilige Messe.« Aber keiner rührte sich, und Kempfert hätte sich auf die Zunge beißen können. Das war wieder mal ganz typisch für ihn, immer einen Zahn zuviel, immer mit der Tür ins Haus, anstatt Manfred mit seinen Freunden reden zu lassen, deren Anteilnahme ihm sicher wichtiger war und mehr helfen konnte als jeder Dr. Dr. Kempfert. Aber da rettete der kranke Junge die Situation.

»Seien Sie mir nicht böse, Herr Pfarrer, aber eine Party wäre mir lieber, wenn ich schon so viel Besuch habe endlich mal!«

»Genau!« rief Frau Rahrer und schob Sylvia an. »Los, Sylvia, hol Gläser und die große Flasche Cola.« Sylvia rannte hinaus. »Und der Hans Peter sorgt für Musik, da drüben ist der Plattenspieler.«

»Genesis«, rief Manfred ihm vom Bett aus zu, und Hans Peter legte die Platte auf. Auch die anderen wurden jetzt munter und begrüßten Manfred, und bald war die kleine Fete in vollstem Gange. Als Sylvia mit einem der Jungs zu tanzen begann, räumte Kempfert das Feld und ging hinüber in die Küche, wo Frau Rahrer im Dunkeln am Tisch saß. Er setzte sich zu ihr.

»Es tut mir leid! Ich ... na ja ... ich ...«

»Schon gut, Herr Pfarrer«, unterbrach sie ihn, »woher sollen Sie auch wissen, wie es in einem Menschen aussieht, der durchgemacht hat, was der Junge durchgemacht hat. Das weiß nur er und ich!« Sie schaute ihn an. »Weil ich seine Mutter bin.«

Kempfert nickte und dachte: Und ich hätte ihm ein Vater sein sollen und war nur ein Pfarrer. Aber er sagte es nicht. So saß er einfach nur da und versuchte zu beten, während von drüben die Musik herüberklang und das Lachen der Kinder.

*

Auch Leo und Annemarie saßen im Dunkeln auf der Stufe des alten Getreidespeichers im Pfarrhof und hielten sich bei der Hand. Die Musikbox in der »Eberburg« war mal wieder defekt, und deshalb war es stiller als sonst.

»Du bist verrückt, Leo!« flüsterte Annemarie. »Du kannst doch nicht alles aufgeben!«

»Doch, das kann ich. Und ich bin froh, daß mir das noch

rechtzeitig klar geworden ist. Morgen verkaufe ich den Wagen.« Annemarie schaute ihn jetzt an.

»Du willst doch nicht etwa zu Fuß gehen?«

»Es gibt Straßenbahnen, und Fahrradfahren ist gesünder. Da kann ich endlich auch aus dem Fitneßclub austreten.«

»Du machst mir Angst, Leo!« seufzte Annemarie.

Leo legte den Arm um sie und zog sie an sich.

In diesem Augenblick hörten sie das Hoftor in den Angeln quietschen, und Kempfert stieg die Stufen zum Pfarrhaus hoch. Er hatte den Blick gesenkt und sah sie nicht. Als er im Pfarrhaus verschwunden war, küßten sie sich.

»Adam? Bist du das?« Else kam Kempfert in den Flur entgegen. »Hast du Hunger? Ich habe dir Linsen gekocht!«

Kempfert schüttelte den Kopf und ging an ihr vorbei durch die Küche in sein Büro, wo er sich auf seinen Stuhl fallen ließ und vor sich hinstarrte.

Else war ihm gefolgt und beobachtete ihn besorgt.

»Willst du deine Pfeife?« fragte sie schließlich und trat neben ihn, als er nicht antwortete.

»War es so schlimm?« Kempfert nickte und atmete tief durch.

»Du kannst nicht alles auf dich nehmen, was in Eberstadt alles an Unglück geschieht, Adam! Das hält kein Mensch aus!« tröstete sie ihn und zog die Schublade des Schreibtisches auf.

»Ein Mensch vielleicht nicht, aber ein richtiger Pfarrer!« beharrte Kempfert.

Else nahm die Pfeife heraus und legte sie vor ihn auf den Tisch. »Du bist ein guter Pfarrer, Adam!«

»Nicht gut genug, Else, nicht gut genug«, sagte er traurig und legte die Pfeife zurück in die Schublade.

*

Am nächsten Tag, am Sonntag nach dem Hochamt, das erstaunlicherweise, trotz der Plakataktion oder wegen der Plakataktion, besser besucht war als sonst, kam Frau Rahrer in die Sakristei. Schon als sie hereinkam und Kempfert ihre rotgeweinten Augen sah, wußte er, was sie sagen würde.

»Sie haben Manfred heute nacht geholt. Auf der Intensivstation um vier Uhr ist er gestorben«, sagte sie tonlos.

Kempfert ging auf sie zu.

»Oh, Frau Rahrer, ich..., das ist...«

»Nein, nein«, sagte sie schnell, »das ist gut so und ich bin froh. Jetzt hat er keine Schmerzen mehr! Und als es zu Ende ging, da hat er gelächelt... wie der König David.«

Sie lächelte tapfer und ging hinaus, begleitet vom Läuten der Glocken und der Orgelmusik.

Die spanische Madonna

Gott sei Dank wurden die Tage jetzt länger, und der wintergraue Himmel über Eberstadt zeigte ab und zu schon eine Andeutung von sommerlichem Blau. Ein paar Tage lang war es sogar so heiß, daß die Schulkinder ihre Anoraks auf dem Heimweg über den Ranzen hängten und Kurt Maiwald in Ermangelung einer Klimaanlage Tür und Fenster seiner Kneipe aufreißen mußte, und das schon am frühen Morgen.

Aber auch sonst ging es »heiß« her in der »Eberburg« und der Familie Maiwald. Das Problem: Marion Maiwald. Die Ursachen des Problems: Enrice Sandez und der Frühling. Letzterer hatte nämlich nicht nur die Tulpen in den Vorgärten aus ihren Zwiebeln getrieben und die Narzissen, sondern auch Marion Maiwald aus ihrem Elternhaus ins südliche Spanien.

Daß zur gleichen Zeit auch Enrice Sandez seine Lehre bei Elektro-Haufler hingeschmissen hatte und auch verschwunden war, konnte kein Zufall sein und trieb Kurt Maiwald bei bloßem Gedanken eine Röte ins Gesicht, die denen der Tulpen in nichts nachstand.

»Nicht, daß Sie denken, ich bin gekommen, um hier zu Kreuze zu kriechen«, knurrte er Kempfert kampflustig an, der überrascht die Augenbrauen hochzog, als er Kurt Maiwald nach der Frühmesse auf dem Besuchersofa im Büro vorfand.

»Zu Kreuze kriechen? Um Himmels willen, Herr Maiwald,

tun Sie mir das nicht an. Ein guter Feind ist mir lieber als ein schlechter Freund, und mit wem könnte ich sonst über das goldene Telefon des Papstes diskutieren oder über den Zölibat«, scherzte Kempfert, während er die Frühstückspfeife aus Elses Nähkorb fischte und sich setzte.

»Genau«, gab Maiwald zornig zurück, »wissen Sie, daß fast fünfzig Prozent aller Pfarrer schwul sind?«

Kempfert nahm den »Ball« auf und antwortete mit einer gekonnten Rückhand.

»Was Sie nicht sagen! Und wußten Sie, daß fünfzig Prozent aller Kneipiers Alkoholiker sind, und fast fünfzig Prozent aller Brillenträger kurzsichtig?«

Maiwald winkte ungeduldig ab und wechselte das Thema.

»Meine Tochter ist verschollen«, sagte er abrupt und schaute Kempfert anklagend an. Kempfert wich seinem Blick aus und stopfte seine Pfeife.

»Verschollen würde ich nicht sagen. Barcelona, Avenida Columbus, siebzehn.«

Maiwald stand auf und trat an den Schreibtisch.

»Woher wissen Sie das?«

»Ich habe eine Postkarte bekommen, Sie etwa nicht?« erwiderte Kempfert betont gelassen und hielt ein Streichholz an den Tabak.

»Ich nicht«, seufzte Maiwald, »aber meine Frau. Und dieser Brief kam gestern!« Er zog den Brief aus seiner Jacke und hielt ihn Kempfert hin. »Meine Frau fängt die Post ab, aber den hier habe ich erwischt.«

Der Brief war an Senior Kurt Maiwald gerichtet, und von der Briefmarke lächelte Goyas »Nackte Maja«, als wüßte sie über alles Bescheid.

»Ich bin Marions Vater und habe ein Recht darauf zu wissen, was meine Tochter wo und mit wem treibt, oder?«

Kempfert reichte den Brief zurück: »Na, jetzt wissen Sie es.«

»Eben nicht«, rief Maiwald empört, »der Brief ist in spanisch. Und Sie können doch Latein, oder? Das ist doch praktisch dasselbe.«

Jetzt begriff Kempfert Maiwalds Dilemma, und er lächelte.
»Ja! Rein statistisch gesehen schon. Mehr als fünfzig Prozent aller Wörter der spanischen Zunge stammen aus dem Latein.«
Maiwald zog es vor, die Spitze zu überhören und streckte Kempfert den Brief wieder hin: »Herr Kempfert, bitte. Oder soll ich vor Ihnen auf die Knie fallen? Ich liebe meine Tochter, ob Sie es glauben oder nicht, und daß ich ihr eine runtergehauen habe, tut mir leid, obwohl sie es verdient hat!«
Kempfert machte ein zweifelndes Gesicht und wiegte den Kopf, aber als Maiwald nun seinen letzten Trumpf ausspielte und konstatierte, daß alles nur soweit gekommen sei, weil Kempfert sich eingemischt hätte und ihn gebremst hätte, als er Marion den spanischen Kerl austreiben wollte, erklärte sich Kempfert schließlich bereit, als Dolmetscher zu wirken, nicht zuletzt, weil er selber neugierig war, was Enrices Vater Marions Vater mitzuteilen hatte. Während er nun begann, die spanischen Worte zu entziffern, redete Maiwald erleichtert weiter auf Kempfert ein:
»Was würden Sie denn machen, wenn Ihre Tochter mit einem Gastarbeiter ankommen würde? He? Der hat es doch nur auf mein Geld abgesehen und auf meinen Betrieb. Pizzeria Sandez, wie? Ich sehe es schon plastisch vor mir. Bettvorleger an den Wänden, Fischnetze an der Decke, an denen rote Plastikkrebse hängen! Ne, ne, Herr Kempfert: Die ›Eberburg‹ bleibt deutsch.« Er schaute Kempfert erwartungsvoll an, aber der warf einen Blick auf seine Armbanduhr und winkte Maiwald zu, sich zu setzen.
»Wollen Sie noch die Nationalhymne singen oder wollen Sie hören, was in Ihrem Brief steht. Ich muß nämlich in zehn Minuten weg.«
Maiwald setzte sich gehorsam, ohne einen Blick von Kempfert zu lassen. Kempfert klopfte seine Pfeife aus und begann:
»Also, Juan Sandez bittet Sie, und zwar dringend und unter Beschwörung der Madonna und aller Heiligen, dafür zu sorgen, daß Ihre Tochter Marion seinen Sohn in Ruhe läßt. Sie habe sich schamlos an ihn herangemacht und verführt, was

nur daran liegen könne, daß Senior Maiwald seine Tochter nicht richtig erzogen habe.«

Kempfert schaute Maiwald an, der nach Luft rang und nicht fassen konnte, was er da zu hören bekam.

»Es wird noch spannender«, fuhr Kempfert schnell fort, als Maiwald losschimpfen wollte, »da steht, daß dieses Mädchen nicht einmal ordentlich kochen könne und mit angemaltem Gesicht herumlaufe, den ganzen Tag nur faulenze, und Herr Sanchez habe den Verdacht, daß Marion nur hinter Enrices Geld und dem florierenden Elektrogeschäft von Herrn Sandez her sei!« Kempfert konnte nicht anders als lachen. »Pizzeria ›Eberburg‹ ist nicht!«

Jetzt hielt es Maiwald nicht länger auf dem Sofa.

»Das ist ja wohl das Letzte. Was bildet sich dieser Mensch eigentlich ein! Meine Marion ist für seinen Romeo allemal gut genug.«

»Tja«, stellte Kempfert fest, »in Barcelona ist Ihre Marion eben auch nur eine Gastarbeiterin.« Er reichte Maiwald den Brief zurück und stand auf. »Warum rufen Sie nicht einfach mal da unten an?«

»Bei dem? Ich denke nicht daran«, empörte sich Maiwald und stopfte den Brief in seine Tasche.

»Nein, ich meine Ihre Tochter. Also nach den Zeilen von Herrn Sandez zu schließen, scheint Marion ja vom Regen in die Traufe gekommen zu sein. So einen Vater wie den hat sie ja auch zu Hause, der dauernd rumschimpft und nichts von ihr hält.«

»Ich liebe meine Tochter!« brüllte Maiwald fast verzweifelt.

»Vielleicht verwechseln Sie das«, entgegnete Kempfert ruhig, »aber klauen Sie Ihrer Frau doch mal das Neue Testament aus der Nachttischschublade und schauen unter Korinther dreizehn nach. Da steht, was Liebe ist.«

Er schaute Maiwald liebevoll an und klopfte ihm auf die Schulter. »Rufen Sie sie an, Herr Maiwald.«

Maiwald seufzte und schüttelte den Kopf. »Sie will sich doch nichts von mir sagen lassen. Es ist zum Heulen.«

Kempfert begleitete ihn zur Tür. »Einer muß den Anfang machen«, ermutigte er den armen Vater und wollte gerade noch seine alte Tasche holen, als Annemarie Bieler hereinkam.

»Kann ich Sie einen Augenblick sprechen, Herr Kempfert?«

Kempfert war zu spät dran, aber als er Annemaries verlegenes Gesicht sah, stellte er die Tasche wieder ab.

»Ja natürlich, was ist? Liebeskummer?«

Er hatte offensichtlich ins Schwarze getroffen, denn Annemarie schaute zu Boden und sagte leise:

»Friedhelm und ich werden uns trennen.«

Kempfert seufzte. Er hatte es kommen sehen.

»Schade!« sagte er, »dann hat es Leo Busche doch geschafft.«

Annemarie schaute auf. »Das hat weniger mit Leo zu tun, als mit mir. Klar, Friedhelm kümmert sich nur um seine Karriere, seine Tournee. Ihm geht es doch nicht um die Gemeinde oder den Gottesdienst, nur um seine Musik!«

»Na ja, Leo Busche ist ja auch nicht gerade ein Betbruder, oder?« unterbrach sie Kempfert.

»Leo ist verantwortungslos und leichtsinnig, aber er ist so lebendig, nicht so verbissen wie Friedhelm. Die Welt ist wie ein riesiger Spielplatz für Leo, kein Jammertal wie für uns.« Und als käme ihr jetzt erst der Gedanke, fügte sie hinzu: »Mir kommt es so vor, als ob es bei uns immer regnet, und bei Leo scheint unentwegt die Sonne. Verstehen Sie, was ich meine?«

Natürlich verstand Kempfert, aber was sollte er da sagen? In seinem Alter hatte man sich daran gewöhnt, daß es auf der Welt recht traurig zugeht, aber Annemarie mit ihren fünfundzwanzig Jahren nahm alles doch viel mehr mit. Das Pfarrhaus war für die Verzweifelten, die Hilflosen, die Kranken und Alten eben die letzte Station und oft die letzte Hoffnung. Wenn es den Leuten gut ging, kamen sie nicht. Warum auch? Nur, so bekam Annemarie nur die Schattenseite des »Jammertals« mit, und wenn nun ein Leo Busche von der Sonnenseite kam, braungebrannt und lustig, da war eine Annemarie ein leichtes Opfer.

»Wo immer nur die Sonne scheint, kann nichts wachsen, Fräulein Bieler. Und wo nichts wächst, ist eine Wüste. Leo

Busche spürt das, auch wenn er es gut zu überspielen weiß, und deshalb braucht er jemanden wie Sie. Sie sind sein Regen, sozusagen.«

Er hielt inne, weil er merkte, daß Annemarie etwas anderes erwartet hatte, und als jetzt die Tür aufging und Else den Wagen von Herrn Dannecker ankündigte, der mit Deutz vor dem Pfarrhaus wartete, waren beide froh, daß sie zur Tagesordnung übergehen konnten.

»Aber ich kann Herrn Deutz auch sagen, daß es etwas länger dauert«, fügte Else schnell hinzu, als ihr Annemaries Verhalten auffiel, die schnell zu ihrer Schreibmaschine ging.

»Nein, nein! Gehen Sie nur, Herr Kempfert!«

Else schaute ihren Bruder fragend an. Aber der griff seine Taschen und ging an Else vorbei hinaus.

»Was wollte Maiwald von dir?« rief ihm Else noch nach, aber bekam keine Antwort.

*

Kurt Maiwald stand wie hypnotisiert vor dem schwarzen Telefon und starrte es an. Schließlich griff er nach dem Hörer und wählte die Nummer der Auslandsauskunft.

»Ja, Fräulein, ich brauche eine Telefonnummer in Barcelona, Juan Sandez. So heißt wahrscheinlich jeder Dritte, aber der hat ein Elektrogeschäft in der Avenida Columbus.«

Es war ihm sichtlich peinlich, daß ausgerechnet jetzt seine Frau hereinkam und sich neben ihn stellte.

»Wen rufst du an?«

Maiwald schob sie beiseite und notierte die Nummer auf dem Rand eines Bierdeckels. »Danke, Fräulein, nur die Vorwahl brauche ich auch noch.«

Trude schaute ihm über die Schulter.

»Spanien? Du willst Marion anrufen?«

Maiwald schrieb die Vorwahl auf und drückte die Gabel nach unten. »Du rufst an, wenn ich anrufe, dann hängt sie doch gleich wieder auf, weil ich bin ja der Buhmann, der das junge Glück zerstört.«

Er hielt ihr den Hörer hin. »Also jetzt mach schon!«

»Ja, und was soll ich ihr denn sagen?«

Sie schaute ihren Kurt ratlos an. Der wandte sich ab, da er ihr nicht zeigen wollte, wie besorgt er wirklich war und wie sehr sein Stolz darunter litt, daß er klein beigeben mußte.

»Sag ihr halt, sie soll heimkommen, und wenn es nicht anders geht, dann soll sie ihn eben mitbringen.«

»Den Enrice?«

»Wen sonst? Den König von Spanien?« brauste Maiwald auf, aber seiner Frau konnte er nichts vormachen. Sie hatte ihn durchschaut, und lächelnd begann sie, die Nummer zu wählen. Und nun überstürzten sich die Ereignisse: Während Trude Maiwald wählte, Kurt unruhig auf und ab ging und gegenüber vor dem Pfarrhaus Kempfert in den Wagen Danneckers stieg und wegfuhr, lief ein Mädchen von der Hauptstraße kommend auf die »Eberburg« zu, stellte kurz ihren Koffer ab, um zu verschnaufen und ging dann hinein.

Kurt Maiwald stand jetzt neben seiner Frau, die Enrice am anderen Ende des Telefons hatte und ihren Ohren nicht traute: »Ja, wann um Himmels willen? Und wohin?«

Kurt riß ihr den Hörer aus der Hand: »Also, hör mal gut zu, mein Lieber! Ich will jetzt sofort wissen, wo meine Tochter ist, oder ich komme persönlich und hole sie.« Bevor Kurt noch mehr Dampf ablassen konnte, hörte er hinter sich die Stimme, die er seit Wochen am meisten vermißt hatte.

»Papa!«

Kurt und Trude fuhren herum und starrten ihre gemeinsame Tochter an, der jetzt die Tränen in die Augen schossen, als sie den Koffer fallen ließ und in die weitgeöffneten Arme ihrer Mutter stürzte.

»Mama!«

Marion war wieder da und wäre Kurt kein Atheist aus Leidenschaft gewesen, dann hätte er jetzt an ein Wunder geglaubt.

»Was machst du bloß, Kind«, stammelte er gerührt und nahm sie auch in den Arm.

Als Kempfert endlich bei Dannecker ankam und sich von Frau Möller in die Bibliothek führen ließ, saßen da schon der Bürgermeister und Klaus Bardusch in den alten Ledersesseln, und Bardusch wandte ärgerlich den Kopf, weil er durch Kempferts Ankunft in einer seiner bekannten flammenden Reden unterbrochen wurde.

»... und ich finde es ziemlich unverfroren, Herr Dannecker, wenn Sie jetzt hergehen und die Schuld am Ausverkauf von Eberstadt der Presse in die Schuhe schieben wollen.«

Dannecker stellte sein Glas ab und begrüßte Kempfert, der sich für seine Verspätung entschuldigte und sich neben Dannecker aufs Sofa setzte.

»Dann können wir ja endlich zur Sache kommen«, begann er mit einem fast mitleidigen Blick auf Bardusch, »denn bis jetzt hat unser Freund von der Presse nur Persönliches von sich gegeben. Also erstens möchte ich Ihnen danken, daß Sie meiner Einladung gefolgt sind. Zweitens möchte ich Sie bitten, einmal zu versuchen, die Dinge von Ihren jeweiligen Interessen aus objektiv zu betrachten, und drittens...« Dannecker machte eine bedeutende Pause und schaute von einem zum andern. »Kein Wort, das hier gesprochen wird, darf an die Öffentlichkeit kommen.«

»Dann kann ich ja gleich wieder gehen«, begehrte Bardusch auf und wurde von Kempfert zurechtgewiesen.

»Bitte, Herr Bardusch, das ist keine Pressekonferenz!«

Auch Rösner hatte genug von Barduschs Journalistengetue.

»Also jetzt versuchen Sie mal, Ihren Mund zu halten, und hören Sie zu! Sie haben weiß Gott genug geredet und geschrieben.«

So etwas konnte sich ein Journalist natürlich nicht sagen lassen, und schon war Bardusch wieder auf Hochtouren.

»Jetzt fangen Sie auch noch an. Wo wären Sie denn ohne die Presse, Herr Bürgermeister? Wie eine blinde Kuh würden Sie herumrennen, und der Herr Dannecker könnte Sie für dumm verkaufen. Oder glauben Sie im Ernst, die hätten irgend etwas unternommen ohne die Kampagne in meiner Zeitung?«

Er schaute Dannecker giftig an und Kempfert, der nicht wollte, daß dieses wichtige Gespräch gleich im Keim erstickt wurde, griff schnell ein, bevor Dannecker Bardusch etwas an den Kopf knallen konnte.

»Bitte, meine Herren! Statt darüber zu streiten, wer Schuld hat oder wie es kommt, daß die Umweltschutzmaßnahmen im Werke Eberstadt nicht den Vorschriften entsprechen, sollten wir lieber überlegen, wie es weitergehen soll. Und wenn ich da gleich einen Vorschlag machen darf?«

Alle schauten Kempfert an, denn aus dieser Ecke hatte keiner mit einer Lösung des Problems gerechnet, und auch Jutta Dannecker, die gerade hereinkam und Kempferts letzten Satz mitgekriegt hatte, setzte sich leise auf die Sofalehne neben ihren Vater und wartete gespannt auf Kempferts Vorschlag.

»Ich bin kein Volkswirt und bestimmt auch kein Weltverbesserer, aber bevor nun das Werk dichtgemacht wird und achthundert Arbeitsplätze verloren gehen, weil kein Geld da ist für die Filteranlagen, sollte man doch vorher alle die zur Kasse bitten, die letztlich vom Werk profitieren.«

»Die Herren Unternehmer, zum Beispiel«, platzte Bardusch dazwischen und verstummte, als Kempfert ihn fixierte.

»Ja, die Unternehmer und Aktionäre verzichten eben mal auf ihre Dividende, aber auch die Gemeinde könnte mit den Steuern ein oder zwei Jahre aussetzen, und die Arbeiter könnten kürzer treten bei ihren Lohnforderungen, und ich könnte mal mit dem Bischof über die Kirchensteuer reden. Hier geht es schließlich um Sein oder Nichtsein!«

Dannecker, der Kempfert mit wachsendem Amüsement zugehört hatte, lachte jetzt auf.

»Herr Kempfert, bitte, was soll das! Wir leben doch nicht in Utopia.«

Auch Rösner schüttelte den Kopf und Bardusch konnte es nicht fassen.

»Herr Pfarrer«, stöhnte er, »der Dannecker-Konzern hat genug Geld für diese lausige Filteranlage.«

»Zwei Millionen!« fuhr Jutta jetzt dazwischen. »Nennen Sie

mir einen Grund, warum wir zwei Millionen in eine Firma investieren sollten, die pro Jahr vier Millionen Verlust macht, Herr Bardusch. Aber es dürfte Sie und Ihre Leser interessieren, daß wir heute den Grundstein für ein neues Werk in St. Lucia legen. In Spanien brauchen wir keine Filteranlage für ›lausige‹ zwei Millionen.«

»Also doch«, rief Rösner jetzt. »Dann ist alles beschlossene Sache.«

»Das letzte Wort hat mein Vater«, erwiderte Jutta gelassen, »und ich hoffe, er ist Unternehmer genug, diesen Fantastereien von Herrn Kempfert und dem Geschwafel von Herrn Bardusch nicht auf den Leim zu gehen.«

Bardusch hatte genug und stand wütend auf.

»Kommen Sie«, sagte er zu Rösner, »wir sind hier überflüssig.«

Rösner schaute den alten Dannecker an, als hoffte er auf irgendeine Äußerung, die ihn davon abhalten konnte, Barduschs Aufforderung zu folgen.

»Vielleicht können Sie Herrn Bardusch wenigstens davon überzeugen, so lange stillzuhalten, bis wir Zeit gehabt haben, alle Möglichkeiten zu überprüfen«, sagte Dannecker mit müder Stimme und stand auch auf.

Rösner nickte langsam und gab Dannecker die Hand. »So lange Sie zu uns halten, halte ich zu Ihnen.«

»Ich brauche nur drei, vier Wochen, dann können Sie über mich herfallen.«

Bardusch war schon an der Türe und wartete ungeduldig. Rösner nickte Kempfert zu und ging.

»Wollen Sie nicht auch gehen?« meinte Jutta zu Kempfert, der ziemlich betreten dastand.

»So schnell gebe ich nicht auf«, erwiderte er und setzte sich. Auch Dannecker ließ sich auf das Sofa fallen. »Was erwarten die Leute von mir?« sagte er hilflos und schaute Kempfert an.

»Von meinem Vorschlag halten Sie wohl auch nichts?« gab Kempfert zurück. »Man könnte es doch wenigstens mal versuchen, die sogenannten Kräfte der Gesellschaft am gleichen Strang ziehen zu lassen.«

»Das wäre ja vernünftig, Herr Kempfert, und was vernünftig ist, das war doch schon immer und von vornherein zum Scheitern verurteilt.«

Jutta hatte wohl genug von dem unproduktiven Gerede und stand auf.

»Also meine Meinung kennst du, und bevor Sie hier den Stein der Weisen suchen und am Ende doch nur zugeben müssen, daß auf dieser Welt ohne Geld nichts geht, möchte ich mich lieber ausblenden. Wie gesagt, wir legen heute den Grundstein in St. Lucia.« Sie wandte sich an ihren Vater und versuchte, ihn einladend anzulächeln. »Willst du nicht doch mitfliegen? Blaskapelle, Champagner und schöne Reden, so was magst du doch!«

Dannecker schüttelte den Kopf. »Nicht, wenn ich dazu über zweitausend Kilometer im engen Firmenjet fliegen muß!«

»Sie fliegen nach Spanien? Jetzt?« Kempfert wurde hellhörig.

»Ja!« erwiderte Jutta, »ich muß heute abend wieder zurück sein zum Empfang im Rathaus.«

Kempfert überlegte fieberhaft. Spanien! Er könnte nach Maiwalds Marion schauen und unterwegs mit Fräulein Dannecker vielleicht zu irgendeiner Art Verständigung kommen. Offenbar ging im Hause Dannecker nichts ohne ihren Willen.

»Hätten Sie etwas dagegen wenn ich mitfliege?«

Jutta stutzte. »Nach Barcelona? Was wollen Sie da?«

Kempfert tat es schon leid, überhaupt gefragt zu haben. »Das ist eine lange Geschichte. Die Tochter eines Bekannten ist durchgebrannt, und ich habe das Gefühl, sie hat Probleme, aber das ist vielleicht doch keine gute Idee!«

Jutta schaute Kempfert abschätzend an. Es war an der Zeit, daß sie sich über diesen Mann klar wurde. Er wirkte so unschuldig und fast dümmlich in seinem dunklen Anzug, der sich über den riesigen Bauch spannte, aber Jutta, die ihn von seinen Büchern her als scharfsinnigen Theoretiker kannte, wurde den Verdacht nicht los, daß auch in praktischer Hinsicht mehr in ihm steckte, als es den Anschein hatte. Und auf dem langen Flug würde sie sicher herausbekommen, was Kempfert im Schilde führte.

»Bitte, von mir aus gern, aber wir müssen uns beeilen.«

»Und unterwegs bringen Sie der jungen Dame etwas mehr Respekt vor ihrem Vater bei, ja?« griff Dannecker jetzt ein.

»Wiedersehn, Vater«, überging Jutta die Anspielung und wandte sich zum Gehen.

Kempfert verabschiedete sich von Dannecker, der seine Hand festhielt und flüsterte: »Reden Sie mit ihr. Ich kann ihr nichts mehr sagen. Sie hat mich abgeschrieben.«

Kempfert nickte und folgte Jutta hinaus.

Der alte Dannecker stand noch eine Weile regungslos da, als hätte ihn mit dem Abgang seiner Tochter alles Leben verlassen.

*

Vom Autotelefon aus telefonierte Kempfert noch mit Annemarie und bat sie die diversen Termine zu verschieben, hütete sich aber zu sagen, was er statt dessen vorhatte. Seine Schwester würde ihn für verrückt halten, und als er den Hörer nach vorne zu Deutz zurückgab und sich in die Lederpolster des Firmenmercedes zurücklehnte, da kam ihm auch der Verdacht, daß er nicht ganz gescheit war, sich auf so etwas einzulassen. Was hatte er hier verloren, auf der Autobahn zum Flugplatz? Was hatte er zu schaffen mit einer kaltschnäuzigen Unternehmerstochter? Warum konnte er es nicht lassen, sich einzumischen, als wäre die Priesterweihe eine Lizenz, seine Nase in alles zu stecken, ein Auftrag zuzupacken, wo immer etwas aus der Balance geraten schien? Nun, vielleicht liegt es daran, beruhigte er sich, daß ich niemanden sonst habe, um den ich mich kümmern muß. Keine Familie, keine Kinder, keine Eltern. Nur Menschen, und davon gibt es mehr als genug.

Und so kam es, daß Adam Kempfert zwei Stunden später hoch über die Alpen dahinschoß, während in Eberstadt in der

»Eberburg« Marion Maiwald ihren Eltern alles haarklein erzählen mußte; während Annemarie den Kommunionsunterricht für Kempfert abhielt; während August Else Kempfert mitteilte, daß bei dem herrlichen Wetter nicht mehr lange mit seiner Anwesenheit vor Ort zu rechnen sei; und während Dannecker mit Leo Busche ein langes und am Ende sehr enttäuschendes Gespräch hatte.

Eigentlich hatte Dannecker gehofft, die Nachricht, daß Jutta Leos Vertrag gekündigt hatte, würde diesen reif für Dannekkers Angebot machen, Werk Eberstadt für ihn zu managen. Leo lehnte ab. Auch als Dannecker eine mögliche Nachfolge in seiner Position in Aussicht stellte, war Leo nicht zu überreden.

»Der Preis ist mir zu hoch, Herr Dannecker«, blieb er fest, auch, als er merkte, daß der alte Herr jetzt wütend wurde.

»Sie sind kein Mann! Das ist das Problem, Herr Busche. Wer oben mitmischen will, der muß bezahlen. Das ist wie beim Spiel: hoher Einsatz, hoher Gewinn!«

»Ich habe nur ein Leben«, erwiderte Leo ruhig, »und wenn ich das aufs Spiel setze, dann muß es doch lohnen. Geld habe ich genug. Ihre Tochter ist nett, aber verheiratet möchte ich nicht mit ihr sein, und Macht interessiert mich nicht. Also, wenn das alles einen Sinn haben soll, dann kann es auf keinen Fall der sein, so zu werden wie Sie.«

»Wie bitte?« fuhr Dannecker auf.

»Das soll nicht heißen, daß ich Sie nicht mag, im Gegenteil. Aber es macht keinen Spaß, etwas zu beweisen, was ein anderer längst bewiesen hat, und besser als Sie kann ich als Unternehmer kaum werden. Also versuche ich lieber etwas anderes.«

»Sie meinen, Sie hängen sich lieber an eine Frau. Wie?« entgegnete Dannecker höhnisch.

Leo lächelte. Er wußte, es hatte keinen Sinn, einem Mann wie Dannecker erklären zu wollen, was es war, das ihn zu Annemarie hinzog und wie sehr er sie um ihr erfülltes Leben beneidete, gegen das ein Dannecker-Leben mit all seiner

Macht- und Geldfülle sich ausnahm wie das Matterhorn gegen eine Rose.

»Ich will glücklich sein, Herr Dannecker, sonst gar nichts«, sagte Leo abschließend und erwartete nicht, daß Dannecker ihn verstand, aber der war ihm mit seiner Antwort einen Schritt voraus.

»Na gut! Aber falls Sie herausfinden sollten, daß ein Mann bei keiner Frau sein Glück finden kann, dann melden Sie sich, ja? Und zwar schnell, denn ich habe nicht mehr viel Zeit.«

*

Diese Weisheit eines fast siebzigjährigen Mannes ist natürlich an einen fünfzigjährigen Verliebten verschwendet, genauso wie Friedhelm Haugs beleidigte Eifersucht bei der verliebten Annemarie nichts erreichen konnte, außer dem Wunsch, das Ganze möglichst schnell und schmerzlos zu beenden. Sie war nach dem Kommunionsunterricht schnell zum Theater gefahren, wo Haug bei den Ballettproben als Pianist sein mageres Organistengehalt aufbesserte, und hatte geduldig gewartet, bis der Choreograph eine Pause einlegte. Zögernd stieg Friedhelm vom Podium. Daß Annemarie hierherkam, war kein gutes Zeichen.

»Dann ist es also soweit«, sagte er, um Annemarie wenigstens ein wenig zuvorzukommen und zu retten, was von seinem Stolz noch übrig war. Annemarie nickte. »Es tut mir leid«, sagte sie leise.

»Wieso? Dagegen kann man wohl nichts machen«, entgegnete er heftiger als beabsichtigt.

»Ich hätte es dir von Anfang an sagen sollen«, gab Annemarie zu, aber sie wußte, daß das ein billiger Trost war. Friedhelm schwieg eine Weile. Es fiel ihm schwer, diesen letzten Versuch zu wagen, weil er wußte, daß es aussichtslos war. Trotzdem überwand er sich und fragte:

»Nehmen wir einmal an, ich würde mich damit abfinden, keine eigenen Kinder zu haben, wenn du ... Angst davor hast, würde das etwas ändern?«

Mit dieser Wendung hatte Annemarie nicht gerechnet. Sie

wußte nicht, was sie sagen sollte, aber Friedhelm winkte schon ab. »Es würde nichts ändern, nicht wahr? Also dann mach dir und mir nichts vor. Weißt du, es ist leichter zu ertragen, wenn eine Frau sich in einen anderen verliebt, als belogen zu werden. Wenn du also meinst, dein Herr Busche steckt das leichter weg als ich, dann bitte! Wahrscheinlich möchte der sowieso nur mit dir ins Bett und ist happy, daß bei dir mit Heiraten nichts läuft.«

Der Choreograph klatschte ungeduldig in die Hände, und Friedhelm kletterte zurück auf die Bühne und spielte zum hundertsten Mal die gleiche Stelle aus dem Liebesduett, das die beiden Tänzer auch beim hundertsten Mal nicht so perfekt absolvierten, wie der Choreograph sich das vorstellte. Wie sollte man es dann im wirklichen Leben schaffen, ohne Musik und ohne Choreographie?

Annemarie ging langsam durch den Mittelgang zurück. Unter der Türe drehte sie sich noch einmal um, aber Friedhelm schaute starr zur Bühne. Erst als Annemarie gegangen war, drehte er sich um, aber da war es zu spät.

*

Von den Alpen bis zu den Pyrenäen ist es in einem Learjet nur ein Katzensprung, und die Zeit vergeht noch schneller, wenn man in eine hitzige Debatte mit einer eiskalten Frau verwickelt ist.

»Mein Vater hat sein Leben lang nicht viel von Religion gehalten und von der Kirche erst recht nicht, und ich finde es ziemlich unverschämt von Ihnen, wie Sie versuchen, auf ihn Einfluß zu nehmen.«

»Tue ich das? Könnte es nicht sein, daß er einfach nur Wert auf meine Meinung legt?« Aber Kempferts Antwort klang nicht sehr überzeugend, und er wußte es. Natürlich lag ihm daran, daß Werk Eberstadt nicht geschlossen wurde, und er setzte alles daran, es zu verhindern.

»Ihre Meinung ist doch kein Geheimnis«, fuhr Jutta bissig fort, »die Kirche ist doch immer auf der Seite, wo sie am besten wegkommt. Wenn alles gut geht, hofiert sie die Unternehmer, wenn es schlecht geht, schlägt sie sich auf die Seite der Volksmeinung und der Arbeiter. Stimmt doch! Dabei sagt schon Christus: ›Ein Baum, der keine Früchte trägt, soll verdorren!‹«

Das konnte Kempfert nicht ausstehen, daß Leute sich nur dann an die Heilige Schrift erinnerten, wenn es ihnen in den Kram paßte.

»Die Frage ist doch hier, warum Werk Eberstadt keine Früchte trägt, und das liegt bestimmt nicht am Fleiß der Arbeiter, sondern am Management, und je länger ich Ihnen zuhöre, desto stärker wird mein Verdacht, daß man den Eberstädtern systematisch das Wasser abgegraben hat, weil man anderswo billiger produzieren kann, wie zum Beispiel in Spanien hier!«

Durch die Lautsprecheranlage kündigte der Pilot die Landung an und Jutta schnallte sich wieder an. Für Kempferts Bauch war der Gurt zu kurz, deshalb bemühte er sich erst gar nicht und wartete, bis Jutta wieder aufschaute.

»Warum sagen Sie nichts? Oder habe ich recht mit meinem Verdacht?«

Jutta holte tief Luft. »Seien Sie vorsichtig, Herr Kempfert. Sie mögen ein großer Mann sein, so groß, daß Ihnen kein Gurt paßt, aber das, auf was Sie sich da eingelassen haben, ist einige Nummern zu groß für Sie. Die Kirche braucht die Unternehmer, von den Armen kann sie nämlich nicht leben, und wenn Sie das nicht einsehen wollen, ich wette, Ihr Bischof Neubauer weiß, wovon ich rede!«

Ohne auf Kempferts Antwort zu warten, nahm sie ihren Spiegel aus der Handtasche und zog dann ihre roten Lippen nach. Kempfert schaute aus dem Fenster. Von oben sah Barcelona aus wie eine dunstige Geschwulst auf der Oberfläche der Erde. Wir Menschen sind wie Schimmelpilze auf einem Apfel, dachte Kempfert, dann mußte er sich an den Armlehnen festhalten, weil der kleine Jet sich schräg legte und die Landebahn anflog.

Die spanische Hitze, die der frühlingshaften Wärme von

Eberstadt um zweitausend südliche Kilometer voraus war, brachte Kempfert in wenigen Sekunden zum Schwitzen, als er die Treppen herunterkletterte und zu der wartenden Limousine ging. Aber er wollte Fräulein Dannecker nicht den Gefallen tun, ihn in seinem durchnäßten Hemd zu sehen, und behielt die Jacke an, bis sie ihn bei der Kathedrale absetzte.

»Und fliegen Sie ja nicht ohne mich ab, auch wenn wir wieder Krach miteinander bekommen sollten«, scherzte er noch, obwohl ihm nicht danach zumute war.

»Wenn Sie um fünf Uhr am Flugplatz sind, dann brauchen Sie keine Angst zu haben«, erwiderte sie kühl und reichte ihm ein paar Scheine durchs Fenster. »Hier, Sie werden doch Geld brauchen.«

Kempfert ärgerte sich wieder über sich, daß er nicht selbst daran gedacht hatte. Dann rauschte die Limousine davon, und Kempfert konnte endlich sein Jackett ausziehen und die Ärmel hochkrempeln. Kempfert war ein vielgereister Mann; die langen Akademieferien hatten ihm viel Zeit zur Entdekkung der Welt gelassen, und kein namhaftes Kloster, keine historisch bedeutende Kathedrale war ihm unbekannt. Auch die unvollendete Kathedrale des Jugendstilarchitekten Gaudi, deren durchlöcherte Spargeltürme vor ihm in den dunstigen Himmel stachen, war ihm vertraut, aber Fotos oder Filme können eben nicht die Wirklichkeit wiedergeben, die muß man immer wieder erleben. Das ist die Kirche, dachte er. Was für ein grandioses Symbol der Unvollendetheit, des Ungenügens, ja des Versagens. Eine Kirche ohne Dach, wie ein Wald aus längst ausgestorbenen Pflanzen.

Kempfert wäre am liebsten dageblieben, aber bis fünf Uhr war nicht viel Zeit. Er winkte eines der zahlreichen Taxis heran, die den belebten Touristenpunkt umschwärmten wie gelbe Bienen eine Sonnenblume, und ließ sich in die Avenida Columbus fahren.

Señor Sandez war nicht im Laden, sondern gegenüber in seinem Stammcafé, und eine der Verkäuferinnen führte den

Gast aus Deutschland an den Tisch, an dem ihr Chef vor seinem Vino Tinto saß und die Zeitung studierte.

»Herr Sandez?« begrüßte Kempfert den rundlichen, elegant gekleideten Mann mit dem dünnen Oberlippenbart, der in Kempfert sofort den Deutschen erkannte und sofort logisch schloß, daß das nur der Herr Maiwald sein konnte.

»Señor Maiwald?« fragte er und hielt schützend die Zeitung vor sich.

»No, no«, lachte Kempfert, »nur ein Freund der Maiwalds, und da ich zufällig in der Gegend bin, da wollte ich mal rasch nach Marion schauen.«

Von Kempferts langer Rede verstand Señor Sandez nur »Marion«, und er begann mit einem spanischen Wortschwall auf Kempfert einzureden, während er aufstand, zahlte und ihn zu seinem Wagen komplimentierte, der in einer Seitenstraße geparkt war.

Sie fuhren durch die winkeligen Altstadtstraßen hinunter zum Hafen. Unterwegs redete Señor Sandez unentwegt weiter auf Kempfert ein, der freundlich lächelte und ab und zu nickte, obwohl er nur das Wort Enrice verstand.

Señor Sandez parkte schließlich sehr unvorschriftsmäßig auf einem Trottoir vor einem Hafenrestaurant, bedeutete Kempfert mit vielen Gesten zu warten und verschwand im Lokal. Kempfert stieg aus und genoß die romantisch lebendige Atmosphäre des Hafens mit den schaukelnden Fischerbooten, Yachten und Lastdampfern.

»Tag, Herr Pfarrer, was machen Sie denn hier?«

Kempfert drehte sich um. Enrice stand verlegen vor ihm.

Señor Sandez sagte etwas auf spanisch zu seinem Sohn, das nicht sehr freundich klang, während Kempfert Enrice begrüßte.

»Wo ist Marion?« fragte er schließlich, als Señor Sandez kurz pausierte.

»Marion ist zurück nach Deutschland«, antwortete Enrice traurig und begann nun, seinerseits mit seinem Vater zu schimpfen. Kempfert bekam mit einiger Mühe dann doch heraus, was passiert war. Die beiden hatten Krach miteinander gekriegt, nicht zuletzt wegen Enrices Vater, der wollte, daß sein Sohn in Barcelona im Geschäft arbeiten und sich gefälligst mit der Tochter eines Geschäftsfreundes verheiraten solle.

»Also das ist ja eine schöne Pleite«, seufzte Kempfert und wischte sich den Schweiß von der Stirn, »da fliege ich Tausende von Kilometern, und alles für die Katz! Ja und jetzt?«

»Sie müssen mir helfen«, flehte Enrice, »mein Vater denkt, ich verkomme in Deutschland.«

Na ja, was blieb Kempfert anderes übrig. Es war zwar nicht einfach, mit Enrice als Dolmetscher, den Patriarchen davon zu überzeugen, daß Marion Maiwald und ihre Familie durchaus respektable und ebenbürtige Verwandte wären, falls... und daß gegen die Liebe nun mal kein Kraut gewachsen sei, und so weiter... und schließlich, nach mehreren Vino Tintos, versöhnten sich Vater und Sohn, gerade noch rechtzeitig, um Kempfert zum Flugplatz zurückzuchauffieren. Und unterwegs hatte Kempfert dann die Idee, die ihm Marion Maiwald zeitlebens nie vergessen würde.

Sie saß nämlich heulend am Stammtisch in der »Eberburg« und drückte in einer Tour das Lied in der Musicbox, das sie noch trauriger machte, als sie ohnehin schon war, »Valencia«, bis Kurt Maiwald den Stecker aus der Dose zog.

»Jetzt hör' auf zu heulen, Marion!« schimpfte er, »aus euch Frauen wird keiner schlau! Erst rennt er dir nach, dann rennst du ihm nach, dann rennst du weg, dann kommst du wieder heim und jetzt heulst du!«

Auch Klaus Bardusch, der in Anbetracht der sozial kritischen Lage in Eberstadt mehr getrunken hatte, als er vertragen konnte, wurde auf Marion aufmerksam.

»Ja, wie? Die schöne Marion, des Wirtes holdes Töchterlein weint bittere Tränen?«

Maiwald nahm ihm das Glas weg.

»Moment«, protestierte Bardusch, »was soll das! Der Abend ist noch jung!«

»Der Abend schon, aber Sie sehen schon ganz schön alt aus. Bei mir kriegen Sie jedenfalls nichts mehr.«

Kurt knallte die Tür hinter Bardusch zu und wollte schon wütend werden, weil sie gleich wieder aufging, aber da kam Kempfert herein und erfaßte mit einem schnellen Blick die Situation.

»Ah, Marion ist wieder da, wie?«

»Ja«, knurrte Kurt, »aber wenn sie so weiter macht, dann setze ich sie auf den nächsten Flieger nach Spanien. Das kann ja kein Mensch mit ansehen.«

Kempfert nickte verständnisvoll: »Ja, ja, die Liebe, aber ich habe eine Überraschung für Sie.« Er zog Maiwald etwas zur Seite.

»Eigentlich ein Geschenk für Ihre Tochter. Stellen Sie sich vor, ein junger Mann käme jetzt da zur Tür herein und würde sagen, es tut mir leid, Herr Maiwald.« Aber er kam nicht weiter, weil Maiwald ihn erregt am Arm packte. »Er ist da? Wo? Los rein mit ihm!«

Ja, und den Rest kann man sich denken: Wie die Tür aufgeht und Enrice hereinkommt, seine Marion sieht und zu ihr geht. Wie sie sich umarmen und Trude Maiwald aus der Küche kommt und jetzt natürlich auch heulen muß. Wie Kurt Maiwald aus lauter Rührung seinem zukünftigen Schwiegersohn einen gespielten Boxhieb nach dem andern verpaßt und dann alle zusammen »Valencia« singen, daß man es bis ins Pfarrhaus hören kann.

*

Dort nahm eine empörte Else ihren Bruder in Empfang.

»Wo warst du?«

»In Barcelona«, lächelte Kempfert und stellte die Plastiktüte mit den Mitbringseln auf den Küchentisch. Else verschlug es die Sprache, als er einen bunten Poncho herauszog und ihr über den Kopf zog.

»In Barcelona? Also Adam, ein Pfarrer lügt nicht!«

Kempfert griff wortlos noch einmal in seine Tüte und stellte eine kleine Madonna auf den Tisch. Sie stand in einer glitzernden Grotte und breitete die Arme aus, und wenn man sie aufzog, dann drehte sie sich, und eine Melodie war zu hören.

Kempfert ließ die immer noch sprachlose Else stehen und ging in sein Büro.

Else hob schließlich die Madonna hoch und drehte sie um. Unten auf dem Boden der Spieldose war zu lesen: Made in Hispania. Jetzt verstand Else gar nichts mehr.

Der fliegende Bruder

Kempfert hatte eigentlich gehofft, daß nach einer gewissen Zeit der Eingewöhnung sein Alltag als Pfarrer weniger aufregend verlaufen würde, etwa wie ein Bach, der sich sein Bett sucht und dann in den vertrauten Bahnen munter plätschernd dem Gefälle des Lebens folgt. Aber er war nun schon bald zwei Monate in Eberstadt, und jeder Tag brachte Neues und Unerwartetes. Zum Beispiel der jährliche Bazar der Gemeinde, mit dem ihn Frau Bebel an diesem ansonsten ganz normalen Freitag gleich nach der Frühmesse konfrontierte. Kempfert hegte allerdings gegen derartige Veranstaltungen eine schier unüberwindliche Abneigung.

»Ich bin nicht Harun al Raschid, Frau Bebel, sondern nur der Pfarrer, und wenn Sie unbedingt einen Bazar haben wollen, dann tun Sie, was Sie nicht lassen können, aber bitte ohne mich.«

Rektor Stadler, der völlig überraschend in der Sakristei auftauchte, nachdem er ebenso unerwartet in der letzten Bank die Frühmesse über sich hatte ergehen lassen, setzte der Diskussion ein Ende.

»Könnte ich Sie einen Augenblick sprechen, Herr Pfarrer? Allein«, fügte er hinzu und warf einen Blick auf Frau Bebel, den diese richtig deutete und sich widerwillig diskret zurückzog.

»Es handelt sich um unseren Herrn Dietrich. Chemie, Mittel- und Oberstufe. Sie kennen ihn!«

Ja, Kempfert hatte den zurückhaltenden, kleinen Mann gelegentlich im Lehrerzimmer der Realschule gesehen.

»Der Mann ist als Lehrer ein Versager«, fuhr Rektor Stadler fort, »pädagogisch meine ich. Akademisch ist er einwandfrei, aber er gehört in irgendeinen Chemielabor in eine stille Ecke. Vor einer Schulklasse ist er völlig überfordert.«

»Ja, so was soll's geben«, meinte Kempfert und schlüpfte in sein Jackett, »aber das fällt ja wohl in Ihr Ressort, oder was soll ich da?«

Stadler atmete tief durch. »Dietrich läßt einfach nicht mit sich reden, und entlassen kann ich ihn ja nicht. Nur, so kann es nicht weitergehen, Herr Kempfert. Die Schüler machen mit ihm, was sie wollen, und ich kann ja schlecht neben ihm stehen die ganze Zeit. Der Mann macht sich kaputt. Vor zwei Jahren hatte er schon einmal einen Nervenzusammenbruch, leider genau vor den großen Ferien, da fiel es nicht so auf, sonst hätte ich vielleicht über das Kultusministerium was machen können. Kurzum, ich weiß nicht mehr, was ich tun soll. Können Sie nicht nachher mal mit ihm sprechen, nach dem Religionsunterricht?«

»Und was soll ich ihm sagen?« protestierte Kempfert. »Daß er kündigen solle? Und was dann? Dann sitzt er doch auf der Straße.«

»Mein Schwager ist Personalchef bei der Bagy Chemie. Er wäre bereit, sich Dietrich mal anzusehen«, insistierte Stadler. »Bitte, Herr Kempfert. Wenn ich komme, dann hat das so einen offiziellen Charakter. Außerdem ist das eher ein psychologisches Problem, psycho heißt doch Seele, und Sie sind Seelsorger, also sorgen Sie!«

Bevor Kempfert noch etwas sagen konnte, war Stadler verschwunden, froh, Kempfert den schwarzen Peter zugeschoben zu haben. Der Tag fängt ja gut an, dachte Kempfert, und als drüben im Pfarrhaus die leidige Diskussion um den Bazar weiterging, diesmal mit Annemarie Bieler, da platzte Kempfert der weiße Kragen.

»Ich spiele nicht den Obermufti auf einem Klamottenbazar«,

rief er mit rotem Kopf, »was soll ich denn noch alles machen! Tiefenpsychologe, Sozialarbeiter, Religionslehrer, Beichtvater, Unternehmensberater, Volksfestveranstalter, Alleinunterhalter und und und.«

Er war so laut geworden, daß Else hereinkam und ihn mit ihrer freundlich bestimmten Art wieder auf den Boden zurückholte.

»Was schreist du so? Wer hatte denn den gemütlichsten Job in der gesamten katholischen Kirche und wollte unbedingt Pfarrer werden? Jetzt bist du einer. Also hör auf zu jammern, und tu deine Arbeit.«

»Ja! Genau das werde ich tun«, konterte Kempfert und nahm seine Aktentasche, »meine Arbeit! Auf Wiedersehn!«

Aber so schnell entkam er den Damen nicht. Erst als er geholfen hatte, den alten Refektoriumstisch vom Speicher in den Pfarrhof zu tragen, wurde er in Gnaden entlassen und kam wieder einmal zu spät zum Unterricht.

Schon auf der Treppe hörte er den vertrauten Lärm aus dem Chemiesaal. Vor der Tür blieb er eine Weile stehen und lauschte.

Der Mann konnte einem wirklich leid tun. Rockmusik war zu hören und das laute Gejohle der Halbwüchsigen. Dazwischen ab und zu die sich überschlagende Stimme Dietrichs, der sich nicht anders zu helfen wußte, als völlig unwirksame Drohungen auszustoßen, die aber gleich wieder in Gelächter untergingen.

Kempfert wollte schon weitergehen, als die Schritte Stadlers näherkamen den der Lärm herbeigeholt hatte.

»Na, was habe ich gesagt?« knurrte er. »So geht das jeden Tag!«

»Warum geben Sie ihm nicht eine andere Klasse? Mit Jüngeren kann er es vielleicht besser«, schlug Kempfert wenig überzeugend vor.

»Soll ich vielleicht Frau Mainrad da reinschicken oder den alten Kretschmer, kurz vor der Pensionierung? Die fahren doch Schlitten mit denen!« Wütend riß er die Tür auf und ging hinein. Durch die offene Tür kam ein Fußball geflogen, den Kempfert auffing, ehe er Stadler folgte.

Im Chemiesaal hatte die Erscheinung des Rektors seine Wirkung nicht verfehlt, und erwartungsvolle Stille breitete sich aus.

Während Stadler mühsam beherrscht seine Standpauke hielt, beobachtete Kempfert von der Tür aus Herrn Dietrich, der so tat, als ginge ihn das alles nichts an, und an seiner Versuchsanordnung weiterbastelte. Schweißperlen hatten sich auf seiner Stirn gebildet, seine Hände zitterten. Er hatte Angst vor den Kindern, das war klar.

»So, und jetzt will ich nichts mehr hören, oder die ganze Klasse bekommt blaue Briefe mit nach Hause!« brüllte Stadler. Aber da schrillte die Pausenglocke, und die Schüler waren nicht mehr zu halten.

Stadler zuckte resigniert mit den Schultern und ging an Kempfert vorbei hinaus, dabei schaute er Kempfert bedeutungsvoll an, bevor er die Tür schloß und ihn mit Dietrich allein ließ.

Dietrich ließ die Hände sinken, als Kempfert jetzt auf ihn zuging und den Fußball auf den Labortisch legte.

»Haben Sie ihre Augen gesehen«, flüsterte Dietrich heiser, »das sind keine Kinder, das sind alles Verbrecher. Eiskalt, wie flüssiger Sauerstoff, kein Gefühl, nicht einmal Haß.« Er fummelte eine Tablettendose aus seiner Wolljacke und steckte sich zitternd eine in den Mund. »Brutale Gleichgültigkeit höchstens, verstehen Sie, so wie man einer Fliege zuschaut, der man die Flügel ausgerissen hat.« Er schaute Kempfert zum ersten Mal an. »Aber ich bin keine Fliege. Die werden sich wundern, wenn die Zeugnisse kommen. Ungenügend, alle ungenügend!«

»Herr Dietrich«, versuchte Kempfert den Mann zu beruhigen, »das führt doch zu nichts. Was die Jungs brauchen, ist Autorität. Sonst kommen Sie da nie durch.«

»Ich bin ein guter Lehrer«, rief Dietrich, »ich habe nur schlechte Schüler. Aber ich merke schon, Sie meinen auch, ich sollte aufgeben, wie? Stadler schickt Sie. Er traut sich nicht selber, was?«

Was sollte Kempfert sagen. Lügen wollte er nicht, und die Wahrheit würde Dietrich auch nicht weiterhelfen, außerdem wußte er sie schon. Und so wich Kempfert in eine Geschichte aus, in seine Geschichte, und wie sich herausstellen sollte, war das genau das Falscheste, was er tun konnte. Jemanden, der verzweifelt ist und nicht fertig wird mit seinem Leben zu erzählen, wie man es selber geschafft hat, ist eine beliebte Methode und funktioniert fast nie.

»Vielleicht sind Sie hier nur am falschen Platz, Herr Dietrich, so wie ich bis vor kurzem an der Akademie! Mit mir war es genau umgekehrt. Die theologischen Spitzfindigkeiten haben mich eigentlich nie richtig interessiert. Ich gehöre unter Menschen. Sie gehören in die Forschung. Hier sind Sie doch nicht glücklich, oder?«

»Glücklich?« Dietrich lachte bitter auf. »Ich kämpfe um mein Leben, Herr Pfarrer. Wer nimmt mich denn, wenn ich hier aufgebe? Wer zahlt meine Raten?«

»Herr Stadler meinte, sein Schwager...«, warf Kempfert ein, aber Dietrich unterbrach ihn.

»Die Bagy Chemie sucht einen Biochemiker mit Titel. Was glauben Sie, wie die sich freuen, wenn ein Chemielehrer kommt.« Er deutete auf die mit chemischen Formeln vollgeschriebene Tafel. »Damit komme ich doch höchstens als popeliger Laborant an. Ne, ne, lassen Sie mich in Ruhe mit Ihrer professionellen Anteilnahme. Gehen Sie!«

Kempfert zögerte, aber als jetzt die Schulglocke das Ende der Pause ankündigte und die Schüler zurückkamen, ging er, wartete aber noch eine Weile vor der Tür. Die Predigt des Rektors schien gewirkt zu haben; denn die Jungs setzten sich schweigend auf ihre Plätze, und Kempfert hörte durch die offene Tür nur Dietrichs Stimme.

»Aha, auf einmal geht es auch anders«, triumphierte der, »wenn der Rektor mit blauen Briefen droht. Aber ich habe euch ja gewarnt. Ab sofort werde ich hier andere Saiten aufziehen. Ich habe nicht zwölf Semester Chemie studiert, daß ich mir von euch alles gefallen lasse. Ist das klar?«

Dietrich knallte die Tür zu, und Kempfert konnte nicht sehen, wie sich die ganze Klasse nun einfach auf den Stühlen umdrehte und ihrem Lehrer den Rücken zuwandte. So ging er beruhigt weiter und ein Stockwerk höher in das Klassenzimmer, wo seine wenigen Getreuen schon auf ihn warteten.

Kempfert war allerdings nicht ganz bei der Sache. Das Erlebnis im Chemiesaal ließ ihm keine Ruhe. Während Hans Peter das Gleichnis vom unfruchtbaren Baum vorlas, ging er zum Fenster und öffnete es. Im Schulhof war es still, bis auf den Frühlingswind, der die jungen Blätter der Kastanien fächelte. Kempfert ließ das Fenster auf und ging zur Tür.

»Seid so lieb und lest das zu Ende. Und dann schreibt ihr mir eine Seite, was ihr euch bei dem Gleichnis so denkt, ja? Ich bin gleich wieder zurück.«

Die Religionsschüler schauten ihm erstaunt nach.

*

Kempfert rannte die Treppe hinunter, ging aber dann langsamer den Flur entlang, da auch hier nichts zu hören war außer der gedämpften Stimme Dietrichs. Kempfert schaute sich um und legte das Ohr an die Tür. Alles schien normal.

»Um Chlorgas zu erzeugen, gibt man einen kleinen Löffel Kaliumpermanganat auf den Apparat, sagen wir zwei Löffel, damit es auch funktioniert«, dozierte Dietrich seelenruhig, »dann gießen wir etwas Salzsäure in den Tropftrichter und es entsteht... ja, was wohl? Chlorgas entsteht. Schade, daß ihr das jetzt nicht sehen könnt.«

Kempfert stutzte. Wieso konnten die Schüler nichts sehen?

»Aber dafür werdet ihr es gleich riechen«, kicherte Dietrich und Kempfert richtete sich auf. Was ging da drinnen vor sich. Er legte die Hand auf die Türklinke, zog sie aber erleichtert zurück, als er Rektor Stadler herankommen sah, dem die Stille im Chemiesaal wohl auch unheimlich geworden war, und er bildete sich nach dreißig Jahren Schuldienst nicht ein, daß seine markigen Worte von vorhin dieses Mirakel bewirkt haben könnten.

»Was macht er denn?« flüsterte er.

Kempfert zuckte mit den Schultern. »Irgendeinen Versuch mit Chlor!«

»Chlor?« staunte Stadler.

»Und Salzsäure«, ergänzte Kempfert und wich schnell zurück, weil Stadler entsetzt die Tür aufriß.

»Oh, mein Gott«, brüllte er und stürzte an Dietrich vorbei zu den Fenstern. »Alles raus hier, sofort!«

Er riß die Fenster auf und trieb die ängstlich gewordenen Schüler vor sich her. Dietrich stand in einer Wolke gelblich, grünen Gases, das aus dem Kolben aufstieg und begann sich hustend zu krümmen. Er wäre auf den Boden gefallen, hätte Kempfert ihn nicht aufgefangen und hinaus in den Flur gezerrt.

»Ich rufe die Feuerwehr.« Stadler rannte davon.

»Und die Ambulanz«, rief Kempfert ihm nach und kümmerte sich wieder um Dietrich, der sich von Hustenkrämpfen geschüttelt an Kempfert klammerte.

Ein paar der Jungs standen betreten da.

»Was habt ihr denn gemacht um Himmels willen?«

»Nichts«, log einer lahm.

»Ja«, hustete Dietrich, »nichts haben sie gemacht, Herr Pfarrer, gar nichts.«

*

Kurz darauf heulte die Feuerwehr durch die Hauptstraße und raste in den Schulhof.

Frau Bebel, die mit zwei Einkaufsnetzen voller Zwiebeln in der Hand, gerade noch zur Seite springen konnte, blieb der Mund offen stehen. Die Feuerwehr, ja wo brannte es denn? Neugierig folgte sie dem Feuerwehrwagen, aus dem die Männer jetzt heraussprangen und sich die Gasmasken überstülpten. Im Nu war die gesamte Schule evakuiert, und der Ambulanzwagen, der nun auch endlich eintraf, hatte Probleme, sich durch die neugierigen Kinder zu kämpfen.

»Was ist denn passiert?« fragte Frau Bebel eines der Mädchen.

»Unfall im Chemiesaal!«

Frau Bebel schüttelte den Kopf und machte sich auf den Heimweg. Der Zwiebelkuchen für den Bazar duldete keinen Aufschub.

★

Als Kempfert endlich gegen drei Uhr zurück ins Pfarrhaus kam, waren die Zwiebeln schon säuberlich klein geschnitten, und Frau Bebel knetete die erforderlichen Teigmassen für die fünf Zwiebelkuchen, die als kulinarischer Höhepunkt des Bazars gedacht waren. Else, die vor lauter Zwiebeldunst kaum noch aus den tränenden Augen schauen konnte, folgte ihrem Bruder neugierig ins Büro.

»Was war denn, Adam?«

Kempfert ließ sich in seinen Stuhl fallen.

»Eine Katastrophe! Und ich Rindvieh bin sozusagen schuld. Der Dietrich liegt auf der Intensivstation mit Chlorgasvergiftung, und die Kinder haben schulfrei.«

»Was?« entsetzte sich Else. »Und warum…, wieso hast du schuld? Jetzt rede doch, Adam!«

»Weil ich den Dietrich durch mein selbstgefälliges Gerede wahrscheinlich erst auf die Idee gebracht habe, sich und die Welt zu vergiften.« Er winkte ab. »War sonst noch etwas los?«

Elses Neugier war zwar noch längst nicht befriedigt, aber sie kannte Adam und wußte, daß in diesem Zustand nicht mehr aus ihm herauszubekommen war.

»Leo Busche will gleich vorbeikommen und…«

»Gott zum Gruße allerseits«, tönte es da aus der Küche, und Leo Busche stand unter der Türe, gutgelaunt wie immer. Aber sein Grinsen erstarb, als Kempfert aufstand und mit steinernem Gesicht an ihm vorbeiging.

»Kommen Sie! Ich muß raus hier.«

Leo Busche schaute Else fragend an und folgte Kempfert hinaus.

»Wo sind denn die Kuchenbleche?« rief Frau Bebel aus der Küche und riß Else aus ihren besorgten Gedanken. Sie ging zum Fenster und sah Kempfert in Leos Sportflitzer klettern.

»Wo geht er denn hin?« wunderte sich Frau Bebel, die hereingekommen war und auch aus dem Fenster spähte.

»Keine Ahnung.«

*

»Und wohin?« fragte auch Leo und ließ den Motor an.

»In den Wald«, sagte Kempfert. »Ich habe schon seit Monaten keinen Baum gesehen!«

Leo nickte. »Wald. Auch recht. Es gibt nichts Besseres gegen Depressionen.«

»Wer sagt denn, daß ich deprimiert bin, ich bin nur... na ja...« Kempfert stockte.

»Das meine ich«, lächelte Leo und gab Gas. Kempfert klammerte sich am Türrahmen fest.

In wenigen Minuten hatte sich Leo durch den beginnenden Feierabendverkehr geschlängelt und schaffte den Bahndamm gerade noch, bevor die Schranke runterging. Hinter dem letzten Haus des Dorfes bog er in einen asphaltierten Feldweg ein und fuhr auf das Waldstück zu, das Eberstadt von seinem Nachbardorf Gugenheim trennte. Immerhin circa fünfzig Hektar Naherholungswald mit Trimmdichpfad und Vogelkundeweg. Inzwischen gab es aber mehr Jogger als einheimische Vogelarten in der Gemarkung.

»Sind das genug Bäume?« Leo stellte den Motor ab.

»Sie werden reichen«, murmelte Kempfert und stieg mühsam aus dem engen Gefährt. Auch Leo stieg aus und trat neben Kempfert.

»Dabei dachte ich, Sie könnten mich etwas aufmuntern«, sagte er beiläufig und schaute hinüber zu den beiden Schornsteinen der Dannecker-Werke, aus denen weiße Schwaden aufstiegen. Kempfert schaute Leo überrascht an. »Wieso? Ihnen geht es doch blendend. Wenigstens tun Sie so.«

»Na ja, ich habe eben meinem Partner in der Firma gekündigt. Und wenn man alles aufgibt, was einmal das Wichtigste von der Welt zu sein schien, der Erfolg, das Geld... und so weiter, dann geht das ans Gemüt.« Er grinste Kempfert an. »Aber dafür bin ich ein freier Mann, nicht wahr?«

Kempfert seufzte. »Ein freier Mann! Was ist das? Ich bin auch ein freier Mann, ich kann tun und lassen, was ich will. Und was tue ich? Ich mache einfach weiter, dabei geht alles schief, was ich anpacke und was das Schlimmste ist...«, er zögerte und schaute Leo an, »das Schlimmste ist dieses Gefühl, das immer stärker wird, daß keiner mich eigentlich braucht. Ein Pfarrer ist so etwas wie eine lästige Institution geworden. Ich merke das bei meinen Hausbesuchen, dieses Staunen in den Gesichtern: Ach so, einen Pfarrer haben wir auch noch! Und dann kommt das schlechte Gewissen, weil man ja schon ewig nicht mehr in der Kirche war. Wenn die wüßten, wie egal mir das ist. Es geht doch wirklich nicht um irgendwelche bürokratische Pflichterfüllung. Ich bin da, weil ich die Menschen liebe und gerne hätte, daß sie einander auch lieben. Das ist alles. Gott ist die Liebe.« Er hielt inne, weil er nicht sicher war, ob er bei dem jungen Mann mit diesen intimen Gedanken gut aufgehoben war. Aber auch das war ihm dann gleich wieder egal.

»Gott ist die Liebe, und sie haben ihn gekreuzigt«, sagte Leo sehr ruhig. »Was erwarten Sie?«

Das hatte Kempfert nicht erwartet, nicht von Leo Busche, aber er hatte recht. Was erwartete er? Plötzlich hatte er den unwiderstehlichen Drang, allein zu sein.

Er bat Leo, auf ihn zu warten und ging den Forstweg entlang, hinein in den stillen Wald. Die dicken Kieferstämme ragten auf wie die Säulen einer Kathedrale, und nach ein paar Schritten fühlte Kempfert sich geborgen, wie schon als kleiner Junge in den Buchenhainen des Odenwalds, in denen er Robin Hood gespielt hatte mit seinen Freunden. Er fand ein Vogelnest, das vom Baum gefallen war. Als er zurückkam, schenkte er es Leo.

»So, und jetzt sind Sie dran. Was haben Sie auf dem Herzen? Sie sind bestimmt nicht gekommen, um sich mein Gejammer anzuhören«, sagte er, als er neben Leo im Wagen Platz nahm.

Leo spielte mit den Autoschlüsseln. Sollte er Kempfert auch noch mit dieser Geschichte belasten?

»Ich weiß nicht«, antwortete er schließlich, »aber da mein Vertrag mit der Firma Dannecker gekündigt ist, brauch' ich wohl keine Skrupel mehr zu haben. Jutta Dannecker hat uns alle reingelegt, Herr Kempfert. Sie hat der Zeitung das Material zugespielt und das Umweltministerium auf Werk Eberstadt gehetzt!«

»Wie bitte?« entfuhr es Kempfert. Leo nickte.

»Als die Dame merkte, daß sie mit ihren Katastrophenbilanzen nichts bei ihrem Vater erreichen konnte, da hat sie die Sache mit den Abgasen publik gemacht, wohl wissend, daß Eberstadt die Auflagen nie erfüllen kann, schon gar nicht in der desolaten Situation jetzt.«

»Und Dannecker weiß nichts davon?« Kempfert konnte es immer noch nicht glauben.

»Wenn der erfährt, daß sein eigen Fleisch und Blut so hinterhältig gegen ihn intrigiert, da kriegt er doch den längst fälligen Herzinfarkt. Also wenn überhaupt, dann müssen Sie ihm das schonend beibringen.«

»Das ... das kann ich nicht. Das sieht doch so aus, als würde ich einen Keil zwischen Vater und Tochter treiben wollen. Aber Sie, Sie könnten sich Fräulein Dannecker doch mal vorknöpfen.«

»Für Fräulein Dannecker bin ich gestorben.« Leo ließ den Motor an. »Wohin? Zurück ins Pfarrhaus?«

»Nein, in die Kirche. Ich muß in den Beichtstuhl.«

*

Zwei Frauen und ein junger Mann knieten vor dem Beichtstuhl. Kempfert setzte sich und legte die Stola um. Viele seiner Kollegen hielten die Beichte in dieser Form in der Kirche und im Beichtstuhl für unmodern und überholt. Sie hörten die Beichte im Wohnzimmer und fühlten sich so mehr als Analytiker. Aber damit wurde doch jeder Katholik zum Patienten und der Seelsorger zum Doktor. Da war Kempfert die Anonymität des Beichtstuhls lieber, in dessen Dunkelheit die Menschen wie zu sich selbst sprechen konnten.

Nachdem nach den beiden Frauen auch der junge Mann

seine Angst und Sorgen bei dem Priester hinter dem Gitterfenster losgeworden war, saß Kempfert noch eine Weile still da und dachte an den armen Herrn Dietrich. Er würde heute abend noch einmal nach ihm sehen. Jutta Dannecker war auch so ein Problem. Kempfert konnte einfach nicht begreifen, warum für die meisten Menschen Geld so eine wichtige Rolle im Leben spielte. So wichtig, daß dafür alles geopfert wurde, erst die Selbstachtung und sogar das Leben, das eigene und das der Mitmenschen. Er nahm die Stola ab und hängte sie an den Haken.

★

Kempfert wäre nicht so ruhig sitzengeblieben, wenn er gewußt hätte, daß drüben im Pfarrhaus Bischof Neubauer auf ihn wartete.

Frau Bebel hatte in ihrer unschuldigen Unverfrorenheit den Wagen des Bischofs gleich requiriert, um ihre Kuchenbleche herbeischaffen zu lassen, da im Pfarrhaus keine zu finden waren. Neubauer ging derweil ungeduldig im Büro auf und ab, während Else versuchte, Konversation mit ihrem ehemaligen Chef zu machen.

»Frau Bebel hat Nerven! Aber Gott sei Dank kann Sie ja nichts aus der Ruhe bringen.«

»Sagen wir fast nichts«, brummte Neubauer, »bei Ihrem Bruder fällt es mir manchmal schwer. Und daß er mir Sie weggeschnappt hat, habe ich ihm zwar verziehen, aber vergessen kann ich es nicht. Gefällt es Ihnen wenigstens hier?« Er blieb vor Else stehen und schaute sie prüfend an.

»Doch, doch«, erwiderte sie, wurde aber leicht rot dabei, denn ganz ehrlich war diese schnelle Antwort nicht, aber da kam Kempfert herein und Neubauer hatte keine Gelegenheit mehr, seine Zweifel zu äußern. Die beiden Freunde umarmten sich.

»Riechst du so oder ich?« wunderte sich Kempfert und schnupperte. Neubauer deutete mit dem Kopf in Richtung Küche. »Zwiebelkuchen!«

Else schloß schnell die Tür und ließ die Herren allein.

Neubauer schaute Kempfert an, und sein Blick verhieß nichts Gutes. Kempfert versuchte, die Stimmung zu lockern.

»Na, soll ich mich freuen, daß du dich mal herabläßt, mich zu besuchen, oder ist das eine Inspektion?«

»Ich wollte nur sehen, wie es dir geht, und wenn ich dich und deine liebe Schwester so betrachte, dann geht es euch nicht so besonders, wie?«

»Was du nicht sagst! Mir geht es bestens.« Kempfert wich Neubauers bohrenden Blicken aus und suchte nach seiner Pfeife. Aber Neubauer ließ sich nicht täuschen.

»Nach allem, was ich so mitkriege, und das ist nicht viel, bist du ein miserabler Pfarrer! Und deine Schwester eine noch miserablere Köchin und Haushälterin. Wann kommst du endlich zur Vernunft, Adam?«

Kempfert setzte sich hinter den Schreibtisch und stopfte den Tabak so heftig in den Pfeifenkopf, als wolle er seinem Gegenüber den Mund stopfen.

»Ich dachte, das Thema sei erledigt!«

»Leider nicht, ich finde nämlich keinen Rektor für die Akademie. Geniale Theologen und Dozenten findet man eben nicht an jeder Ecke, und da dachte ich, ich versuche es noch mal.« Er stützte seine Hände auf den Schreibtisch und beugte sich über Kempfert. Seine Stimme wurde gefährlich sanft. »Vielleicht, dachte ich, hat der Herr in seiner unerforschlichen Weisheit und unendlichen Güte in seinem Pfarrer Kempfert ein Licht aufgehen lassen. Aber offenbar hat selbst er Mühe mit deinem Dickschädel!«

Kempfert legte die Pfeife weg und lehnte sich zurück.

Neubauer wartete. Kempfert holte tief Luft.

»Du kannst von mir nicht verlangen, daß ich aufgebe. Klar, es ist nicht so einfach, wie ich glaubte, aber gerade deshalb will ich es wissen jetzt. Und zwar in der Praxis und nicht in der Theorie, ob es möglich ist, heute noch ein Priester zu sein. Aber das ist wahrscheinlich nicht ›hoch‹ genug für dich.«

»Du meinst, ich verstehe dich nicht? Oh doch, Adam. Auch ich wollte mal ein einfacher Priester werden. Aber ›einfach‹

kann man nicht werden. Das ist man oder man ist es nicht. Du kennst doch die schöne Geschichte von dem Bischof, der das Kloster besucht! Nein?«

Neubauer zog den Besucherstuhl heran und setzte sich. »Also, der Abt führte den hohen Besuch stolz überall herum, in die Bibliothek, wo die gelehrten Mönche ihre hervorragenden theologischen Studien betrieben, in die Kapelle, wo die herrlichsten Choräle ertönten, in den Garten, wo alles blühte und gedeihte und die besten Heilkräuter geerntet wurden. Der Bischof war beeindruckt, und nach dem köstlich zubereiteten Mittagessen führte der Abt ihn zum Abschluß noch in die große Küche, wo gerade das Geschirr gespült wurde. Der Abt wollte seinem Besuch die wohlgefüllte Speisekammer zeigen, aber der blieb wie angewurzelt stehen, weil gerade ein Mönch in der Kutte eines einfachen Laienbruders an ihm vorbeiflog, durch die Luft zum Geschirrschrank schwebte, den abgetrockneten Teller abstellte und wieder zum Spülbecken zurückflog, den nächsten Teller griff und ihn abtrocknend zurück zum Schrank schwebte, hin und her mit einem seligen Lächeln um den Mund. ›Wer ist das?‹ fragte der Bischof den Abt. ›Wer?‹ antwortete der Abt erstaunt. ›Na, der Bruder hier?‹ Jetzt erst schien der Abt den fliegenden Bruder zu bemerken, da er an dessen Anblick seit Jahren gewohnt war. ›Ach das‹, winkte er geringschätzig ab, ›das ist nur Bruder Felix, der hat nicht alle Tassen im Schrank.‹«

Neubauer lächelte Kempfert jetzt an. »Der einfältige, einfache Bruder Felix hat es geschafft. Nicht der stolze Abt, nicht der mächtige Bischof, nicht die gelehrten Theologen, nicht die fleißigen Gärtner. Und das sage ich dir, auch du wirst es nicht schaffen, Adam, auch wenn du dich noch so dumm stellst und dich weigerst, das zu tun, wozu du berufen bist: Lehrer zu sein.«

»Du meinst Rektor, weil du keinen anderen findest.«

Neubauer schaute Kempfert über den Rand seiner Brille an. Dann stand er auf.

»Na schön. Mach, was du willst. Ich habe getan, was ich konnte, und will dir deinen Traum nicht kaputt machen.«

Auch Kempfert erhob sich schwerfällig, um Neubauer zur Tür zu geleiten. Als sie sich die Hand schüttelten, konnte der Bischof es dann aber doch nicht lassen. »Also, wenn du es schaffen solltest, wider Erwarten, dann flieg mal bei mir vorbei, ja?«

Kempfert lächelte. »Gern, aber bis dahin bin ich auf normale Fortbewegungsmittel angewiesen und möchte dich bitten, mich zum Krankenhaus mitzunehmen. Ich habe noch einen Besuch zu machen.«

Der Bischof willigte wohl oder übel ein.

★

Als Kempfert den langen, blaßgrün gestrichenen Flur entlang ging, wurden gerade die Blumen aus den Krankenzimmern vor die Türen gestellt und ihr Duft vermischte sich mit dem Geruch von Desinfektionsmitteln und fader Krankenkost.

Kempfert fand den behandelnden Arzt im Schwesternzimmer vor dem Monitor.

»Was uns Kummer macht«, meinte er betont sachlich, »ist nicht die Vergiftung, sondern die Unmenge von Sedativen im Hirn und die Barbiturate im Blut von Herrn Dietrich. Ich fürchte, er gehört in psychiatrische Behandlung. So kann ich ihn auf keinen Fall wieder auf die Menschheit loslassen.«

»Sie meinen, er müßte in eine Anstalt?« Kempfert gefiel der Gedanke gar nicht.

»Wahrscheinlich«, sagte der Arzt, »oder fällt Ihnen was Besseres ein?«

»Wenn ich ihn dazu brächte, zwei, drei Wochen ins Kloster zu gehen. In Beerenheim haben sie ein Programm für gestreßte oder verzweifelte Mitmenschen. Exerzitien. Da könnte er erst einmal zur Ruhe kommen, ohne Tabletten, und dann sehen wir weiter. Ich finde, man sollte ihm eine Chance geben. Was meinen Sie?«

»Auf Ihre Verantwortung.« Man merkte dem Arzt an, daß er sich nicht viel von Kempferts Vorschlag versprach, aber wenigstens war er das Problem vorerst los, und er hatte sowieso genug um die Ohren.

Herr Dietrich schlug die Augen auf, als Kempfert an das Bett trat und seine Hand in seine nahm.

»Bin ich verrückt, Herr Pfarrer? Ich hab' das doch nicht gewollt«, flüsterte er heiser.

Kempfert drückte seine Hand. »Ist ja noch mal gut gegangen, nicht? Jetzt ruhen Sie sich erst einmal aus und werden gesund. Das wird schon wieder.«

Aber Dietrich hörte nicht zu. »Dabei habe ich Kinder eigentlich gern. Warum hassen sie mich? Ich habe ihnen doch nichts getan.« Er schaute Kempfert aus seinen rotumränderten Augen flehend an.

»Na, vielleicht haben diese Rabauken jetzt etwas mehr Respekt vor Ihnen. Außerdem haben sie denen einen Ferientag verschafft. Sie sind ein Held, Herr Dietrich.«

»Ich gebe auf, Herr Pfarrer. Vielleicht nimmt mich einer als Laborant.« Dietrich begann wieder zu husten, und der Arzt schloß den Respirator an.

»So, Herr Pfarrer, Sie sollten wieder gehen.«

Kempfert drückte noch einmal Dietrichs Hand und folgte dem Arzt in den Flur. Er streckte Kempfert die Hand hin.

»Der Mann braucht jemand, der ihn beruhigt und versteht.«

Kempfert nickte. »Sie meinen, er braucht Liebe.«

»So können Sie es auch nennen. Aber die gibt es nicht auf Rezept.«

Kempfert ging langsam zurück zum Aufzug, vorbei an den weißen Türen, die mit den Blumenvasen davor aussahen wie numerierte Gräber.

⋆

Am Sonntag regnete es in Strömen, und der Bazar fiel ins Wasser. Kempfert biß in das dritte Stück Zwiebelkuchen, der nun dringend »wegmußte« und schaute hinaus auf den Kirchplatz, auf den der Regen prasselte. So hat alles sein Gutes. Die Sonntagsmesse war auch besser besucht gewesen als sonst. Was sollte man bei dem Wetter auch machen?

»Dann machen wir den Bazar eben nächstes Wochenende«, sagte Else, die ihrem Bruder das Wunder nicht gönnte.

Kempfert drehte sich um.

»Von mir aus. Aber bitte dann mit Apfelkuchen, ja?«

Die traurige Witwe

Zumindest eine der unglücklichen Liebesgeschichten, die Kempfert von allen Seiten bedrängten, schien mit der Zeit an Heftigkeit verloren zu haben: die tragische Liebe zwischen Else und Werner Daube. Es war selbst Kempfert, trotz seiner vielfältigen Aktivitäten, die ihn in Atem hielten, aufgefallen, daß Else in letzter Zeit stiller und geduldiger mit ihm geworden war, fast, als ginge sie das Pfarrhaus nicht wirklich etwas an.

Else und ihn hatte von Kindheit an immer eine innige geschwisterliche Beziehung verbunden. Doch sie hatte dabei immer im Schatten des größeren Bruders gestanden. Er hatte studieren dürfen. Für Else war die Handelsschule gut genug gewesen, und streng katholisch, wie ihre Eltern sie erzogen hatten, war es dem bescheidenen und nicht gerade hübschen Mädchen immer schwergefallen, mit den wenigen Männern, die sich für sie interessiert hatten, zurechtzukommen.

Else, so dachte Adam Kempfert manchmal bei sich, war die geborene alte Jungfer, und nicht zuletzt aus einem gewissen Schuldgefühl heraus hätte er es ihr nur zu gerne gegönnt, wenn sie jetzt doch noch ein spätes Glück gefunden hätte. Doch die Zeit schien nun auch diese Wunde allmählich zu heilen.

Aber Gottes Mühlen, wie der Pfarrer von Eberstadt immer wieder feststellen mußte, mahlen zwar manchmal langsam, aber dafür schrecklich fein.

»Wo ist meine Schwester?«

Else war nicht wie gewohnt bei der Frühmesse erschienen, und auch Frau Bebel hatte sie heute noch nicht gesehen. Aber dafür stand der Citroën von Herrn Daube vor der »Eberburg«, und als Kempfert ins Pfarrhaus kam, stand Else mit gepackten Koffern im Flur.

»Ja, wie? Was ist denn jetzt schon wieder?« Kempfert war völlig überrascht.

»Ich gehe, Adam«, sagte Else leise und fuhr schnell fort, als Kempfert Luft holte, um deutlich zu widersprechen: »Ich war dir doch nur im Weg, oder? Du hast es selbst gesagt.«

»Das ist ja eine Weile her. Inzwischen habe ich mich an dich gewöhnt«, entgegnete Kempfert, heftiger als beabsichtigt. »Und wo willst du überhaupt hin?«

»Werner und ich werden heiraten. Seine Frau ist vor zwei Wochen gestorben. Natürlich heiraten wir nicht gleich, erst fahren wir zusammen weg. Nach Italien. Weg von allem.«

Jetzt verstand Kempfert, warum Else so anders war die letzte Zeit. Und es ging ihm noch eine andere, unerwartete Erkenntnis auf: Else würde ihm fehlen. Das merkte er jetzt, als es zu spät war. Auch wenn sie kaum eine große Hilfe im Haushalt gewesen war, sie war seine Schwester, ein Mensch, dem er rückhaltlos vertrauen konnte. Mit wem sollte er nun abends reden? Wer würde seine Zweifel mit ruhigen Worten der Aufmunterung zerstreuen? Wer würde ihn sanft zurechtweisen, wenn er wie so oft, übers Ziel hinausschoß, in seinem Drang allem und jedem hinterherzurennen?

»Ich brauche dich, Else. Das wird mir jetzt klar.«

Else ging zu ihm und hielt ihn am Revers seiner Jacke fest.

»Adam, du brauchst nicht so zu tun. Ich war eine Versagerin. Mein ganzes Leben war ein einziges Versagen. Du hast dir immer genommen, was du wolltest und bist deinen Weg gegangen, ohne links oder rechts zu schauen. Ich habe immer verzichtet. Nicht aus Großmut oder Pflichtgefühl, nein, aus Angst, Adam. Ich habe mich unter dem Rock von Mutter Kirche versteckt und am Schluß hier bei dir. Nein, nein, du hattest recht. Ich hätte nicht kommen sollen, und Werner versteht das. Wenn ich jetzt nicht gehe, dann habe ich nie gelebt, Adam.«

Kempfert nickte. Natürlich hatte sie recht. Und alles andere, was er jetzt noch hätte sagen können, wäre purer Egoismus gewesen, und er wußte nur zu gut, daß auch ihm als Mann der Kirche dieses Laster nicht fremd war.

So lächelte er tapfer und nahm Else in den Arm, wie ein Bruder seine Schwester oder ein Hirte sein verlorenes Schaf. Als er sie nach einer innigen Weile wieder losließ, hatte Else Tränen in den Augen.

»Jetzt heul doch nicht. Freu dich lieber. Spätestens am Brenner hast du mich sowieso vergessen, hoffentlich.« Er half ihr die Koffer zum Wagen zu tragen und schüttelte dem verlegenen Daube die Hand.

»Passen Sie gut auf sie auf. Else ist eine liebe und gute Frau.«

»Das weiß ich, Herr Kempfert«, nickte Daube.

Kempfert umarmte Else noch einmal, dann fuhren sie los, und Kempfert stand alleine da.

Endlich allein, dachte er ironisch. Wie sehr hatte er sich anfangs gewünscht, seine Schwester wieder los zu sein. Und jetzt, wo sie endlich auf und davon war, war es ihm auch wieder nicht recht. Gottes Wege waren wahrlich unerforschlich.

Im nächsten Augenblick hatte die Einsamkeit ein Ende, als der Streifenwagen mit Hauptwachtmeister Antes am Steuer im vollen Tempo um die Ecke an der »Eberburg« bog, über den Kirchplatz raste und unmittelbar vor Kempfert mit quietschenden Reifen zum Stehen kam. Das kreisende Blaulicht verhieß nichts Gutes.

»Schnell, Herr Pfarrer, ein Unfall!«

Auf dem Weg zum Unfallort klärte Antes Kempfert auf.

»Wir haben ihn per Zufall gefunden. Der Mann hat wahrscheinlich Stunden da im Graben gelegen. Zuerst haben wir gedacht, er sei tot.

»Fahrerflucht, oder was?«

»Sieht so aus«, antwortete Antes und schaltete das Martinshorn ein, um bei Rot über die Ampel beim Bahnhof zu kommen.

»Kennen Sie ihn?« fragte Kempfert, als sie wieder freie Fahrt hatten.

»Kennen wäre zuviel gesagt. Ihm gehört die Druckerei Mannhardt!«

»Der Mannhardt? Der druckt unser Gemeindeblatt. Ja was macht der alte Mann nachts hier draußen?« wunderte sich Kempfert, als sie jetzt die Landstraße erreichten und die letzten Häuser hinter sich ließen.

»Weiß der Himmel! Vielleicht kriegen Sie das aus ihm heraus. Vor allem, ob er den Fahrer erkannt hat oder wenigstens das Fahrzeug.«

»Wie stellen Sie sich das vor? Eine letzte Ölung ist doch kein Verhör. Das kann der Arzt machen. Sie haben doch einen bestellt, hoffe ich!«

»Klar«, beeilte sich Antes zu versichern, »die Ambulanz ist unterwegs, aber der Mannhardt wollte unbedingt Sie. Das war alles, was wir aus ihm herausgekriegt haben. Holen Sie den Pfarrer! Holen Sie den Pfarrer!« Antes wandte kurz den Kopf zu Kempfert. »Wenns ans Sterben geht, da werden hartgesottenste Leute schwach, das erlebe ich immer wieder.«

»Wieso schwach? Auch dazu gehört Mut.«

Von weitem sah man jetzt die Unfallstelle. Ein paar Bauern waren auf dem Weg aufs Feld stehen geblieben, und Antes' Kollege dirigierte den Verkehr an dem Traktor vorbei.

Antes und Kempfert stiegen aus. Am Straßenrand, den Rücken an die Böschung gelehnt, lag auf einer Uniformjacke der übel zugerichtete Herr Mannhardt. Seine Augen waren geschlossen. Er atmete kaum vernehmbar.

»Und wo ist die Ambulanz?« herrschte Antes seinen Kollegen an.

»Die kommen sowieso zu spät. Der regt sich nicht mehr.«

Kempfert beugte sich über den Verletzten.

»Herr Mannhardt. Ich bin da, Pfarrer Kempfert.« Er berührte ihn leicht. »Herr Mannhardt!«

Jetzt erst schlug der Mann die Augen auf und wollte etwas sagen.

»Vielleicht sollten Sie lieber nicht reden. Der Arzt ist gleich da«, beschwichtigte ihn Kempfert, weil Mannhardt sich mit letzter Kraft an Kempfert zu klammern schien.

»Bitte...«, hauchte er, sank aber gleich wieder kraftlos zurück.

»Wollen Sie beichten?«

Aber Mannhardt schüttelte verzweifelt den Kopf.

»Unter der Kirsche...«, flüsterte er so leise, daß Kempfert ihn kaum verstehen konnte.

»Wie? Ich verstehe Sie nicht«, Kempfert beugte sich noch weiter vor und hielt sein Ohr an Mannhardts Mund.

»Es soll Ihnen gehören... nicht ihr... unter der Kirsche.«

Mannhardts Kopf sackte zur Seite.

»Herr Mannhardt?« Kempfert schaute ihn an und schloß dem Toten die Augen.

Jetzt hörte man auch die Ambulanz mit Sirenengeheul herankommen, und während Kempfert dem Toten die Sterbesakramente gab, zogen die Sanitäter die Tragbahre aus dem Wagen und standen dann leicht verlegen herum.

Kempfert bekreuzigte sich, stand auf und ging zum Streifenwagen zurück. Er stand mit dem Rücken zur Unfallstelle und schaute über die Felder. Der Frühnebel hing noch in den Kronen der wenigen Obstbäume. Ein paar Krähen hatten sich in sicherem Abstand auf eine rostige Egge gesetzt und schauten interessiert zu.

Kempfert hatte bisher nur wenige Menschen sterben sehen. Seinen Vater und seine Mutter und letzte Woche eine alte Frau im Krankenhaus, die sich aufs Sterben sogar gefreut hatte. Trotzdem kam Kempfert ihr Tod wie eine sinnlose Grausamkeit vor. Warum mußte alles Leben ausweglos im Tod enden, so sehr wir uns auch bemühen, egal ob wir gut oder böse sind, ehrlich oder falsch, tüchtig oder faul? Am Ende muß jeder gehen, als wäre der Tod die Strafe dafür, daß wir leben durften – oder mußten.

Die Stimme von Wachtmeister Antes riß Kempfert aus seinen Gedanken.

»Na, wenigstens sind Sie noch rechtzeitig gekommen. Hat er noch was sagen können?«

Kempfert schüttelte den Kopf.

»Er hat etwas phantasiert, aber ich habe nichts verstehen könne. Es klang wie Kirsche oder Kirche.«

»Kirchner vielleicht?« fragte Antes hoffnungsvoll.

Kempfert zuckte mit den Schultern.

»Bringen Sie mich wieder ins Pfarrhaus?«

»Sobald die Unfallstelle geräumt ist«, nickte Antes, und Kempfert nahm seine Tasche von der Kühlerhaube.

»Herr Kempfert!«

Kempfert wandte sich wieder zu ihm um.

»Würden Sie vielleicht ausnahmsweise die Angehörigen verständigen. So was geht mir immer an die Nieren. Ich setze Sie auch bei der Druckerei ab.« Antes schaute Kempfert geradezu flehend an.

»Schon gut. Das gehört ja auch zu meinen Pflichten, nicht wahr?« Bevor er einsteigen konnte, kam nun aber Antes' Kollege heran.

»Schau mal, was ich gefunden habe.« Er hielt Antes einen alten Militärklappspaten hin. Antes betrachtete das Gerät von allen Seiten. Die Schaufel war verbogen und die Farbe abgesplittert.

»Sonst nichts?«

Der Kollege schüttelte den Kopf.

»Also, du bleibst da und machst die Unfallskizze. Vor allem die Bremsspuren. Ich fahre den Pfarrer schnell zurück. Klar?«

Antes legte den Spaten in den Kofferraum. Dann fuhren sie schweigend zurück.

*

Die Druckerei Mannhardt befand sich in einem umgebauten Stall am Eberbach, der früher zu einem prächtigen Vierkanthof gehört hatte. Der Innenhof war allerdings jetzt zum Parkplatz für die Angestellten zubetoniert worden, und das Büro war in der ehemaligen Küche untergebracht. Kempfert saß ungemütlich auf der Kante des Bürostuhls. Von der Wand hinter dem

Schreibtisch starrten ihn die Augen des soeben Verstorbenen aus einem goldenen Rahmen an.

Endlich öffnete sich die Tür und eine Frau kam herein. Kempfert stand auf.

»Guten Tag, Herr Pfarrer«, begrüßte sie ihn, ohne zu lächeln. »Tut mir leid, aber mein Mann ist im Augenblick nicht da.«

Frau Mannhardt mußte wesentlich jünger als ihr Mann sein, obwohl ihr Gesicht älter wirkte als ihre schlanke Figur. Kempfert hielt ihre Hand fest, die sie ihm zur Begrüßung gereicht hatte.

»Frau Mannhardt, Sie müssen jetzt stark sein. Ihr Mann hatte einen Unfall.«

Die Frau zog fast heftig ihre Hand zurück und ihre Augen weiteten sich.

»Aber«, fuhr Kempfert schnell fort, »er ist in Frieden mit sich und Gott gestorben. Ich war bei ihm.«

Frau Mannhardt wandte sich ab und stützte sich mit einer Hand auf den Schreibtisch.

Kempfert wollte ihr Zeit lassen, die schmerzliche Nachricht zu verarbeiten und hielt sich zurück, obwohl er sie am liebsten tröstend in den Arm genommen hätte.

»Wir kennen weder den Tag noch die Stunde«, sagte er schließlich, aber die Worte kamen ihm nichtssagend vor, kaum daß er sie ausgesprochen hatte.

»Schon gut«, sagte sie plötzlich. »Die Mühe können Sie sich sparen.« Sie drehte sich zu ihm um. »Wie ist es passiert?«

Diese unerwartete Beherrschung, ja Kälte in ihrer Stimme irritierte Kempfert.

»Soviel ich von der Polizei erfahren konnte, wurde ihr Mann von einem Auto erfaßt. Fahrerflucht!«

Frau Mannhardt nickte, als hätte sie sich so etwas ähnliches gedacht. »Tja, das hat er nun davon, von seinen nächtlichen Touren.« Sie lachte bitter auf. »Entschuldigen Sie, Herr Pfarrer, ich nehme an, Sie haben eine andere Reaktion erwartet. Aber keine Sorge: Bei der Beerdigung werde ich leidgeprüft aussehen, so wie sich das gehört. Aber Ihnen muß ich wohl nichts vormachen. Mein Mann und ich haben seit achtundzwanzig Jahren kein Wort miteinander geredet.« Wieder lächelte sie. »Aber ich weiß doch, wo er seine Flaschen versteckt hat.«

Sie ging an dem sprachlosen Kempfert vorbei zum Rollschrank, ließ das Rollo nach unten, griff zielsicher hinter die Aktenordner und zog eine halbleere Flasche Obstwasser hervor. Die Gläser waren in einer alten Zigarrenkiste versteckt. »Getrennt von Tisch und Bett«, sagte sie, als sie einschenkte, »bis daß der Tod euch scheidet.«

Endlich fand Kempfert seine Fassung wieder.

»Also Frau Mannhardt!«

»Schauen Sie nicht so beleidigt, Herr Pfarrer«, sagte sie fast belustigt, »ich bin froh, daß es zu Ende ist. Das ist doch kein Verbrechen, oder? Was war denn schon meine Ehe? Keine Liebe, keine Freude, keine Kinder. Aber ich habe durchgehalten. All die furchtbaren Jahre. Und jetzt ist es soweit.« Sie hielt Kempfert das Glas hin. Kempfert schüttelte angewidert den Kopf. Sie lächelte und trank es in einem Zug aus. »Wußten Sie, daß Frauen ihre Männer laut Statistik um zehn Jahre überleben? Ich bin noch jung. Vielleicht habe ich zwanzig, und ich werde jeden Tag davon genießen!«

Kempfert hatte genug. Die Bosheit der Frau schien den Raum zu füllen wie ein bösartiges Gas, und Kempfert brauchte dringend frische Luft. Er nahm seine Tasche und ging.

»Ich schockiere Sie wohl? Aber wo Sie schon mal da sind, können wir ja die Beerdigung besprechen. Es darf ruhig etwas kosten. Mein Mann, ich meine, ich habe ja jetzt genug Geld.«

Kempfert verlor kurz die Beherrschung und drehte sich unter der Tür noch einmal um.

»Das freut mich für Sie. Aber warum lassen Sie ihn nicht auf dem Hundefriedhof verscharren. Wäre das in Ihrem Fall nicht ehrlicher?«

Er ließ sie stehen, ohne auf eine Antwort zu warten, aber kaum war er aus dem Haus, tat ihm seine Heftigkeit schon wieder leid.

Als Kempfert die Pfarrhaustreppe hochging, hörte er schon das Telefon. Bis er im Büro ankam und abnahm, war keiner mehr dran. Er legte auf und setzte sich. Lustlos blätterte er im Terminkalender. Ein Brautgespräch um zwei Uhr, Bibelkreis, nichts Besonderes.

Er stand auf und ging in die Küche. Am Haken an der Tür hing noch Elses Schürze. Er öffnete den Kühlschrank, aber bevor er der Versuchung erliegen konnte, die Schüssel mit den eingemachten Kirschen herauszunehmen, klingelte erneut das Telefon.

Diesmal nahm Kempfert rechtzeitig ab, und Herr Dannecker meldete sich und wollte ihn dringend sprechen. Er lehnte ab, am Telefon zu sagen, um was es ginge, und Kempfert hätte ihm bestimmt abgesagt, wenn nicht irgendein seltsamer Unterton in der Stimme des Unternehmers ihn davon abgehalten hätte. Er verabredete sich mit ihm und ging zurück in die Küche, weil er Schritte gehört hatte. Es war aber nur Frau Bebel.

»Wissen Sie, wo Fräulein Bieler ist? Irgendwer sollte schon aufs Telefon aufpassen, wenn ich nicht da bin.«

Frau Bebel nahm Kempferts zarte Andeutung natürlich sofort als persönlichen Vorwurf.

»Ja was soll ich denn noch alles! Fräulein Bieler ist im Kindergarten und spielt Kasperletheater, und ich habe den Blumenschmuck gewechselt. Wo ist Ihre Schwester? Die hat doch nichts zu tun!«

»Meine Schwester ist ...«, er zögerte, »also wir müssen in Zukunft ohne meine Schwester auskommen. Sie ... hat gekündigt.«

Frau Bebels Kiefer fiel nach unten. Sie war »baff«, wie man in Eberstadt zu sagen pflegte, wenn einer so erstaunt war, daß er kein Wort mehr herausbrachte. Kempfert nutzte Frau Bebels »Kieferlähmung«, um sich schnellstens aus dem Staub zu machen.

»Also, sagen Sie der Annemarie, ich sei bei Dannecker, bin

aber zum Brautgespräch um zwei wieder zurück. Und Sie halten inzwischen die Stellung hier, ja?«

Frau Bebel löste sich erst aus ihrer Erstarrung, als Kempfert schon im Flur war.

»Ja, halt! Ich muß in die Stadt!«

Aber Kempfert war schon draußen.

*

Vor dem Kindergarten wartete Leo Busche in seinem Wagen auf Annemarie. Er klopfte ungeduldig mit seinen Fingern auf das Lenkrad und schaute immer wieder auf die Uhr.

Endlich kam sie durch den Vorgarten, und Leo stieg schnell aus.

»Annemarie?«

Sie war überrascht und wehrte seine Umarmung verlegen ab. Es brauchte ja nicht jeder im Dorf wissen, daß Leo und sie »etwas miteinander hatten«.

»Nicht hier, bitte«, sagte sie schnell.

»Wo dann? Bei mir?« Leo grinste einladend, aber Annemarie schüttelte den Kopf.

»Ich muß noch ins Pfarrhaus.«

»Kempfert ist nicht da, ich bin vorhin vorbei, also keine faulen Ausreden«, sagte er gespielt drohend und führte sie zum Wagen. »Also, zu dir können wir nicht, wegen deiner Hauswirtin, zu mir willst du nicht, obwohl ich die schönste Wohnung von ganz Frankfurt habe: 17. Stock mit Blick auf den Main.« Er hielt ihr die Türe einladend auf.

»Und wie viele Frauen waren da schon?« Sie machte keine Anstalten einzusteigen, und Leo richtete sich auf.

»Das war mal, Annemarie. Seit ich dich kenne, und das sind immerhin schon endlose acht Wochen, war da niemand außer mir und der Katze von Richard Rosner. Und wahrscheinlich wohne ich auch nicht mehr lange da. Es ist eine Geschäftswohnung, und wo kein Geschäft mehr ist, da ist auch keine Wohnung mehr.« Wieder hielt er die Tür auf.

»Du bist verrückt, Leo. Du kannst doch nicht alles aufgeben!«

»Nein! Jetzt fängt es erst richtig an. Und ich weiß auch, wo wir hingehen. Komm!« Er schob sie mit sanfter Gewalt auf den Beifahrersitz und schlug die Tür hinter ihr zu.

»Wohin?« beharrte Annemarie.

Leo ließ den Motor an und fuhr los.

»Ich verrate nur soviel: Es ist ein Ort, an dem ich noch nie mit einer anderen Frau war. Zufrieden?«

»Die Wüste Sahara?« fragte Annemarie ironisch lächelnd.

»Nicht schlecht, aber leider war ich da schon mit einer anderen«, grinste er, »nämlich mit achtzehn und meinem ersten Motorrad. Wir hatten eine unvergeßliche Zeit miteinander, die schöne Vierzylinder und ich, bis sie mir in Turin geklaut wurde. Ich hatte meistens Pech mit Frauen, bis du kamst.«

Er griff nach Annemaries Hand. Annemarie schaute ihn an.

»Keine Angst«, sagte sie leise, »mich klaut keiner.«

Und so begann eine Geschichte, die so unglaublich klang, als Frau Bebel sie am Sonntag beim Alten-Kanasta erzählte, daß niemand in Eberstadt sie für ernst nahm. Busche fuhr Annemarie nämlich direkt zum Flugplatz und erwischte mit ihr die Elf-Uhr-fünfzig-Maschine nach Paris. Erst im Flugzeug, als unter ihr Frankfurt im Dunst verschwand, kam Annemarie wieder zu sich und hatte Gewissensbisse, daß sie sich von Leo immer überrumpeln ließ. Aber Leo war einfach nicht beizukommen.

»Was ist schon dabei! Eine Stunde, und wir sind auf den Champs-Élysées. Mit der Straßenbahn brauchst du das auch von Eberstadt bis zum Opernplatz in Frankfurt.«

Was soll man als Gemeindereferentin dazu sagen? Da Leo sie jetzt küßte, war sowieso jeder Kommentar überflüssig.

⋆

Auf dem Polizeirevier war Antes gerade dabei, das Protokoll seines Kollegen vom Unfall am Morgen nach Rechtschreibfehlern abzuklopfen, als die Tür aufging und Frau Mannhardt an den Tresen trat. Antes seufzte und stand auf. Ihm blieb wohl nichts erspart.

»Herzliches Beileid, Frau Mannhardt«, sagte er mit möglichst trauriger Miene und gab der Witwe die Hand.

»Danke, Herr Antes! Ich... Sie waren dabei, als mein Mann starb?«

Antes nickte. »Wir werden alles tun, um den Todesfahrer zu finden, das verspreche ich Ihnen.«

»Wissen Sie zufällig, ob er noch etwas gesagt hat?« Sie schaute ihn angstvoll an, und Antes wurde komisch zumute, weil ihre dunklen Augen so stechend wirkten.

»Leider konnte er sicher in der Dunkelheit den Fahrer nicht...« Er kam nicht weiter, weil sie ihn auf einmal am Revers packte.

»Das meine ich nicht. Mir ist auch egal, wer es war. Mein Mann ist tot, oder? Aber ich muß wissen, ob er noch etwas gesagt hat. Die letzten Worte, Herr Antes.«

Antes wehrte ihre Hand ab und zog seine Krawatte hoch. Die Frau hatte sie wohl nicht alle.

»Er soll noch was phantasiert haben, sagt der Pfarrer.«

»Phantasiert, was?« Sie wollte wieder nach Antes greifen, aber der zog sich schnell zurück.

»Man hat kaum etwas verstehen können... Kirche oder Kirsche soll er noch rausgebracht haben.«

»Kirche?« fragte Frau Mannhardt ratlos.

Antes nickte. Das Läuten des Telefons bewahrte ihn vor weiteren Attacken.

»Entschuldigen Sie!«

Frau Mannhardt hörte schon nicht mehr zu und rannte eilig zur Tür hinaus.

Antes schüttelte mitleidig den Kopf.

⋆

Herr Dannecker hatte sich einen Gartentisch unter die alte Linde im Park seiner Villa tragen lassen. Vor ihm lag ungelesen die Zeitung. Die Flamme im Rechaud unter der Teekanne war ausgegangen. Dannecker saß da wie die Statue von Goethe an der Hauptwache mit einem starren Lächeln im Gesicht. Er bemerkte Kempfert erst, als dieser schon fast heran war, und versuchte schnell seine offensichtlich traurige Stimmung durch Munterkeit zu kaschieren.

»Ziehen Sie ruhig Ihre Jacke aus, Herr Pfarrer. In dem traurigen Schwarz müssen Sie ja umkommen vor Hitze.«

Kempfert kam der Aufforderung nach und hängte seine Jacke über die Stuhllehne. »Ja, schwarz. Ich habe mich oft gefragt, warum wir ausgerechnet in der Farbe der Trauer die Frohe Botschaft verkünden«, nahm Kempfert Danneckers bemühte Ironie auf und setzte sich.

»Frohe Botschaft?« Dannecker zog die Augenbrauen hoch. »Wenn ich die Andeutungen von unserem Herrn Busche richtig deute, dann ist das, was Sie angeblich wissen und mir bisher verschwiegen haben, alles andere als eine frohe Botschaft.«

Dann war es also so weit. Leo Busche hatte die Katze aus dem Sack gelassen. Kempfert hielt dem bohrenden Blick des alten Mannes stand.

»Herr Dannecker, es wäre besser, Sie würden sich statt mit mir lieber mit Ihrer Tochter aussprechen.«

Dannecker lachte trocken auf und schenkte sich vom kalten Tee nach. »Meine Tochter sagt mir nur, was ihr in den Kram paßt. Also vergessen Sie mal das ganze Vater-Tochter-Problem. Es geht uns beiden doch um das Werk Eberstadt, oder? Also bitte keine falsche Rücksicht. Ich muß wissen, was gespielt wird, sonst kann ich Ihnen nicht helfen.«

Dannecker hatte recht, mußte Kempfert sich eingestehen. Das Problem war nur, wie er es ihm schonend beibringen konnte, daß seine Tochter ihn betrogen hatte.

»Herr Kempfert, bitte!« Dannecker setzte klirrend die Tasse ab.

»Ihre Tochter hat hinter Ihrem Rücken die Umweltbehörde auf Werk Eberstadt aufmerksam gemacht und hat vor, Sie in der nächsten Hauptversammlung mit den Hauptaktionären und mit Bankier Helmholz von Ihrer Hausbank überstimmen zu lassen.« Kempfert hielt inne und beobachtete Dannecker, der bleich geworden war und nun aufstand und sich ein paar Schritte vom Tisch entfernte, um seine Betroffenheit zu verbergen. Als er zurückkam und sich setzte, hatte er seine Beherrschung wiedergefunden.

»Danke!« sagte er und mußte sich räuspern, um den Kloß im Hals loszuwerden. »Meine Tochter konnte es schon als Kind nicht ertragen, wenn etwas nicht nach ihrem Willen ging. Aber wissen Sie, wer eigentlich Schuld hat? Leo Busche! Sie will es ihm zeigen, nicht mir oder Ihnen. Sie liebt ihn. Und wenn Leo nicht so stur wäre, dann würde er begreifen, daß er Jutta braucht. Sonst kriegt er nie raus, was in ihm steckt. Er gehört an die Spitze eines Unternehmens und nicht ins Pfarrhaus!«

Kempfert hatte nichts dagegen zu sagen.

»Und Sie«, fuhr Dannecker fort und deutete mit ausgestreckter Hand auf Kempfert, »Sie gehören auch nicht ins Pfarrhaus. Dazu haben Sie zuviel auf dem Kasten.«

»Ich habe zu wenig ›auf dem Kasten‹«, lächelte Kempfert, »aber das ist ein anderes Problem. Also, was machen wir jetzt. Es geht ja wohl schlecht an, daß Werk Eberstadt wegen eines Liebesdramas den Bach hinuntergeht.«

Dannecker stand auf und wartete, bis auch Kempfert sich hochgerappelt hatte.

»Ich würde sagen, Sie pfeifen Ihre unschuldige Gemeindereferentin zurück, und ich kümmere mich um meine Tochter. Wenn Eberstadt die nächsten Monate überstehen soll, dann brauchen wir Leo Busche, Herr Kempfert. Ich bin zu alt und Sie... na ja, mit Beten kommen wir auch nicht weiter. Also, ich verlasse mich auf Sie.«

Die Audienz war beendet. Kempfert schäumte innerlich, so abgefertigt worden zu sein wie ein Hofkaplan von einem selbstherrlichen Landesfürsten. Manchmal, dachte er sich, hatte das Gebaren dieser Kleinstadt-Industriellen doch noch etwas von einem feudalen Herrscher an sich.

Aber er verbiß sich eine letzte Bemerkung, was sonst gar nicht seine Art war, nahm seine Jacke, nickte und ging. Was hätte es auch helfen können, jetzt den Beleidigten zu spielen? Denn auch dem alten Dannecker, sagte er sich, lag auf seine

Art das Wohl der Bürger von Eberstadt am Herzen, die ihm, Kempfert, als Glieder seiner Gemeinde anempfohlen waren.

Die beiden Schäferhunde Danneckers begleiteten ihn ums Haus zur Auffahrt, wo Chauffeur Deutz auf ihn wartete, um ihn ins Pfarrhaus zurückzubringen.

*

Frau Bebel saß am Küchentisch und entsteinte die eingemachten Kirschen, die wegmußten, um Platz für die neue Ernte zu schaffen.

»Frau Mannhardt wartet im Büro auf Sie«, flüsterte sie Kempfert zu, als er hereinkam. »So ein Unglück, die arme Frau.«

Kempfert nickte. Es hatte ja keinen Sinn, die gute Frau Bebel aufzuklären. »Irgendwelche Anrufe?«

Frau Bebel schüttelte den Kopf. »Nein. Und Fräulein Bieler ist auch noch nicht zurück. Dabei ist der Kindergarten längst aus. Aber seit der Leo Busche ...«

Kempfert hatte keine Lust, sich Frau Bebels Vermutungen anzuhören und ging schnell ins Büro.

Frau Mannhardt schreckte hoch, als die Tür so plötzlich aufging. Kempfert sah, daß sie geweint hatte, und bekam ein schlechtes Gewissen.

»Es tut mir leid, daß ich ... na ja. Meine Bemerkung von vorhin ist mir so rausgerutscht.«

Aber Frau Mannhardt wischte Kempferts Entschuldigungsversuch mit einer Handbewegung weg.

»Nein, Sie haben ja recht. Ich ... aber deshalb bin ich nicht gekommen. Der Anwalt meines Mannes war bei mir. Ich bin in einer sehr verzweifelten Lage, Herr Kempfert.« Sie trat näher und ihre Stimme begann zu zittern. »Mein Mann hat alles, was wir haben, die Firma, das Haus und die Grundstücke beliehen und keiner weiß, wo das Geld geblieben ist. Er wollte dafür sorgen, daß ich keinen Pfennig bekomme nach seinem Tod. So sehr hat er mich gehaßt, daß er mir alles wegnehmen wollte Seine lustige Witwe sollte echte Tränen weinen an seinem Grab.«

Kempfert setzte sich entgeistert. Wozu Menschen alles fähig waren.

»Das... also.« Er wußte nicht, was er sagen sollte.

»Ich muß wissen, was er Ihnen gesagt hat, bevor er starb. Jedes Wort ist wichtig, Herr Kempfert. Er soll das Geld in Goldmünzen und Goldbarren umgetauscht haben, aber wo das Depot ist, weiß keiner, auch die Bank nicht. Er muß es irgendwo vergraben haben.«

»Vergraben?« Kempfert fiel der Spaten ein, den die Polizei am Unfallort gefunden hatte. »Da war ein Spaten. Dann hat er vielleicht doch Ihrem Mann gehört.«

»Da, sehen Sie.« Frau Mannhardt setzte sich auf die Kante des Besucherstuhls und umklammerte den Griff ihrer Handtasche. »Er hat sich oft nachts weggeschlichen, ich dachte, er hat im Dorf irgendein Verhältnis. Da muß er es vergraben haben. Wo, Herr Kempfert, wo? Wenn ich das Versteck nicht finde, kann ich mich aufhängen!«

»Frau Mannhardt«, wies Kempfert sie zurecht, »versündigen Sie sich nicht. Geld ist nicht alles!«

»Doch! Ohne Geld sitze ich auf der Straße, Herr Kempfert, was hat er gesagt?«

Kempfert seufzte. »Also, ich kann Ihnen da auch nicht weiterhelfen. Falls er es da draußen vergraben hat, wo wollen Sie da mit dem Suchen anfangen? Felder, Wiesen und der Wald. Es könnte überall sein.«

»Hat er nicht ›Kirche‹ gesagt?«

»Ja«, nickte Kempfert, »aber da draußen ist keine Kirche oder Kapelle.« Er stand auf. »Tut mir leid.«

»Und sonst hat er nichts gesagt?« Sie erhob sich langsam.

»Doch. ›Es gehört alles Ihnen‹, hat er gesagt.«

»Wem? Ihnen?« fragte sie entsetzt, aber Kempfert beruhigte sie gleich.

»Keine Angst, Frau Mannhardt, das nehme ich sowieso nicht ernst. So, und jetzt muß ich leider gehen. Ich habe Kommunionsunterricht.«

Ihre Hand war feucht und kalt. Als sie gegangen war,

wischte Kempfert seine Hand an der Jacke ab. Es fiel ihm schwer, mit der Frau Mitleid zu haben, dabei war sie wirklich ärmer dran als die meisten Witwen, deren Tränen einem geliebten Mann galten. Frau Mannhardts Tränen flossen aus Verzweiflung und Wut. Er schüttelte die unguten Gedanken ab, aber der nächste Gedanke, der ihm kam, war auch nicht besonders erfreulich. Wo war Fräulein Bieler?

★

Fräulein Bieler stand auf dem Balkon des Hotelzimmers und schaute über die Dächer von Paris, über die sich der Eifelturm erhob wie ein ausgestreckter mahnender Zeigefinger.

Leo, der dem Pagen, der sie aufs Zimmer gebracht hatte, noch ein großzügiges Trinkgeld zugesteckt hatte, trat nun auch auf den kleinen Balkon.

»Na? Das ist doch mal was anderes.« Er legte den Arm um ihre Schulter. »Fehlt nur noch Musik, und der Spielfilm ist komplett.«

Annemarie wandte ihr Gesicht zu ihm. Die Abendsonne und der tiefrote Himmel ließen ihre Haut leuchten, und sie sah aus wie die Heilige Genoveva auf dem Andachtsbildchen, das Leo zur ersten Kommunion von seiner Patentante geschenkt bekommen hatte.

»Ich habe Angst, Leo. Das ist alles zuviel und zu schnell«, sagte das Heiligenbild, und Leo kam wieder zu sich.

»Ich liebe dich, Annemarie!« Er nahm sie in den Arm und küßte sie. Zuerst versteifte sie sich, aber dann schlang sie die Arme um ihn, und wie auf Bestellung begann unten auf der Straße ein Radio zu spielen, und die Stimme von Edith Piaf klang zu den beiden herauf.

★

Auch in Eberstadt ging die Sonne unter. Der Kirchturm warf seinen spitzen Schatten aufs Pfarrhaus, und Kempfert knipste die Schreibtischlampe an. Er arbeitete an der Sonntagspredigt, das heißt, er versuchte es, aber seine Gedanken wanderten immer wieder ab. Neben dem Sofa stand Elses Nähkorb. Er würde sich die Knöpfe in Zukunft selber annähen müssen.

Frau Bebel klopfte und kam herein.

»Ich gehe jetzt«, sagte sie und stellte einen Teller mit einem großen Stück Kuchen vor Kempfert. »Hier, für Sie! Sie haben ja noch nichts Richtiges gegessen heute.«

Kempfert schob den Teller zurück. »Frau Bebel, so nehme ich nie ab.«

Sie schob den Teller heftig zu ihm und schimpfte.

»Also ich habe nur die Hälfte vom Rezept genommen, da ist nichts drin, was Ihrer Figur schaden könnte, und Kirschen machen nicht dick.«

Kempferts Augen weiteten sich. »Sagen Sie das noch mal!«

»Wie, was?«

»Den letzten Satz!«

Frau Bebel verstand die Welt nicht mehr. »Das macht nicht dick, so ein Kuchen«, stotterte sie und wich zurück, weil Kempfert jetzt aufsprang und sie bei den Oberarmen faßte.

»Kirschen! Nicht Kirche! Na klar. Der Mannhardt wollte Kirschen sagen.«

Er ließ sie abrupt wieder los und rannte zur Tür. Frau Bebel stand da wie die Frau Lots, zur Salzsäule erstarrt. Erst als die Tür draußen ins Schloß fiel, löste sich ihre Erstarrung. Sie schüttelte den Kopf und nahm den Kuchenteller wieder mit in die Küche.

*

Es war schon fast dunkel, als Kempfert und Hauptwachtmeister Antes im Streifenwagen bei der Unfallstelle vom Morgen ankamen. Antes parkte den Wagen an der Einmündung des Feldwegs, blieb aber sitzen.

»Na los, kommen Sie!« forderte ihn Kempfert ungeduldig auf.

»Also, das ist doch Blödsinn, Herr Pfarrer, wie wollen Sie hier einen Kirschbaum finden im Dunkeln?«

»Sie haben doch eine Taschenlampe, Herr Antes!«

Kempfert stieg aus, ging um den Wagen herum und öffnete die Tür auf Antes Seite. »Wenn wir das Gold finden, dann spendet Frau Mannhardt bestimmt eine schöne Summe für

Ihren Polizeisportverein, und für unsere Orgel fällt auch bestimmt was ab.«

Antes seufzte und stieg aus.

Wenig später stapften die beiden Männer durch die vom Nachttau feuchten Ackerfurchen von Obstbaum zu Obstbaum, aber da waren nur Apfel- und Birnbäume. Antes Stimmung wurde zunehmend schlechter und Kempfert mußte einiges an Überredungskunst aufbringen, um ihn zum nächsten Baum zu motivieren. Aber der war dann auch der gesuchte Kirschbaum, und als Kempfert mit dem Spaten im Erdreich um den Stamm herumstocherte, stieß er auf eine weiche Stelle.

»Da! Da muß es sein!«

Jetzt wurde Antes endlich munter. Wortlos riß er Kempfert den Spaten aus der Hand und begann zu graben. Etwa einen halben Meter tiefer stieß der Spaten auf Widerstand, und Antes legte den Deckel einer Blechdose frei.

»Ich werd' verrückt«, staunte er, als er den Deckel aufgestemmt hatte und im Schein der Taschenlampe das Gold aufleuchtete wie der Schatz der Nibelungen. Kempfert klopfte ihm auf die Schulter.

»So, und jetzt holen Sie Ihren Wagen. Ich habe keine Lust, das alles zu schleppen.«

Antes ging und Kempfert setzte sich und lehnte sich an den Stamm. Von der kleinen Anhöhe sah man die Lichter von Eberstadt. Hinter jedem Fenster eine Geschichte, dachte Kempfert, ein Stück ohne Zuschauer und ohne Applaus. Achtundzwanzig Jahre hatten die Mannhardts nicht miteinander geredet. Ein Drama ohne Dialog.

Die Scheinwerfer des Streifenwagens näherten sich. Kempfert stand auf. Eine Wolke schob sich vor den blassen Mond wie der Vorhang am Ende dieses Stückes von Haß und Leid und Geld.

Das schlechte Gewissen

Die Geschichte vom Goldschatz unter dem Kirschbaum sprach sich schnell um in Eberstadt, und es gab einige, die Frau Mannhardt ihren so wundersam vergoldeten Lebensabend nicht gönnten, »nach allem, was sie ihrem Mann angetan hatte«. Auch Frau Bebel war empört. »Also ich will ja nichts sagen, Herr Pfarrer, aber diese Frau hat ihrem Mann das Leben zur Hölle gemacht, und jetzt, wo er unter der Erde ist, da läßt sie auf einmal zwanzig Messen lesen. Und Sie machen da mit!« Sie schaute Kempfert mit einem Blick an, der ihre christliche Entrüstung zum Ausdruck bringen sollte, aber bei Kempfert wirkungslos blieb.

»Frau Mannhardt versucht eben nachträglich gutzumachen, was sie zu Lebzeiten ihres Mannes versäumt hat. Das ist traurig, aber wenn es auch für Herrn Mannhardt zu spät ist, für die Frau Mannhardt kommt die Reue vielleicht noch rechtzeitig.«

Frau Bebel verkniff sich eine Antwort, obwohl ihr einiges auf der Zunge lag. Sie fand die Art, wie der Pfarrer in allem und jedem das Gute suchte und meist auch fand, schon beinahe skandalös und hätte sich manchmal einen strengeren, korrekteren Seelenhirten gewünscht. Kempfert war für ihren Geschmack viel zu gutgläubig, und auf der anderen Seite viel zu uneinsichtig, wenn er von etwas überzeugt war, zum Beispiel was den Kirchenbazar anging oder die Fahrt nach Lourdes. Das konnte auf die Dauer nicht gutgehen. Nicht in Eberstadt. Die Eberstädter waren alle mal Bauern gewesen oder stammten von Bauern, und ein Bauer hält Gutmütigkeit für Dummheit und liberale Ansichten für den Anfang vom Ende.

Die Ankunft von Frau Bardusch, die zaghaft an die halboffene Tür klopfte, konnte Frau Bebels Stimmung kaum verbessern.

»Guten Morgen, Frau Bardusch«, sagte sie spitz, »daß man Sie auch mal im Pfarrhaus sieht.«

Frau Bardusch überhörte die Anspielung und wandte sich direkt an Kempfert. »Könnte ich Sie einen Augenblick sprechen, Herr Pfarrer?«

Kempfert kam ihr entgegen und gab der attraktiven, selbstsicheren Frau die Hand. »Aber selbstverständlich, Frau Bardusch. Setzen Sie sich.« Er schloß die Tür hinter Frau Bebel und nahm selbst wieder Platz.

Frau Bardusch schlug die Beine übereinander.

»Es geht nicht um mich. Es geht um meinen Mann. Ich bin am Ende mit meiner Weisheit«, begann sie ohne Umschweife. Und Kempfert ahnte schon, was kommen würde, und sein Verdacht wurde prompt bestätigt.

»Klaus hat schon immer getrunken, Berufskrankheit, nehme ich an.« Sie lächelte nervös und strich sich die gepflegten Haare hinters Ohr. »Alle Dichter trinken, vor allem, wenn sie wie mein Mann ihr Geld als Zeitungsschreiber verdienen müssen und den eigenen Roman nicht fertigkriegen.«

Kempfert nickte. Er hatte Bardusch mehr als einmal aus der »Eberburg« schwanken sehen, spät abends.

»In letzter Zeit wurde es immer schlimmer. Er trinkt jetzt schon morgens heimlich und geht keinen Abend ohne Rausch ins Bett. Wie Sie vielleicht wissen, bin ich in meinem Beruf ziemlich erfolgreich. Manche Ehemänner haben damit Probleme, wenn die Frau mehr Geld verdient... und ich dachte, vielleicht ist das der Grund. Natürlich will ich Sie nicht mit meinen Eheproblemen belasten, aber vielleicht können Sie ihm auf irgendeine Art helfen.«

Das Gespräch bereitete ihr sichtlich Unbehagen, und Kempfert versuchte, ihr das Schuldgefühl zu nehmen, das Angehörige von Alkoholikern so oft hatten.

»Ihr Mann ist recht empfindlich, ich weiß, und er läßt sich ungern etwas sagen.«

»Von Ihnen bestimmt eher als von mir. Er hält große Stücke auf Sie. Vor allem, wie Sie darum kämpfen, daß die Dannecker-Werke am Ort bleiben, imponiert ihm sehr. Ich bin nur seine Frau, und meine Karriere bei der Bank hält er für... eine raffinierte Methode, mich vor der Arbeit im Haushalt zu drükken. Er meint, damit habe ich jedes Recht verwirkt, ihm irgendwelche Vorhaltungen zu machen.« Sie hatte sich wieder im Griff, ihre Stimme bekam einen ironischen Unterton.

»Ich werde tun, was ich kann, aber versprechen kann ich nichts«, sagte Kempfert.

»Danke. Aber bitte sagen Sie nicht, daß ich bei Ihnen war.« Sie schaute auf ihre Armbanduhr und stand auf. »Ich komme zu spät ins Büro.«

Kempfert begleitete sie zur Tür. »Glauben Sie, er wäre eventuell bereit, professionelle Hilfe zu suchen?«

Sie blieb stehen. »Sie meinen eine Therapie?« Sie schüttelte den Kopf, und ein Hauch ihres dezenten Parfüms stieg Kempfert in die Nase.

»Dann müßte er sich ja eingestehen, daß er Alkoholiker ist. Und freiwillig wird er das nie zugeben. Sie schaffen es vielleicht. Von Mann zu Mann.«

Wieder glaubte Kempfert einen ironischen Unterton herauszuhören. Diese selbstsichere Frau schien nicht viel von Männern zu halten. Auf jeden Fall würde Klaus Bardusch bei ihr mit den üblichen männlichen Ausreden nicht viel Erfolg haben.

Als Kempfert ins Büro zurückkam, legte Frau Bebel den Telefonhörer auf.

»Bei Fräulein Bieler meldet sich niemand«, sagte sie.

»Versuchen Sie es mal bei Leo Busche«, brummte Kempfert und trank den kaltgewordenen Rest aus der Kaffeetasse.

»Bei Herrn Busche? Das sieht ja so aus, als ob ich ihr nachspionieren würde. Also, da müssen Sie selber anrufen.«

Sie nahm die Tasse vom Tisch und ging. Kempfert wußte, daß das nicht alles gewesen sein konnte, das einer Frau Bebel dazu einfiel, und wie erwartet, blieb sie an der Türe stehen: »Und bei der Gelegenheit können Sie Fräulein Bieler gleich sagen, daß das so nicht weitergehen kann. Eine Gemeindereferentin, die mit einem Mann zusammenlebt! Die Leute reden ja schon.«

Kempfert lächelte entwaffnend. »Sie meinen, *Sie* reden schon.«

»Nein«, zischte Frau Bebel, »aber ich denke mir meinen Teil.« Heftiger als nötig zog sie die Tür hinter sich zu und schwor sich, nie, nie wieder etwas zu sagen.

Kempfert suchte die Nummer von Leo Busche heraus und wählte. Er hatte nichts dagegen, daß Annemarie und Leo sich offensichtlich ineinander verliebt hatten, aber es war nun bald neun Uhr, und Annemaries Dienst begann um acht. Am anderen Ende läutete das Telefon zum fünften Mal, aber niemand hob ab.

★

Leo Busche lag auf dem Bauch in seinem riesigen Junggesellenbett und wurde mühsam wach. Das Telefon stand auf dem Boden vor seiner Betthälfte und wollte nicht aufhören zu klingeln. Schließlich griff Leo wütend nach dem Kopfkissen und stülpte es über den Apparat.

Auch Annemarie stand auf.

»Ich bin nicht da«, meinte Leo und wollte den Arm um sie legen.

»Aber ich!« Annemarie schob ihn weg und sich quer über ihn legend, hangelte sie das Telefon an der Schnur unter dem Kissen hervor und nahm ab. Aber es war zu spät.

»Wir haben verschlafen. Ich denke, du hast den Wecker gestellt.« Annemarie schaute sich nach dem Wecker um. Er lag unter dem Fenster auf dem Boden. »Eine Reflexbewegung«, entschuldigte sich Leo. »Um sieben Uhr kann ich nicht aufstehen. Oder müssen wir jetzt für den Rest unseres Lebens in die Frühmesse?« Er wollte Annemarie wieder zu sich ziehen, aber sie machte sich los und stand auf. Sie hatte ein schlechtes Gewissen und war nicht zum Scherzen aufgelegt. Leo setzte sich auf und sah ihr zu, wie sie ihre Kleider vom Boden auflas. »Und was ist mit Frühstück? Eine liebende Frau bringt ihrem Mann das Frühstück ans Bett, oder?«

»Ehefrauen, wenn schon, und auch nur am Geburtstag«, erwiderte sie und ging ins Badezimmer.

Leos Gesicht wurde ernst, sobald er allein war. Die Sonnenstrahlen fielen durch die halbheruntergelassenen Rolläden, aus dem Badezimmer drang das Geräusch der Dusche. Leo griff nach der Sprudelflasche und trank durstig. Dann lehnte er sich wieder zurück. Plötzlich war er sich nicht mehr so sicher, ob er auf dem richtigen Weg war. Solange Annemarie in seiner Nähe war, schien alles klar zu sein. So wie die Flut die Niederungen überspült und bedeckt, verschwanden in ihrer Anwesenheit die bohrenden Fragen, und wenn sie ging, brachte die Ebbe alles zutage, was er verdrängt hatte.

»Kommst du mit?« Annemarie stand an der Tür und trocknete sich ab.

»Ja! Kannst du mich bei Dannecker absetzen?«

»Bei Herrn oder Fräulein Dannecker?«

Leo setzte sich auf die Bettkante und schlüpfte in seine Hose. »Fräulein Dannecker redet nicht mehr mit mir.«

Annemarie hielt inne. »Ach ja? Was hast du ihr getan?«

Leo stand auf und ging zu ihr. »Ich tanze nicht nach ihrer Pfeife. Das genügt.«

»Sie ist eifersüchtig«, sagte Annemarie trocken.

Das Telefon begann wieder zu läuten, aber Leo machte keine Anstalten hinzugehen. Er nahm Annemarie in den Arm.

»Ich liebe dich«, sagte er leise an ihrem Ohr und küßte sie. Ihre Haare waren noch naß, und ihre Haut roch wie der Wald nach einem Frühlingsregen.

*

Als Annemarie endlich gegen zehn Uhr im Pfarrhaus ankam, war Kempfert schon weg.

»Er hat bis vor einer halben Stunde auf Sie gewartet. Gott sei Dank mußte der Herr Bardusch nach Limburg und hat ihn mitgenommen«, begrüßte Frau Bebel sie, und Annemarie fiel siedend heiß ein, daß Kempfert heute um elf Termin beim Bischof hatte.

»Tut mir leid, aber ich... ich habe verschlafen«, sagte sie möglichst beiläufig, nahm den Entwurf des Gemeindebriefes, den Kempfert ihr zum Abtippen hingelegt hatte, und tat so, als würde sie lesen. Aber Frau Bebel dachte nicht daran, sie so einfach durchkommen zu lassen.

»Verschlafen, wie? So kann man es natürlich auch nennen.«

Annemarie wandte ihr den Rücken zu und setzte sich an die Schreibmaschine. Frau Bebel trat hinter sie.

»Fräulein Bieler, ich sage das nur, weil ich Angst habe um Sie. Herr Busche ist ein netter Kerl, aber ernste Absichten hat der keine.«

»Bitte, Frau Bebel.« Annemarie ließ genervt die Hände in den Schoß sinken. »Haben Sie nichts zu tun? Ich möchte arbeiten!«

Frau Bebel seufzte. »Na gut, mehr als Sie warnen kann ich nicht.« Sie ging zur Tür. »Ach so, der Herr Kempfert hat gesagt, Sie sollen nicht so viele Kommas machen. Wenn die Sätze zu lang sind, will er lieber einen Punkt.«

Annemarie nickte und begann zu tippen. Aber gleich im ersten Satz vertippte sie sich und riß das Papier wieder aus der Maschine. Plötzlich kam ihr alles sinnlos vor.

*

»Das ist sinnlos, geben Sie auf, Herr Kempfert.« Klaus Bardusch wurde wütend und überholte in einem gewagten Manöver den Campingbus, der ihm schon seit dem Ortsausgang von Eberstadt die freie Fahrt versperrte.

Kempfert wartete, bis Bardusch wieder ansprechbar war und fuhr dann unbeirrbar fort: »Es liegt mir fern, mich in Ihr Privatleben einmischen zu wollen. Ich wollte Ihnen nur sagen, daß ich da bin, falls Sie mich brauchen sollten.«

»Aha, und das kommt Ihnen einfach so in den Sinn, wie?« Bardusch schaute ihn an. »Meine Frau war bei Ihnen, stimmt's?«

»Warum trinken Sie, Herr Bardusch?« wich Kempfert seiner Frage aus, und Bardusch schaute wieder nach vorne. Er holte tief Luft. »Weil mich alles ankotzt. Deshalb trinke ich. Ob ich allerdings zuviel trinke, das weiß ich nicht. Sie sind Priester, Herr Kempfert, Ihre Fragen beantwortet alle der liebe Gott. Auf meine muß ich selber eine Antwort finden, und meistens finde ich keine.«

»Alkohol ist bestimmt nicht die richtige Antwort!« entgegnete Kempfert. Bardusch lachte bitter. »Nein, aber man vergißt die Frage. Zum Beispiel die Frage, was Sie beim Bischof wollen. Der kann für Werk Eberstadt doch nichts tun.«

»Nicht so, wie Sie denken. Herr Dannecker hat da eine Idee, aber wenn ich Ihnen die erzähle, dann steht alles morgen in der Zeitung. ›Bischof bremst Bankrott‹. So eine Schlagzeile lassen Sie sich doch nicht entgehen, wie ich Sie kenne.«

»Sie überschätzen mich«, erwiderte Bardusch lakonisch. »Ich mache schon lange keine Schlagzeilen mehr, aber bald bin ich selber eine.«

Kempfert schaute ihn besorgt von der Seite an.

»Wie meinen Sie das?«

Wieder lachte Bardusch, aber es klang nicht lustig.

»Keine Angst. Ich habe heute noch nicht getrunken, und mit Ihnen im Auto kann mir ja nichts passieren.«

Kempfert wurde der Mann immer unheimlicher. Irgend etwas stimmte nicht mit Klaus Bardusch.

»Mensch Bardusch, jetzt sagen Sie endlich, was los ist mit Ihnen. Und wenn Sie es dem Pfarrer Kempfert nicht sagen wollen, dann sagen Sie es dem Freund Kempfert!«

Aber Bardusch biß sich auf die Zähne, daß man den Kiefermuskel hervortreten sah und schwieg.

*

Leo Busche hatte sich von Annemarie bei Danneckers Villa absetzen lassen und hatte mit ihm gefrühstückt. Ein paarmal hatte er versucht herauszubekommen, was der alte Herr von ihm wollte, aber der lehnte es ab, beim Essen übers Geschäft zu sprechen. Erst als er seinen Schäferhunden den Rest seines Toastes und zwei Scheiben Roastbeef in kleinen Stücken zugeworfen hatte, und Leo vorgeführt hatte, wie gut trainiert sie waren. Er legte Cäsar ein Stück Roastbeef auf die Nase, und der Hund schnappte erst auf Kommando zu. Er forderte Leo auf, ihm hinüber ins Arbeitszimmer zu folgen, wo er ihm wortlos ein paar Seiten engbeschriebenes Papier in die Hand drückte. Leo brauchte einige Minuten, um zu begreifen, was Dannecker vorhatte.

»Sie wollen Werk Eberstadt vom Konzern ablösen?«

»Ja!« sagte Dannecker grimmig. »Da Sie sich weigern, meine Tochter zu heiraten, bleibt mir nichts anderes übrig. Ich werde das Werk kaufen.«

Leo konnte es nicht fassen. »Sie kaufen Ihre eigene Fabrik! Das ist doch Wahnsinn!«

Dannecker schien Leos Ausruf als Kompliment zu nehmen. Er lächelte und sah plötzlich um zehn Jahre jünger aus.

»Wenn man mit vernünftigen Argumenten nicht zum Ziel kommt, muß man eben in die Trickkiste greifen. Mit den sechsundzwanzig Prozent, die ich noch an der Aktiengesellschaft habe, werde ich doch sonst von meiner Tochter und Herrn Helmholz und seiner Bank überstimmt. In so einer Situation gilt nur: Alles oder nichts. Ich treffe mich heute mit Helmholz und setze ihm das Messer auf die Brust. Entweder er macht sich stark dafür, daß ich die Fabrik bekomme, oder ich verkaufe meine Anteile an seine Konkurrenz.«

Dannecker hatte sich auf das Ledersofa niedergelassen und schlug die Beine übereinander. Herausfordernd lächelnd schaute er Leo an.

Leo schüttelte den Kopf. »Er wird Sie für verrückt halten.«

»Von mir aus.« Dannecker zuckte verächtlich mit den Schultern. »Aber ich habe ihn in der Hand. Kempfert ist gerade bei Bischof Neubauer und arbeitet vom anderen Ende an der Sache.«

Leo ließ sich in den Sessel fallen und lockerte seine Krawatte.

»Bischof Neubauer? Soll er ihm mit dem Kirchenbann drohen oder was?«

»Nein«, lachte Dannecker, »schlimmer! Helmholz' Tochter heiratet in vier Wochen, und der stolze Vater möchte, daß die Trauung von einem richtigen Bischof zelebriert wird, wie es sich in diesen Kreisen gehört.«

»Und Kempfert soll Ihnen die Zusage von Neubauer verschaffen. Ganz schön gerissen.« Leo war beeindruckt.

»Wie ich schon sagte, ich habe einiges in meiner Trickkiste.«

»Und was haben Sie für mich ausgeknobelt?«

»Sie, Sie werden sich jetzt an meinen Schreibtisch setzen und ausrechnen, was Werk Eberstadt wert ist, den Buchwert natürlich nur, und wieviel Anteile am Konzern ich Helmholz dafür im Tausch anbieten soll. Ich habe Ihnen alle Unterlagen herbringen lassen.« Er stand auf und öffnete einladend die Tür. »Na los, kommen Sie schon.«

Leo stand auf und zog im Gehen seine Jacke aus. »Dafür, daß ich nicht mehr für Sie arbeite, arbeite ich ganz schön viel für Sie.«

Dannecker klopfte ihm auf die Schulter und grinste. »Das kommt davon, wenn man den Weltverbesserer spielen will. Die arbeiten für Gotteslohn.«

Auf dem Schreibtisch lag ein dicker Stapel Computerausdrucke. Leo setzte sich, und Dannecker reichte ihm den Taschenrechner.

»Aber wenn Sie schon keinen Stundenlohn bekommen, wie wäre es, wenn ich Ihnen das ›Du‹ anbiete?« Er streckte seine Hand aus. »Ich heiße Wilhelm!«

»Kommt das auch aus deiner Trickkiste?« grinste Leo, ergriff Danneckers Hand, der ernst den Kopf schüttelte.

»Nein, das ... kommt von Herzen.« Beide wurden verlegen, und Dannecker ging schnell.

*

»Ich werde auf keiner Neureichenhochzeit den Popen spielen, Adam, und damit basta!«

Bischof Neubauer hatte einen roten Kopf und schlug mit seiner Hand auf die Tischplatte, daß die Kugelschreiber im Silberbecher tanzten. Aber er konnte Kempfert damit nicht beeindrucken.

»Tut mir furchtbar leid, Johannes, aber den Gefallen wirst du mir ausnahmsweise tun müssen!«

»Müssen?« Neubauers Stimme überschlug sich.

»Ja, müssen«, lächelte Kempfert ungerührt, »oder muß ich dich daran erinnern, wer dir vor genau neununddreißig Jahren durchs Abitur geholfen hat.«

Neubauer ließ sich in den hochlehnigen Sessel zurückfallen.

»Hör' auf, bitte. Mord verjährt nach dreißig Jahren, und ich hätte es auch ohne dich geschafft.«

»Mensch Johannes! Was ist schon dabei. In einer Stunde hast du es hinter dir, anschließend gibt es Kaviarschnittchen und Wachteleier und was sonst noch alles.« Kempferts Stimme klang jetzt verführerischer als die von Mephisto, als er Gretchen bearbeitete.

»Und was das Schönste ist, mit diesem Sprung über deinen Schatten rettest du den Arbeitsplatz von achthundert Arbeitern in meinem Sprengel.«

»Aha! Und wie soll das funktionieren, wenn ich fragen darf?«

Kempfert lehnte sich vor. »Du darfst. Dannecker will Helmholz seine alte Fabrik abluchsen und braucht dazu die Stimmen von den Aktionären der Bank. Und damit Helmholz die Entscheidung etwas versüßt wird, kriegt er für die Trauung seines Töchterleins eine echte Eminenz mit roten Knöpfen und spitzem Hut als Köder.«

Neubauer lachte ungläubig auf. »Adam, Adam!«

»Auf die Eitelkeit der Menschen ist immer Verlaß«, sagte Kempfert ruhig.

Neubauer atmete tief durch. »Und wenn ich mich weigere, diese Maskerade mitzumachen, bin ich schuld am Niedergang deiner Dreihundertseelengemeinde? Das willst du mir hier doch suggerieren!«

Kempfert lächelte listig. »So hart wollte ich das zwar nicht formulieren, aber du hast völlig recht. Du bist schuld.«

Neubauer schaute Kempfert eine Weile an, und sein Blick hatte wenig Väterliches. »Aber das sage ich dir«, er erhob seinen bischöflichen Zeigefinger, »das ist das letzte Mal, daß ich mich von dir wider besseres Wissen und Gewissen einseifen lasse.«

»Dann bist du einverstanden«, freute sich Kempfert, und Neubauer nickte.

Kempfert stand auf. »Dann darf ich mal telefonieren?«

Neubauer schob ihm den Apparat hin. »Du mußt die Null wählen, dann bekommst du das Amt.« Er trommelte ungeduldig mit den Fingern auf der Tischplatte, während Kempfert wählte und auf die Verbindung wartete.

»Herr Dannecker? Ja, Kempfert. Alles klar. Exzellenz haben sich gütigst bereit erklärt, die Zeremonie höchstpersönlich zu vollziehen.«

Neubauer bedeckte seine Augen mit der Hand.

»Ja, natürlich nur, wenn das Geschäft zustande kommt. Nein, das hat der Bischof nicht gesagt, das sage ich! Also viel Glück und rufen Sie mich an, sobald Sie Bescheid wissen.« Kempfert legte auf und schob den Apparat säuberlich wieder in seine alte Position zurück.

»Danke, Johannes!«

Neubauer stand auf. »Mit deinem Talent für Intrigen hättest du große Chancen im Vatikan.«

»Aber, aber«, grinste Kempfert, »mit der Einstellung wirst du nie Kardinal.«

»Wer sagt, daß ich Kardinal werden will.«

»Ich!« Kempfert reichte seinem Freund und Vorgesetzten die Hand. »Leider kann ich nicht länger, mein Chauffeur wartet.«

★

Kempferts Chauffeur Bardusch saß in seinem Wagen und wartete. Der Zeitungsjournalist sah nicht gut aus, und jetzt, wo er unbeobachtet war und es keinen Grund gab, seine Fassade aus Kaltschnäuzigkeit und Sarkasmus aufrecht zu erhalten, verriet sein vom Alkohol aufgedunsenes Gesicht ratlose Verzweiflung.

Das fröhliche Gelächter der Küchenmädchen, das über den Innenhof des Bischofspalais schallte, machte ihm seine Einsamkeit und Angst noch krasser bewußt. Er lehnte seinen Kopf an die Nackenstütze seines Wagens und schloß die Augen.

Wenn Ruth erfuhr, was passiert war, dann ...! Er wagte nicht, den Gedanken zu Ende zu denken, aber der nächste Gedanke war genau so hoffnungslos: Wenn die Chefredaktion in Frankfurt etwas davon erfuhr, dann war er nicht nur seine Frau, sondern auch seinen Job los. Er schreckte hoch, als Kempfert die Beifahrertür öffnete, und versuchte schnell seine gewohnte unbekümmerte Maske aufzusetzen, aber es gelang ihm nur ein hilfloses Grinsen.

»Das ging aber schnell. Hat Sie der Bischof rausgeworfen?«

Kempfert schaute Bardusch an. Barduschs Grinsen erstarb. Er wollte den Motor anlassen, aber seine Hände zitterten.

Kempfert zog die Tür zu. »Ich respektiere, wenn Sie nicht mit mir reden wollen, Herr Bardusch, aber wenn wir wieder zu Hause sind, dann setzen Sie sich wenigstens eine halbe Stunde oder so in die Kirche und reden mit sich selber oder mit Gott, was auf das gleiche herauskommt. So können Sie auf keinen Fall in die Redaktion.«

Bardusch hatte das Lenkrad umklammert, um das Zittern seiner Hände zu beseitigen. Ohne Kempfert zu antworten, ließ er den Motor an und fuhr los.

*

Zur gleichen Zeit, als Bardusch mit Kempfert schweigend auf der Autobahn Richtung Frankfurt fuhr, bog Hauptwachtmeister Antes in den Hof des Gebrauchtwagenhändlers Ruppert, stieg aus und schlenderte durch die Reihen der zum Verkauf ausgestellten Wagen. Vor einem dolomitenfarbenen alten Opel blieb er stehen und untersuchte den verbeulten vorderen Kotflügel.

Ruppert kam nervös angerannt. Die Polizei ist für einen Gebrauchtwagenhändler das, was für einen Eberstädter Weinbauern die Reblaus ist, nur daß man gegen die Polizei nichts machen konnte.

»Was verschafft mir die Ehre?« fragte er mit einem Lächeln, mit dem er Mathematiklehrerinnen und Beamten der unteren Gehaltsklassen jedes Auto verkaufen konnte, das an Antes aber wirkungslos abprallte.

»Der Wagen da! Von wem haben Sie den?«

Ruppert deutete auf den lädierten Kotflügel. »Wegen der Schramme? Der Kunde hat behauptet, er sei gegen seinen Eisenzaun gefahren.«

»Welcher Kunde?«

»Da muß ich nachsehen. Ist schon eine Woche her.« Rupperts Gesicht produzierte jetzt das Lächeln, das er für den Steuerprüfer und seine Schwiegermutter reserviert hatte, ließ es aber gleich wieder fallen, da Antes in die Hocke ging und mit dem Daumennagel ein paar Flocken der Lackspuren am Kotflügel abkratzte. »Dann schauen Sie mal nach«, sagte er und richtete sich wieder auf.

»Selbstverständlich.« Ruppert eilte zu seiner Bude. Antes ging zurück zum Streifenwagen und holte aus dem Handschuhfach den kleinen Zellophanbeutel, den er zu Zwecken der Spurensicherung dort verwahrte. Vorsichtig ließ er die Lackflocken in den Beutel gleiten. Kurz darauf kam Ruppert mit einem dicken Buch zurück, das er auf der Motorhaube des Kotflügels aufschlug. Als Antes den Namen sah, pfiff er leise durch die Zähne.

*

Klaus Bardusch hielt vor dem Pfarrhaus und stellte den Motor ab.

»Danke«, sagte Kempfert und wollte aussteigen.

»Herr Kempfert?«

Kempfert hielt inne und wandte sich zu ihm.

»Ich hab's mir überlegt. Ich muß mit jemanden reden. Sonst werde ich verrückt.«

Kempfert ließ den Türgriff los. »Na endlich.«

Klaus Bardusch brauchte ein paar Sekunden, um mit seiner plötzlichen Courage fertig zu werden, dann platzte er los, und die Worte flossen aus ihm wie das Wasser über das Stauwehr im Eberbach.

»Meine Frau hat recht. Ich bin am Ende. Ich bin schon lange am Ende. Im Beruf komme ich nicht weiter, weil ich trinke, und trinken tue ich, weil ich nicht weiterkomme.« Er machte eine kleine Pause. Kempfert schaute ihn geduldig an. Bardusch atmete schwer.

»Letzten Freitag war ich wie üblich in der ›Eberburg‹, und Kurt Maiwald wollte mir nichts mehr geben. Ich bin wohl pampig geworden, und da hat er mich vor die Tür gesetzt. Na ja, da habe ich mich eben in meinen Wagen gesetzt und wollte rüber nach Frankfurt, und auf dem Weg, auf der B 12, da muß mir der Herr Mannhardt in den Wagen gelaufen sein. Und besoffen wie ich war, habe ich ihn liegen lassen.«

»O mein Gott«, entfuhr es Kempfert.

»Ja, o mein Gott«, seufzte Bardusch.

Kempfert war erschüttert. »Ja, dann …«

»Nein, Herr Kempfert«, unterbrach ihn Bardusch, »ich kann nicht zur Polizei damit.«

»Aber das geht doch nicht, Herr Bardusch.«

»Es muß, oder glauben Sie, meine Frau lebt mit einem Mörder zusammen, einem arbeitslosen Mörder, denn aus der Redaktion fliege ich dann sowieso. Das können Sie von mir nicht verlangen.«

Kempfert schüttelte den Kopf. »Ich nicht, aber Sie von sich.«

Er legte seine Hand auf Barduschs Arm. »Sonst lebt Ihre Frau mit einem Mann, der sich zu Tode trinkt, um zu vergessen, daß er einen Menschen getötet hat. Das ist für Ihre Frau noch schlimmer, ganz zu schweigen von Ihnen.«

»Was mit mir passiert, ist mir egal. Mein Leben ist eh kaputt. Aber ich werde nicht auch noch Ruth mit in den Dreck ziehen, und wenn Sie das nicht verstehen, dann tut es mir leid, daß ich nicht den Mund gehalten habe.«

»Herr Bardusch!« Kempfert wußte nicht, was er sagen sollte. Klaus Bardusch ließ den Motor an. In diesem Moment sah er den Streifenwagen von Antes über den Kirchplatz fahren und vor der »Eberburg« halten.

»Steigen Sie aus!« sagte Bardusch.

Kempfert folgte Barduschs Blick und sah Antes aussteigen und in der »Eberburg« verschwinden.

»Ja, ja«, sagte er und öffnete die Tür, »es geht schon los. Sie werden keine ruhige Minute mehr haben, Herr Bardusch.«

»Lassen Sie mich in Ruhe.«

Kempfert stieg aus, und Bardusch fuhr los, noch bevor er die Tür zuschlagen konnte.

*

Der Mittagsessensbetrieb in der »Eberburg« war schon vorbei. Marion Maiwald räumte die Tische ab und blieb auf dem Weg zurück zur Küche neugierig stehen.

»Letzten Freitag?« Kurt Maiwald schüttelte den Kopf. »Tut mir leid, Herr Wachtmeister, aber ich habe keine Ahnung.« Er wandte sich an Marion. »Oder ist dir was aufgefallen, letzten Freitag? Ich weiß nicht einmal, ob der Bardusch da war.«

Marion wußte, daß die Frage ihres Vaters nicht ernst gemeint sein konnte, weil sie selber gesehen hatte, wie er Bardusch rausgeschmissen hatte. Sie zuckte mit den Achseln.

»Nein, wieso?«

Aber Antes kannte seine Pappenheimer. Kein Wirt möchte gerne in dem Ruf stehen, seine Kunden an die Polizei zu verpfeifen, deshalb zog er die Daumenschrauben etwas an.

»Also jetzt will ich euch mal was sagen. Ein Viertel über den Durst zu trinken ist eine Sache, sich sinnlos besaufen und dann den alten Mannhardt über den Haufen fahren und im Graben verrecken lassen, das ist eine andere Sache, und ich werde den Kerl kriegen, da könnt ihr noch so lange unschuldig den Kopf schütteln. Also, zum letzten Mal, wer ist hier am Freitag besoffen raus, als geschlossen wurde?«

Kurts kleine, wässrige Augen weiteten sich leicht. »Alle«, sagte er ungeduldig.

»Wer alle?« Antes zog sein Notizbuch heraus.

»Der Groninger, die Hedwig und der Emil Metzger.«

Antes notierte eifrig.

»Und der ganze Tisch mit der Geburtstagsfeier«, steuerte Marion bei.

»Ja«, bestätigte Kurt. »Dr. Stramm feiert immer bei uns seinen Geburtstag.«

Antes schaute ihn an. »Und der Bardusch?«

Hans Peter, der am Stammtisch seine Hausaufgaben machte und das Verhör neugierig verfolgt hatte, meldete sich jetzt.

»Der hat mein Moped umgefahren, so zu war der.«

»Woher willst du das wissen, nachts um eins!« schimpfte Kurt.

»Bei dem Krach bin ich halt aufgewacht«, schmollte Hans Peter.

Antes steckte seinen Block in die ausgebeulte Brusttasche und knöpfte sie zu.

»Ein Schnäpschen auf den Weg?« versuchte Kurt die peinliche Situation zu entschärfen.

Aber Antes schüttelte den Kopf, tippte an den Schirm seiner Mütze und ging.

Maiwald wartete, bis die Tür hinter ihm ins Schloß gefallen war, dann ging er zu dem Stammtisch.

»Das nächste Mal hältst du gefälligst den Mund, gell«, schnautzte er seinen Sprößling an.

»Wieso?« wehrte sich Hans Peter. »Ich denke, man soll der Polizei die Wahrheit sagen.«

»Ja, aber nur, wenn man gefragt wird«, zog sich Kurt aus der moralischen Klemme. »So, und jetzt Schluß. Die Hausaufgaben machst du später. Geh und hilf deiner Mutter im Garten.«

*

Wilhelm Dannecker saß in dem holzgetäfelten Büro von Bankdirektor Helmholz und wartete geduldig, bis sein alter Freund sich durch die Papiere gearbeitet hatte, die Dannecker mitgebracht hatte. Hinter Helmholz an der Wand blickte Helmholz' Vater aus einem dicken Goldrahmen durch seine runde Brille auf seinen Sohn, und es sah fast so aus, als würde er über die Schulter von Helmholz mitlesen.

Helmholz legte die Blätter vor sich und schaute Dannecker an.

»Na?« ermutigte ihn Dannecker.

Helmholz faltete seine Hände. »Also, wenn ich das richtig sehe, dann willst du für fünf Prozent deiner Anteile an der AG das Stammwerk Eberstadt auslösen und dort auf eigene Rechnung weiterwursteln.«

Dannecker nickte. Helmholz schüttelte den Kopf.

»Was wackelst du so senil mit deinem Kopf, Horst! Das ist ein gutes Angebot.« Dannecker lehnte sich vor. »Du und deine Bank sollten Gott auf den Knien danken, daß ihr einen Dummen gefunden habt, der euch diesen Klotz am Bein abnimmt.« Er schlug mit der flachen Hand auf den Tisch, was Helmholz ziemlich kalt ließ.

»Schön«, nickte er, »nur du bist nicht dumm, und das ist genau der Punkt, der mich stört. Also was steckt da wirklich dahinter, Wilhelm? Warum wirfst du dein gutes Geld schlechtem hinterher?«

»Das kann dir doch egal sein«, knurrte Dannecker.

»Ist es mir aber nicht, Wilhelm. Wir sind Freunde, oder?«

Dannecker atmete tief durch und lehnte sich zurück.

»Ich mache mir eben Sorgen um dich, wie übrigens auch deine Tochter.«

Dannecker fuhr hoch. »Meine Tochter. Sie hat dich wohl auch eingeseift, wie?«

»Ich kann mir selber ein Urteil bilden, und wenn ich höre, daß Wilhelm Dannecker, der Freigeist, seine religiöse und längst verschüttete Ader wieder entdeckt haben soll, da mache ich mir eben meine Gedanken.«

»Religiöse Ader«, schnaubte Dannecker verächtlich. »Du hast es nötig! Wer will denn einen Bischof für die Trauung seiner Tochter? Dabei gehst du nur Ostern in die Kirche, wenn überhaupt.«

»Woher weißt du das schon wieder?«

»Beziehungen«, grinste Dannecker, »und ich weiß auch, daß er dich hat abblitzen lassen. Sogar den Herrn Ministerpräsidenten hast du angeblich auf ihn gehetzt.«

Helmholz schaute verlegen auf die Fingernägel seiner linken Hand, die er sich heute früh hatte maniküren lassen. »Na ja, man tut, was man kann.«

»Du brauchst dich nicht zu genieren, Horst. Wir sitzen alle

auf dem gleichen Karussell in diesem Jahrmarkt der Eitelkeit.« Wieder lehnte sich Dannecker vor. Er hatte den Fisch am Haken und war entschlossen, ihn an Bord zu ziehen.

»Also, wenn du mein Angebot akzeptierst, dann bekommst du von mir als Zugabe deinen Bischof, inclusive Dom und Knabenchor!«

Helmholz starrte seinen Freund an. »Das soll wohl ein Witz sein.«

Dannecker streckte als Antwort nur seine Hand über den Tisch. Helmholz zögerte. »Wie willst du das schaffen?«

»Das laß mal meine Sorge sein. Also?«

Helmholz ergriff Danneckers Hand, hielt sie aber fest. »Na gut, aber das muß ich erst unserem Aufsichtsrat beibringen.«

Dannecker stand auf. »Klar. Aber wenn du ›ja‹ sagst, dann ist doch alles gelaufen.«

Auch Helmholz stand auf. Er hatte das ungute Gefühl, hereingelegt worden zu sein. Dannecker, der seine Gedanken erriet, klopfte ihm lachend auf den Rücken. »Keine Angst, Horst, bei dem Geschäft liegt das Risiko auf meiner Seite.«

Die Augen des alten Helmholz im Ölportrait verfolgten die beiden bis zur Tür.

⋆

Klaus Bardusch, der unten in der Empfangshalle der Bank beim Portier mit seiner Frau telefonierte, sah Dannecker aus dem Aufzug kommen und gutgelaunt pfeifend auf den Ausgang zugehen, wo Deutz mit dem Wagen auf ihn wartete. Bardusch wandte sich schnell ab. Er wollte nicht, daß Dannekker ihn hier sah und ihn womöglich in eine Diskussion verwikkelte.

»Ja, ich bin noch dran. Also was ist? Oder hast du genug von mir? In einer halben Stunde in der Anlage. Gut, ich warte auf dich.« Er gab dem Portier den Hörer zurück und bedankte sich abwesend. Ruths Stimme hatte fast feindlich geklungen. Aber was erwartete er? Sie war weit genug mit ihm gegangen, jetzt war das Ende des Weges in Sicht.

Um die Mittagszeit war die Parkanlage am Main bevölkerter

als sonst, aber Bardusch fand eine leere Bank und setzte sich. Er brauchte dringend etwas zu trinken. Seine Hände zitterten wieder und er steckte sie in die Hosentaschen. Auf dem Main zog ein Lastkahn vorbei. Auf dem Vorderdeck flatterte eine Wäscheleine im Wind, und eine Frau stand an der Reeling mit einem Kind auf dem Arm. Das friedliche Bild rührte Bardusch zu Tränen. Was hätte er darum gegeben, der Kapitän zu sein, und Ruth ...!

»Was ist?« Ruth stand vor ihm und schaute auf ihn herunter. Bardusch setzte sich gerade und versuchte, gelassen auszusehen. »Komm, setz dich.«

Sie ließ sich zögernd nieder und ließ keinen Blick von ihm. Sie schien auf alles gefaßt zu sein.

»Ich weiß nicht mehr weiter, Ruth. Ich bin am Ende, und ich möchte dir sagen, daß du nicht bei mir bleiben mußt, nur weil wir vor ewigen Zeiten mal geheiratet haben.« Er hielt inne, als hoffte er, daß sie nun protestieren würde, aber Ruth schaute ihn nur abwartend an. Er schaute wieder aufs Wasser, wo das Frachtschiff unter der Brücke verschwand.

»Ich bin ein Versager. Mein Roman ist nur eine Ausrede, um noch mehr Bier in mich hineinschütten zu können. Mein Talent reicht gerade für den Lokalteil einer zweitklassigen Zeitung. Ich habe nichts zu sagen. Da ist nur ein blöder Ehrgeiz, besser sein zu wollen, als ich bin, damit du ...« Er schaute sie wieder an. »Damit ich dir endlich geben kann, was du wert bist. Du hast ein Recht auf einen Mann, der was zustande bringt im Leben. Der abends nach Hause kommt und bei dir ist. Statt dessen liegt bei dir ein Penner auf dem Sofa im Wohnzimmer.«

Ruth sagte noch immer nichts. Sie hatte das alles schon so oft gehört, und sie wußte, daß noch mehr kommen würde. Nur um ihr das alte, wehleidige Lied vorzusingen, hatte er sie bestimmt nicht von der Arbeit weggeholt. Und dann kam es.

Bardusch holte tief Luft. »Ich habe einen Mann totgefahren, letzten Freitag, den Mannhardt!«

»Was hast du? Klaus!«

»Ich war so betrunken, daß ich nicht einmal weiß, wie und wann ich heimgekommen bin.«

»O Gott! Bist du sicher?« Sie faßte ihn bei der Jacke und zerrte an ihm, als könnte sie so seine Erinnerung wachrütteln.

»Todsicher!« nickte er traurig. »Der Mannhardt hatte einen Spaten dabei, steht im Polizeibericht, deshalb die Macke an meinem Kotflügel!«

»Der neue Wagen«, hauchte sie und schüttelte langsam den Kopf.

»Ja«, antwortete er, »deshalb der neue Wagen. Aber wenn Antes herausbekommt, daß ich von der ›Eberburg‹ noch nach Frankfurt unterwegs war, auf der B 12, dann ist es aus, Ruth.« Er löste ihre verkrampfte Hand von seinem Jackett. »Geh, bevor es zu spät ist. Wenn du nicht gehst, dann gehe ich.«

Wie oft hatte Ruth sich gewünscht, ihr Mann wäre nicht mehr nach Hause gekommen nach seinen Sauftouren, aber jetzt, als sie ihn da vor sich sah, verzweifelt und mit zitternden Händen, überkam sie Mitleid, und was über Wochen und Monate an Liebe in ihr verkrustet war, brach auf.

»Du gehst, wie? Du lädst einfach deinen ganzen Mist vor meine Haustür ab, und ich kann sehen, wo ich bleibe.« Sie nahm seine Hand, bevor er sie in die Tasche stecken konnte.

»Nein, nein, Bardusch, du wirst bleiben und hilfst mir, den Mist aufzuräumen. Das ist nämlich nicht nur deine Ehe. Das ist auch meine, und die lasse ich mir von dir nicht kaputtmachen.«

Bardusch starrte sie fassungslos an. »Ruth! Das hat doch keinen Sinn!« schrie er auf, aber sie stand auf und zog ihn mit sich.

»Komm, wir gehen nach Hause.«

»Jetzt? Du mußt doch zurück in die Bank.« Er war stehengeblieben. Ruth trat zu ihm und schaute ihm fest in die Augen. »Ich liebe dich, Klaus. Ich liebe dich, wenn du gut drauf bist, und ich liebe dich, wenn du schlecht drauf bist, solange du ehrlich zu mir bist – und zu dir. Und so schlimm es auch sein mag, aber das alles kann ein neuer Anfang sein.«

Bardusch stiegen die Tränen in seine rotumränderten Augen. Er legte die Arme um seine Frau und drückte sie an sich. Sie sahen aus wie ein Liebespaar.

★

Auch bei Kempfert auf dem Sofa saß ein Liebespaar und hatte Probleme, allerdings weniger mit sich als mit der Welt.

»Und wenn wir uns lieben, dann geht das niemand etwas an, die Frau Bebel nicht und den Herrn Stutz schon gar nicht«, sagte Leo wütend, »und genaugenommen Sie auch nicht, Herr Kempfert. Annemarie hat schließlich nicht das Gelübde der Keuschheit abgelegt, oder? Sie ist eine Angestellte der Gemeinde, und wenn sie nicht heiraten will, dann ist das einzig und allein ihre Sache, und ich respektiere das.« Er nahm Annemaries Hand, mit der sie verlegen an dem porösen Plüsch des Sofapolsters herumgezupft hatte, und schaute Kempfert kampflustig an. »Wir lieben uns. Das reicht.«

»Reicht es?« fragte Kempfert Annemarie. Sie nickte trotzig. Kempfert lehnte sich vor. »Und Leo weiß Bescheid, warum Sie nicht heiraten wollen?«

»Über Annemaries Mutter? Ja!« antwortete Leo für Annemarie. »Mein Vater hat seine letzten Jahre auch in der Irrenanstalt verbracht und insofern passen wir blendend zusammen.« Er wandte sich Annemarie zu. »Obwohl ich glaube, daß die Psychiater die Leute erst richtig verrückt machen, und deine Mutter ist wahrscheinlich nicht verrückter als du und ich, aber bitte ... ich brauche keine Kinder, um glücklich zu sein.«

In diesem Augenblick fing das Telefon an zu läuten, und Annemarie war froh, aufstehen zu können.

Leo und Kempfert schauten ihr nach. Leo Busche hat recht, dachte Kempfert. Was ging es ihn an, wenn die beiden sich so sehr liebten, daß sie sich vom Gerede der Leute im Dorf nicht irremachen ließen.

Annemarie hielt ihm den Hörer hin. »Herr Dannecker, für Sie.«

Leo schaute Kempfert jetzt gespannt an, und als Annemarie sich wieder neben ihn setzte und ihm etwas ins Ohr flüsterte, winkte er ab.

»Ja, Herr Dannecker«, antwortete Kempfert und nach einer Weile. »Na, da kann ich ja nur gratulieren.« Er machte zu Leo ein Zeichen mit erhobenem Daumen. »Ja, Herr Busche ist hier. Moment.« Er winkte Leo heran und übergab ihm den Hörer.

»Na, du alter Gauner«, übernahm Leo, »Helmholz hat also angebissen. Herzlichen Glückwunsch, Herr Fabrikbesitzer.«

Annemarie stand auf und ging hinaus. Leo beeilte sich, Dannecker abzuwimmeln. »Warte erst mal ab, bis es deine Tochter erfährt. Zum Feiern ist dann immer noch Zeit.« Er verabredete noch einen Termin mit ihm und legte auf.

»Und jetzt?« fragte Kempfert, als Leo nachdenklich beim Telefon stehenblieb.

»Jetzt muß der Alte zeigen, ob er beim Golfspielen nicht alles verlernt hat.«

»Sie können ihn doch jetzt nicht im Stich lassen!«

Leo hob abwehrend die Hände. »Was heißt hier im Stich lassen? Bis hierher und nicht weiter. Ich bin doch nicht aus meiner gutgehenden Firma ausgestiegen, um bei einer bankrotten einzusteigen. Ne, ne, das ist Ihr Baby, Herr Pfarrer.«

Er winkte Kempfert an der Tür zu und war verschwunden, bevor Kempfert die ganze Tragweite seiner lässigen Bemerkung klar geworden war. Mein Baby? Von wegen! Er stand heftig auf. Mehr als was er schon getan hatte, konnte keiner von ihm erwarten. Die Fabrik würde weiterexistieren, ob mit Erfolg, das war Sache der Arbeiter und der Geschäftsleitung.

Er sah Charly Strecker mit seinem Motorrad vorfahren und riß schnell das Fenster auf. »Charly!« Er gab Charly ein Zeichen, er möge warten, und ging schnell hinaus. Klaus Bardusch war ihm wieder eingefallen. Irgend etwas mußte geschehen und bevor er ihm ins Gewissen reden konnte, wollte er mit Antes sprechen.

»Was wollen Sie bei der Polente?« fragte Charly mißtrauisch, als Kempfert in den Beiwagen kletterte.

»Jetzt fahr' schon«, sagte Kempfert kurz angebunden.

Charly zog ein Gesicht und gab Gas. Charly hatte mit der Kirche nicht viel am Hut. Aber seit Kempfert seinem Stiefvater aus der Klemme geholfen hatte, fühlte er sich dem dicken Pfarrer verpflichtet. Auf der Hauptstraße schaltete er in den dritten Gang, und ein paar Leute blieben stehen. So ein Gespann hatte Eberstadt noch nie gesehen.

»Ich bin in zehn Minuten wieder da«, sagte Kempfert und stapfte an Antes' Streifenwagen vorbei ins Revier.

Antes hatte Besuch, das heißt, auf dem Stuhl neben seinem Schreibtisch saß ein nervöser Herr und schwitzte in seinem dunklen Nadelstreifenanzug.

»Ich sage nichts, bevor mein Anwalt da ist«, wehrte er sich und schaute hilfesuchend zu Kempfert, der ungeduldig vor dem Tresen wartete.

»Guten Abend Herr Antes, könnte ich Sie kurz mal unterbrechen?«

Antes nickte und während er aufstand, gab er seinem Opfer noch einen kleinen Denkanstoß.

»Sie brauchen auch nichts zu sagen, Herr Doktor, weil wir sowieso schon alles wissen, gell?«

Kempfert lehnte sich über den Tresen, als Antes herantrat, und senkte die Stimme. »Nur als Information: Was passiert mit einem, der einen umgefahren hat und abgehauen ist?«

»Fahrerflucht?« Antes zog die Augenbrauen hoch.

»Rein theoretisch«, flüsterte Kempfert schnell weiter, »nehmen wir mal an, er meldet sich freiwillig?«

Antes dämmerte allmählich, worauf Kempfert hinauswollte.

»Rein theoretisch, wie? Ich kann mir denken, wer sich rein theoretisch bei Ihnen ausgeweint hat, aber Sie können Ihren Freund beruhigen. Wir haben den Täter geschnappt, der den Mannhardt auf dem Gewissen hat.« Antes machte eine verstohlene Kopfbewegung zu dem Nadelstreifenmann, der an seinen Fingernägeln kaute und immer wieder auf seine Armbanduhr schaute.

»Sagen Sie Herrn Bardusch, er kann aufhören, Spuren zu

verwischen. Die Delle an seinem Auto hat er sich am Moped von Hans Peter Maiwald geholt. Die Lackproben haben das einwandfrei ergeben.«

Der Herr im Nadelstreifen empörte sich jetzt. »Ich mache Sie darauf aufmerksam, daß ich hier schon fünfundvierzig Minuten festgehalten werde.«

Antes reagierte nicht. Er pochte Kempfert mit dem Zeigefinger auf die Brust. »Aber sagen Sie Bardusch auch, daß er wenig Spaß an seinem neuen Wagen haben wird, wenn ich ihn mit Promille erwische.«

»Ich werde es ausrichten«, lächelte Kempfert erleichtert, »mit einem schönen Gruß von unserem Sherlock Holmes.«

Antes nickte und setzte sich wieder hinter seine Schreibmaschine. Kempfert hörte noch, wie er das Verhör fortsetzte.

»Also, Herr Stramm, Sie haben Geburtstag gefeiert in der ›Eberburg‹ wie jedes Jahr, und dann?«

★

Den ganzen Nachmittag hatten Ruth und Klaus Bardusch hin und her überlegt, was sie tun sollten. Beiden war eigentlich klar, daß es nur einen Weg aus diesem Schlamassel gab, aber Klaus Bardusch wehrte sich verzweifelt. Unruhig ging er im Wohnzimmer auf und ab und hielt jetzt vor den Flaschen, die neben der Stereoanlage auf dem Bücherregal standen, inne.

»Bitte Klaus, nicht!« sagte Ruth mit leiser Stimme.

Bardusch fuhr herum. »Ich brauche einen Schluck. Ich bin völlig fertig, Ruth.«

Ruth stand auf und ging zu ihm.

»Klaus! Ich mache alles mit. Wenn du willst, gehe ich mit zur Polizei und stehe zu dir, komme was will. Aber wenn du nur einen Tropfen trinkst, dann ...« Sie schüttelte den Kopf.

»Ich schaffe es nicht, Ruth. Nicht jetzt.«

»Wenn du es nicht einmal jetzt schaffst, dann schaffst du es nie!« Sie nahm ihm die Flasche aus der Hand und stellte sie zurück.

»Ich kann nicht hier sitzen mit dem Gedanken im Kopf,

daß jeden Augenblick die Polizei an der Tür klingelt«, rief Bardusch, und wie bestellt schrillte die Türklingel.

Bardusch schaute seine Frau entsetzt an. Auch sie war erschrocken, faßte sich aber schnell und strich ihm die Haare aus der Stirn.

»O Gott«, stöhnte Bardusch.

Ruth ging hinaus. Bardusch hörte die Tür gehen. Er war unfähig, sich zu bewegen. Als die Schritte näherkamen, hielt er die Luft an. Sein Herz klopfte ihm bis zum Hals.

»Klaus?« Ruth stand an der Tür und lächelte etwas verkrampft. »Herr Kempfert möchte dich sprechen.«

Kempfert ging an Frau Bardusch vorbei auf Bardusch zu, der sich mit zittrigen Händen eine Zigarette anzündete.

»Guten Abend, Herr Bardusch«, sagte er lächelnd, aber Bardusch nahm erst einen tiefen Zug, bevor er zu einer Antwort fähig war.

»Guten Abend. Liefern Sie jetzt schon die Absolution frei haus, nach Feierabend?« versuchte er müde zu scherzen.

Kempfert blieb jedoch ernst.

»Ja. Für besonders gute Freunde tue ich das schon mal. Bei Antes auf dem Revier sitzt nämlich ein Mann, der schwitzt genau wie Sie, allerdings hat der tatsächlich den Mannhardt überfahren.«

Barduschs Augen quollen hervor. »Wie?«

»Ja«, grinste Kempfert jetzt, »und der Herr Hauptwachtmeister bestellt einen schönen Gruß, wenn er Sie betrunken am Steuer erwischen sollte in Zukunft, dann … Sie wissen schon.«

Bardusch konnte es immer noch nicht begreifen. Aber als seine Frau ihn jetzt freudestrahlend bei den Schultern faßte, ihn schüttelte und immer wieder rief: »Klaus, du warst es nicht, du warst es nicht«, da fing er an, laut loszulachen.

In all den Monaten, die Kempfert in seinem neuen Amt verbracht hatte, war das einer der schönsten Augenblicke. Dafür lohnt es sich, dachte er, und zum erstenmal hatte er nicht mehr das Gefühl, auf gänzlich verlorenem Posten zu stehen.

Das arme Schwein

Augenblicke der Genugtuung – was für ein schönes Wort: Genugtuung; man hatte genug getan und wurde dafür mit Genugtuung belohnt –, diese Augenblicke waren, wie die Rosinen in Frau Bebels sonntäglichem Hefezopf, dünn gesät im Leben des nun nicht mehr ganz so neuen Pfarrers von St. Augustin. Da konnte Kempfert noch so herumrennen, von Tür zu Tür, von Jugendstunde bis Alten-Canasta, von der Kirche bis zur Fabrik.

Vor allem die Fabrik machte eine Menge Arbeit und Ärger. Die Gewerkschaften im Lande waren drauf und dran, für die Arbeitszeitverkürzung zu streiken, und die Eberstädter wollten mitziehen, aus Solidarität, was Kempfert einfach nicht begreifen konnte. Wenn einem das Wasser bis zum Halse steht, dann streikt man nicht, dann schwimmt man! Dannekker mußte den Leuten endlich klaren Wein einschenken und ihnen sagen, daß er die Fabrik zurückgekauft hatte, aber er weigerte sich, vor der Aktionärsversammlung etwas zu unternehmen. Außerdem hoffte er immer noch, Leo Busche als seinen Nachfolger etablieren zu können.

In dieser Situation war Geduld angebracht, aber Geduld war eine Eigenschaft, die Kempfert unbekannt war, das heißt, er kannte natürlich das Wort, aber diese Tugend kam bei ihm einfach nicht vor oder nur in Form ihres Gegenteils, nämlich als Ungeduld.

An diesem Freitag war er wieder mal zu spät dran.

Um zehn Uhr hatte er Religionsunterricht und saß zwanzig vor zehn immer noch im Pfarrhaus und hörte sich Bürgermeister Rösners Geschimpfe an.

»Sorgen Sie endlich dafür, daß Dannecker vor versammelter Mannschaft Farbe bekennt, sonst sehe ich schwarz.«

Kempfert komplimentierte sich den Lokalpolitiker endlich vom Hals, aber da stand schon das nächste Problem vor der Tür, und zwar in Gestalt von Frau Dr. Wolf, diesmal nicht in Küchenschürze, sondern in Bluse, Rock und Mantel und offensichtlich zwischen zwei Zahnbehandlungen kurz aus der Praxis herübergeeilt.

Kempfert fiel alsgleich siedendheiß ein, daß er immer noch mit der vorläufigen Plombe herumlief und eigentlich gestern Termin bei ihr gehabt hätte.

»Ich konnte gestern wirklich nicht«, entschuldigte er sich mit schlechtem Gewissen, »und jetzt auch nicht. Ich muß in die Schule.«

Aber als leidgeprüfte Zahnärztin war Frau Dr. Wolf faule Ausreden gewöhnt. »Es sind Ihre Zähne, nicht meine, und was ich zu sagen habe, kann ich Ihnen auch unterwegs sagen.«

Sie wartete geduldig, bis Kempfert seine Tasche gepackt hatte, und begleitete ihn dann bis zum Friedhof, durch den Kempfert auf kürzestem Weg zur Realschule kommen konnte. Unterwegs erzählte sie ihm von den Sorgen um ihren Sohn, der in Heidelberg Zahnmedizin studierte.

»Normalerweise kommt er am Wochenende immer nach Hause. Seit drei Wochen habe ich nichts mehr von ihm gehört, und seine Vermieterin weiß auch nicht, wo er ist.«

»Na ja«, lächelte Kempfert, »in dem Alter ist das kein Grund zur Beunruhigung.«

»Ich weiß«, sagte sie, »wahrscheinlich bin ich überempfindlich, aber als alleinstehende Mutter hat man immer ein schlechtes Gewissen. Die Kinder wachsen ohne Vater auf, und vor allem Mathias könnte ab und zu dringend einen brauchen. Mein geschiedener Mann kümmert sich nicht um ihn.«

Kempfert blieb vor dem schmiedeeisernen Friedhofstor stehen. »Also, ich würde mal abwarten, Frau Wolf. Wenn so ein Junge mal zwanzig ist, dann hat man ihm entweder so viel beigebracht, daß man ihm vertrauen kann, oder...«

»Oder man hat versagt«, unterbrach sie ihn und lächelte traurig.

»Ich bin überzeugt, daß Sie alles getan haben, was Sie konnten. Jetzt liegt es an Mathias, was daraus zu machen, nicht an Ihnen«, antwortete Kempfert und gab ihr die Hand.

»Das hilft mir im Augenblick wenig. Ich dachte nur, vielleicht könnten Sie mal mit ihm reden, falls er dieses Wochenende kommt, und bei der Gelegenheit baue ich Ihre Plombe aus.«

Kempfert erklärte sich einverstanden, obwohl er sich nicht viel davon versprach.

Er hätte den Termin sicher wieder vergessen, oder besser gesagt, verdrängt, wenn ihn nicht nach dem Religionsunterricht die Schwester von Mathias auf der Treppe abgefangen hätte. Nicole Wolf war ein hübsches, sehr eigenwilliges Mädchen, kaum fünfzehn Jahre alt, aber weit davon entfernt, naiv zu sein.

»Na endlich lernen wir uns auch kennen«, begrüßte Kempfert sie. »Kann ich etwas für dich tun? Entschuldigung, für Sie tun?« Er lächelte, aber Nicole blieb ernst.

»Sie können ruhig du zu mir sagen. Ich wollte nur wissen, was meine Mutter Ihnen erzählt hat. Sie war doch bei Ihnen heute morgen?« Sie schaute Kempfert mit ihren hellblauen Augen fast gespenstisch ruhig an, und als Kempfert nicht wußte, was er antworten sollte, da er auch Gespräche außerhalb des Beichtstuhles vertraulich behandelte, fuhr sie ungerührt fort.

»Sie hat Angst wegen Mathias, ich weiß. Ich habe ihn gestern getroffen, per Zufall. Wir sind alle noch nach Heidelberg ins ›Zarathustra‹. Die Jungs wollten sich Stoff besorgen.«

Kempfert blieb wie angewurzelt stehen und schaute Nicole entsetzt an. Aber sie winkte ab. »Nein, nein. Ich rauche das Zeug nicht. Ehrlich! Ich kriege nur Kopfweh davon.«

»Aha«, stellte Kempfert fest, »und wie hast du dann rausgefunden, daß du Kopfweh davon bekommst?«

»Jeder probiert mal«, antwortete sie, »aber wenn Sie mir so kommen, dann gehe ich lieber. Vergessen Sie's. Mit der Einstellung sind Sie der falsche Mann.«

Sie wollte ihn stehen lassen, aber Kempfert hatte sie mit zwei Schritten eingeholt und hielt sie am Arm fest.

»Vielleicht bin ich der falsche Mann, aber deine Mutter ist in dem Fall bestimmt die ›richtige Frau‹.«

Nicole schaute Kempfert fast mitleidig an. »Damit kann ich meiner Mutter doch nicht kommen. Die dreht doch durch, wenn sie erfährt, daß ihr ein und alles drei Wochen in Spanien und Marokko war und...« Sie zögerte, und Kempfert sah in ihren Augen zum erstenmal so etwas wie Sorge aufglimmen.

»Und was?« drängte Kempfert. Sie seufzte.

»Wahrscheinlich hätte er es mir nie erzählt, wenn er nicht angedröhnt gewesen wäre. Er dealt! Zwei Kilo hat er mitgebracht, und morgen will er wieder los, Nachschub holen. Seit er durchs Vorphysikum gefallen ist, hat er sie nicht mehr alle. Natürlich hat er das Mutter nicht beichten können, wo sie so stolz auf ihn ist und er einmal ihre Praxis übernehmen soll. Wenn sie ihn erwischen, das wäre das Allerletzte. Gerade hat sie die Scheidung verkraftet, wenn jetzt auch Mathias sie noch enttäuscht, dann...« Nicole schüttelte den Kopf. »Männer!« sagte sie verächtlich, aber da wurde ihr wohl bewußt, daß Kempfert auch einer war, und fügte schnell hinzu. »Entschuldigung, aber ist doch wahr! Frauen haben einfach mehr Ahnung, was läuft!«

Kempfert mußte wider Willen lachen. »Ich bin zwar keine Frau, aber ich habe so eine Ahnung, daß wir da ganz schnell was unternehmen müssen.«

Nicole nickte ernst. »Die Frage ist nur, was? Mutter darf auf keinen Fall davon erfahren.«

Kempfert überlegte. »Nehmen wir einmal an, du wärst dein Bruder, und ich würde dich ins Gebet nehmen und sagen, daß du damit aufhören sollst. Würdest du auf mich hören?« Er schaute sie gespannt an.

»Nein!«

Kempfert nickte. »Das fürchte ich auch. Also muß uns was Besseres einfallen. Hast du noch Schule?«

Nicole schüttelte den Kopf.

»Dann komm mit!« Kempfert ging los.

»Wohin?«

»Nach Heidelberg. An die Wurzel des Übels«, sagte Kempfert und hielt ihr die gläserne Schwingtüre auf.

Wie gesagt, Geduld war nicht Kempferts Stärke. Jetzt oder nie, dachte er sich.

★

Chauffeur Deutz, der von seinem Chef den Auftrag erhalten hatte, Kempfert von der Schule abzuholen (und notfalls mit Gewalt zu Dannecker zu bringen), war nicht schlecht erstaunt, als Kempfert mit Nicole in den Wagen einstieg und ihn bat, nach Heidelberg zu fahren.

»Heidelberg? Sind Sie sicher? Herr Dannecker erwartet Sie!«

Kempfert war sicher, und so machte Deutz gute Miene zum bösen Spiel und fuhr los. »Auf Ihre Verantwortung.«

Nicole, die es sich im Fond bequem gemacht hatte, kramte in ihrer Schulmappe und reichte Kempfert eine Kassette nach vorne.

»Hat diese Nobelkarosse auch einen Kassettenspieler?«

»Selbstverständlich«, bestätigte Deutz und steckte die Kassette in das Gerät.

Nicole lehnte sich zwischen den beiden Vordersitzen nach vorne.

»Sie haben kein eigenes Auto, Herr Kempfert?«

»Nein«, erwiderte Kempfert, »aus Prinzip nicht, aber manchmal sind Prinzipien sehr lästig. So und jetzt muß ich nachdenken. Was ist denn dein Bruder für ein Typ?«

Die Musik rockte los, und der alte Deutz wäre beinahe von der Fahrbahn abgekommen. Er drehte schnell den Lautstärkeregler herunter.

»Mein Bruder? Sieht gut aus, gibt gern an ...«

Kempfert drehte sich zu ihr um. »Nein, ich meine, ist er eher einer von der weichen Sorte oder der harten?«

Nicole überlegte kurz. »Ich würde sagen, innen ist er ein Softy und außen ein Macho.«

»So wie die Musik da, wie?« Kempfert schaute wieder nach vorne. »Viel Krach und eigentlich geht es um Liebe.«

»Ich mache immer Hausaufgaben mit dem Tape. Vielleicht hilft es Ihnen beim Nachdenken.« Nicole ließ sich in die Lederpolster zurückfallen und schaute zum Fenster hinaus.

Auf der rechten Seite lag die Rheinebene in einem milchigen Dunst, auf der linken zogen die obstbaumbewachsenen Hügel der Bergstraße vorbei.

»Das ist alles too much«, sagte sie leise.

★

Und während Kempfert dem »verlorenen Sohn« von Margarete Wolf nachrannte, schwammen zu Hause im Pfarrhaus die Felle davon. Man kann nicht überall zur gleichen Zeit sein, trotzdem wäre sicher einiges anders gekommen, wenn Kempfert die Tür aufgemacht hätte, als es kurz vor ein Uhr läutete. So aber saß er in Danneckers Wagen auf dem Weg nach Heidelberg, und Annemarie öffnete. Am liebsten hätte sie die Tür gleich wieder zugeschlagen, als Jutta Dannecker sie in einem schwarz-gelben Kostüm begrüßte.

»Guten Tag, Fräulein Bieler.«

»Herr Kempfert ist nicht da«, sagte Annemarie kühl, »und falls Sie Herrn Busche suchen sollten, der ist auch nicht hier.«

»Ich weiß. Herr Busche ist bei meinem Vater. Aber ich wollte Sie sprechen, oder meinen Sie nicht, daß es an der Zeit ist, daß wir uns näher kennenlernen. Immerhin haben wir den gleichen Mann.«

Annemarie blieb kurz die Luft weg.

»Darf ich reinkommen?« Ohne auf eine Antwort zu warten, ging Jutta an Annemarie vorbei und drehte sich um, als Annemarie reglos mit der Türklinke in der Hand stehenblieb.

»Es dauert nur fünf Minuten, oder haben Sie Angst vor mir?«

Heftiger als ihr lieb war, schloß Annemarie die Tür und ging voraus in die Küche.

»Warum sollte ich Angst vor Ihnen haben?« fragte sie angriffslustig, während Jutta die Handtasche auf den Küchentisch stellte und ihre hauchdünnen schwarzen Lederhandschuhe auszog. Gelassen wandte sie sich ihrer Rivalin zu.

»Warum? Weil *ich* Angst vor *Ihnen* habe.«

Annemarie lachte, aber es war ihr nicht wohl dabei.

»Doch, doch«, fuhr Jutta gefährlich ruhig fort, »bevor Sie in

Erscheinung traten, hatte ich Leo gut im Griff. Ohne Sie wäre Leo längst geschieden, und wir wären verheiratet.« Sie beobachtete kalt lächelnd die Wirkung ihrer Worte auf das Mädchen. Alle Farbe war aus Annemaries Gesicht gewichen.

»Leo und ich passen nämlich sehr gut zusammen, gleiche Interessen, gleicher Background, Sie verstehen.«

Sie hielt wieder inne, weil Annemarie sich jetzt abwandte und zur Anrichte ging, um ihre aufsteigenden Tränen zu verbergen. Jutta trat zu ihr. In ihrer Stimme klang falsches Mitleid mit, als sie Annemarie jetzt den Rest gab. »Ich kann verstehen, daß er sich in Sie verliebt hat. Sie sind sehr schön und so unschuldig, aber heiraten können Sie ihn ja wohl kaum, ich meine kirchlich. Hier gilt doch noch ›bis der Tod euch scheidet‹, nicht wahr? Und der Frau von Leo geht es prächtig, wenigstens sah sie kerngesund aus auf der Titelseite von ›Sports Illustrated‹, wenn auch etwas ordinär in dem Badeanzug, wie man sie heute trägt, ausgeschnitten bis zur Hüfte, Sie wissen schon.«

»Nein, ich weiß nicht«, sagte Annemarie tonlos.

»Dann hat Leo Ihnen nichts gesagt?« Jutta tat erstaunt. »Nun, vielleicht hat er es vergessen. Sie leben schon seit Jahren getrennt. Die Ehe hat nur ein halbes Jahr gedauert. Also, mich stört es auf jeden Fall nicht.«

Annemarie hatte sich wieder in der Gewalt. Sie atmete ruhig und drehte sich um.

»Sie müssen mich wohl für sehr naiv halten, wie?«

Jutta lächelte, aber ihre Augen blieben kalt. »Ja«, sagte sie und griff nach ihrer Handtasche, »so naiv zumindest, daß Sie glauben, Leo und Sie hätten eine Chance. Ich nehme Ihnen zwar ab, daß Sie ihn lieben und sein Bestes wollen. Tatsächlich aber sind Sie auf dem besten Weg, ihn kaputtzumachen. Beruflich ist er schon erledigt, und als Mann dürfte er bald so weit sein. Es sei denn, Sie haben noch genug von ihm übrig gelassen, daß er Werk Eberstadt übernimmt.«

Jutta redete noch weiter, aber Annemarie hörte nichts mehr. Das Blut rauschte in ihren Ohren, ihre Hände verkrampften sich zu Fäusten. Jutta Dannecker war schon lange wieder gegangen, als sich Annemaries Erstarrung in einem Schluchzen löste, das aus ihrem Körper emporstieg, wie eine Welle ohne Wasser, wie ein Weinen ohne Tränen.

Frau Bebel, die mit einem Arm voll Bügelwäsche hereinkam, blieb erstaunt stehen, als sie Annemarie sah.

»Ja Kind! Was ist denn?« Sie legte die Wäsche auf den Küchentisch und schüttelte das verzweifelte Mädchen an den Schultern. Aber Annemarie riß sich los und rannte hinaus.

»Annemarie!«

Schnell ging Frau Bebel ins Büro. »Herr Kempfert!« Aber da war niemand.

*

Kempfert und seine Rettungsmannschaft fuhren gerade den Neckar entlang. Kempfert hatte unterwegs von Danneckers Autotelefon aus zwei Gespräche geführt, eines mit Bischof Neubauer und später dann noch eines mit Pater Stemmle. Pater Stemmle war ein alter Freund von Kempfert und Gefängnispfarrer in Heidelberg und Bruchsal.

Nicole hatte keine Ahnung, was Kempfert vorhatte, aber als das Wort Gefängnis fiel, wurde sie doch nervös.

»Laß mich nur machen«, beruhigte sie Kempfert, »was dein Bruder jetzt braucht, ist kein Pfarrer und keine kleine Schwester. In so einer Situation hilft nur der Zuspruch eines Experten.«

Auf Nicoles Geheiß bog Deutz dann von der Uferstraße in eine enge Seitengasse der Altstadt Heidelbergs ab, wo sich die Fachwerkhäuser um die Heilig Geist Kirche drängten. Vor einem alten Haus, das dringend verputzt gehört hätte, ließ sie Deutz halten.

»Hier kann ich nicht parken«, beschwerte sich Deutz, als Kempfert ausstieg.

»Dann drehen Sie eine Runde. Es dauert nur ein paar Minuten.« Er schlug die Tür zu und folgte Nicole, die schon den Finger auf einen der vielen Klingelknöpfe hielt und so lange klingelte, bis oben unter dem Dach ein Fenster aufgerissen wurde, und ein junger Mann mit nacktem Oberkörper sich herauslehnte und wütend brüllte: »He?«

Nicole trat ein paar Schritte zurück und schaute nach oben. »Mathias, wirf den Schlüssel runter!«

»Was willst du denn hier?« schimpfte Mathias, warf ihr aber dann doch den Schlüssel zu, den sie geschickt auffing.

Kempfert hatte sich wohlweislich im toten Winkel des Türrahmens aufgehalten und schloß nun die Tür auf. Die enge, schiefe Holztreppe ächzte unter Kempferts Gewicht, als er sich hinter Nicole die drei Stockwerke hochhangelte. Die Tür zu Mathias' Studentenbude stand offen, und Kempfert hörte die Stimmen der Geschwister.

»Wie spät ist es?« sagte Mathias mürrisch, während er in seine verwaschenen Jeans schlüpfte.

»Gleich zwei. Hattest du keine Vorlesung?«

»Ist doch alles Scheiße«, brummte ihr Bruder.

»Das kannst du laut sagen«, entgegnete Nicole bissig und schaute sich in dem winzigen Zimmer um. Das zerwühlte Bett füllte die Hälfte des Raumes. Auf dem kleinen Küchentisch aus dem Sperrmüll lagen Bücher und Hefte herum. Obenauf ein Pappteller mit vergammelten Pizzaresten.

»Guten Morgen, der Herr!« Kempferts Stimme ließ Mathias herumfahren.

»Wer ist denn das?« fragte er Nicole entgeistert, als Kempfert jetzt hereinkam und die Tür hinter sich schloß.

»Das ist Herr Kempfert«, stellte sie Kempfert vor.

Mathias schlüpfte in seine Turnschuhe. »Du hattest schon immer ziemliches Pech mit deinen Freunden.«

Nicole steckte die Beleidigung erstaunlich gelassen weg. »Herr Kempfert ist nicht mein neuer Freund, sondern der neue Pfarrer, und ich habe ihm alles gesagt.«

Mathias sprang auf. »*Was* alles?«

»Alles«, erwiderte sie trocken, wich aber ängstlich zurück, als Mathias sie plötzlich am Hemd packte. »Bist du noch ganz sauber oder was?«

»Moment, mein Freund!« Kempfert schob Mathias zur Seite

und gab ihm einen Stoß vor die Brust, der ihn auf das Bett beförderte. »Wer hier nicht ganz sauber ist, das bist ja wohl du.« Kempfert blickte wütend auf ihn hinunter. Es wurde ihm klar, daß es nicht so einfach sein würde, den jungen Mann dazu zu bringen, auf Kempferts Marschrichtung einzuschwenken.

Langsam rappelte sich Mathias wieder hoch. Seine Stimme klang betont ruhig, als er sich an seine Schwester wandte. »Also, ich würde sagen, du nimmst deinen Hochwürden und ziehst Leine.« Er lächelte Kempfert unschuldig an. »Meine kleine Schwester hat eine blühende Phantasie. Das muß an der Pubertät liegen, da tickt man nicht ganz richtig.«

In dem kurzen unbeobachteten Augenblick hatte Nicole schnell einen dicken Schmöker aus dem Regal über dem Tisch gezerrt und aufgeklappt, bevor Mathias sie daran hindern konnte. Ein in Plastikfolie gewickelter grünlicher Brocken von der Größe einse halben Pfundes Butter fiel heraus. Mathias wollte sich wieder auf seine Schwester stürzen, aber der eiserne Griff Kempferts hielt ihn zurück.

»Herr Wolf! Machen wir es kurz. Sie haben genau drei Möglichkeiten. Nummero uno, Sie kommen mit nach Hause und beichten alles Ihrer Mutter. Nummero due, ich gehe aufs Revier in Eberstadt zu Hauptwachtmeister Antes, ein sehr verständnisvoller Mann, und wir überlegen gemeinsam, was wir mit Ihnen machen.«

»Oder Sie bringen mich sonstwie in den Knast«, unterbrach ihn Mathias gehässig. »Das hast du sehr schön gemacht, Schwesterchen.«

»Oder drittens«, fuhr Kempfert unbeeindruckt fort, »Sie kommen jetzt mit mir mit zu Pater Stemmle. Das ist ein alter Freund von mir, der etwas mehr Erfahrung mit Typen wie Ihnen hat.«

Mathias starrte Kempfert sauer an.

»Bitte, Mathias«, flehte Nicole.

»Du bist still«, fuhr er sie an, »für mich bist du gestorben!«

Jetzt reichte es Kempfert. Da fährt man fünfzig Kilometer,

läßt alles stehen und liegen, um so einem verkrachten Studenten zu helfen, und der hat nichts Besseres zu tun, als seine Wut an seiner kleinen Schwester auszulassen.«

»Komm, Nicole«, sagte er, »dann müssen wir eben zur Polizei, und das da nehme ich mit.«

»Sie bluffen doch nur!« höhnte Mathias, als Kempfert den Plastikbeutel an sich nehmen wollte. Kempfert hielt inne.

»Ach so, Sie meinen, weil ich Pfarrer bin? Zugegeben, ich tue so etwas sehr ungern, zumal ich Ihre Mutter schätze. Aber Pfarrer bin ich nur an zweiter Stelle. An erster Stelle bin ich Mensch, und als solcher werde ich nicht zulassen, daß Sie sich und andere mit diesem... diesem Shit ruinieren. Also zum letzten Mal, entweder Sie tun, was ich sage, oder ich gehe zur Polizei.«

Mathias kaute nervös auf seiner Unterlippe herum. Im Zimmer war es totenstill. Nur durch das offene Fenster der Dachkammer hörte man das Brummen des Verkehrs von der Uferstraße und von unten ein Hupen.

Deutz, der schon zwei Runden gedreht hatte, wurde ungeduldig, zumal jetzt hinter ihm ein Lastwagen in die Einbahnstraße einbog.

Er wollte schon zur nächsten Runde ansetzen, als die Haustür aufging und Kempfert mit Mathias und Nicole herauskam und sie schnell einstiegen.

»Wissen Sie, wo das Gefängnis ist?« fragte Kempfert Deutz, als der Wagen sich in Bewegung setzte.

»Die Fahrgäste, die ich gewöhnlich chauffiere, haben leider selten in derartigen Gebäuden zu tun, aber wir können ja fragen.« Deutz war nur schwer aus der Ruhe zu bringen, ganz im Gegensatz zu Mathias, der es nun doch mit der Angst zu tun bekam. »Gefängnis? Sie sagten doch Polizei.«

»Nein«, grinste Kempfert nach hinten, »wir nehmen die Abkürzung. Pater Stemmle ist Gefängnispfarrer. Er wird Ihnen einen Kollegen von Ihnen vorstellen.«

Mathias wäre am liebsten aus dem fahrenden Wagen gesprungen, aber was dann? Er saß in der Falle, und auch als

Deutz wenig später anhielt und sich von einem Passanten den Weg zum Gefängnis erklären ließ, machte er keinen Versuch abzuhauen, zumal ihn Kempfert nicht aus den Augen ließ. Er würde dem Pfaffen eben den Gefallen tun, und dann würde man weitersehen.

Immer schön cool bleiben, sagte er sich und schaffte es auch, bis Deutz vor dem finster aussehenden Gebäude hielt.

»Das ist doch idiotisch«, sagte er, als Kempfert ausstieg und die Tür auf seiner Seite einladend öffnete. Kempfert antwortete nicht. Nicole gab ihm einen aufmunternden Schubs. Betont langsam stieg er schließlich aus, und betont lässig ging er hinter Kempfert die Stufen zu dem Fenster hoch, hinter dem ein Uniformierter nur die Sprechklappe öffnete.

»Wir werden erwartet. Ich bin Pfarrer Kempfert.«

Der Beamte nickte und drückte auf den Türsummer. Nicole sah ihren Bruder durch die dunkle Öffnung verschwinden, dann fiel die Stahltüre mit einem unangenehmen, endgültigen Geräusch ins Schloß.

»Ich möchte, glaube ich, jetzt keine Musik mehr hören«, sagte sie zu Deutz, und er stellte den Player ab.

*

Pater Stemmle und ein uniformierter Wächter begleiteten Kempfert und seinen Schützling durch mehrere Türen und Gänge in einen der Zellenblocks. Pater Stemmle war ein kleiner, zäher Mann, dem die vielen Jahre Gefängnisseelsorge nicht den angestammten badischen Humor genommen hatten.

»Und sonst hat Neubauer nichts gesagt?« forschte Kempfert etwas besorgt, aber Stemmle schüttelte den Kopf. »Nein, aber die Stimme unseres Oberhirten klang etwas gereizt. Ihre Methoden scheinen seine Langmut über Gebühr in Anspruch zu nehmen.«

Der Uniformierte blieb vor einer Zellentür stehen und schloß sie auf. Pater Stemmle bedeutete Kempfert mit einer Handbewegung zu warten und ging hinein.

»So, Herr Kuschnik, da wären wir«, hörte Mathias den

Pater sagen. Er flüsterte Kempfert zu: »Kuschnik! Kenne ich nicht. Was soll ich bei ihm?«

»Herr Kuschnik hat vierzehn Jahre abzusitzen«, flüsterte Kempfert zurück. »Unter anderem wegen Rauschgiftdelikten. Pater Stemmle hat ihm von dir erzählt, und Herr Kuschnik möchte dich gerne kennenlernen.«

Bevor Mathias auf diese Eröffnung etwas erwidern konnte, kam Stemmle zurück.

»Herr Kuschnik läßt bitten.«

Kempfert schob Mathias an Stemmle vorbei in die Zelle.

»Sie kommen nicht mit?« fragte Mathias, jetzt überhaupt nicht mehr cool.

»Ich glaube, es ist besser, wenn das Gespräch, äh, ohne Zeugen stattfindet. Wir holen dich in einer halben Stunde wieder ab.« Kempfert nickte Mathias noch einmal aufmunternd zu, dann schloß der Beamte die Tür hinter sich.

Am Fenster der Zelle, durch dessen Milchglasscheibe man nur den Schatten der Gitterstäbe sehen konnte, stand mit dem Rücken zu Mathias ein gedrungener Mann mit kurzgeschorenen blonden Haaren. An den Wänden hingen dilettantische Landschaftsmalereien auf Leinwand, ohne Rahmen und neben dem Bett das Hochglanzfoto eines halbnackten Mädchens, aus einem Magazin.

Kuschnik drehte sich um und starrte Mathias aus dunklen Augen unfreundlich an.

»Setz dich«, sagte er nach einer Weile schroff und schob Mathias den Schemel mit dem Fuß hin. Mathias zögerte.

»Na los! Wir haben nicht viel Zeit. Ich schon, aber du nicht. Also mach keine Zicken.«

Langsam setzte sich Mathias.

»Schau dich ruhig um. Ist doch ganz gemütlich hier. Tisch, Stuhl, Bett. Fließend kalt Wasser und eigenes Privatklo.«

Kuschnik trat mit dem Fuß gegen die Toilettenschüssel und wandte sich dann mit überzogen theatralischer Geste dem größten Gemälde zu. »Und vor allem diese herrliche Aussicht auf den Odenwald.«

»Sehr schön«, stotterte Mathias verlegen. »Haben Sie das...« Er verstummte, weil ihn Kuschnik jetzt böse ansah.

»So, so, es gefällt dir? Ich finde es Scheiße. Und weißt du was? Du findest es auch Scheiße, aber du bist ja so ein netter Junge und willst keinem weh tun, wie?« Kuschnik setzte sich auf die Bettkante, ohne den Blick von Mathias zu lassen, der unsicher auf dem Schemel herumrutschte.

»Ich war auch einmal so ein netter Junge wie du. Ich habe mir auch ständig in die Tasche gelogen wie du. Im wievielten Semester bist du denn?«

»Im dritten. Zahnmedizin.« Mathias versuchte zu lächeln.

»So, und wie läuft es?«

»Es geht«, log Mathias und bereute es sofort, weil Kuschnik jetzt aufsprang und sich über ihn beugte. »Mann o Mann, für wie blöd hältst du mich eigentlich? Es geht! Daß ich nicht lache! Du hast doch eine ganz andere Karriere im Auge. Wie ich damals. Was kostet denn ein Kilo jetzt, ich meine unverschnitten? Zu meiner Zeit einen Riesen, aber ich nehme an, die Preise haben inzwischen kräftig angezogen, die Nachfrage ist ja auch kräftig gestiegen, höre ich. Also wieviel?«

»Dreitausend«, antwortete Mathias leise.

»Dreitausend!« rief Kuschnik in gespieltem Erstaunen und klopfte Mathias anerkennend auf die Schulter. »Da mußt du ja ganz schön Kohle machen, mindestens soviel wie...« Sein Gesicht kam jetzt ganz nahe, und Mathias wollte zurückweichen. »Wie eine Putzfrau!« stieß Kuschnik grinsend hervor. »Du bist ein Vollidiot, weißt du das. Da riskierst du Kopf und Kragen für fünfzig bis hundert Mark am Tag. Das verdient eine Putzfrau in ein paar Stunden mit Schrubber und Eimer. Aber die Rechnung ist für dich zu hoch, und weißt du auch warum? Weil du so dumm bist, daß es weh tut!«

Mathias wehrte seine Hand ab, mit der Kuschnik ihm durch die Haare fuhr, und sagte bissig: »So schlau sind Sie auch nicht gerade. Mich haben sie wenigstens nicht erwischt.«

Kuschnik nickte und sah Mathias mitleidig an.

»Ja, und dich werden sie auch erwischen, das ist nur eine

Frage der Zeit. Die können nämlich tausend Fehler machen, und du, du nur einen einzigen, mein Junge, und den hast du schon gemacht, sonst wärst du nämlich nicht hier. Der einzige Unterschied ist, daß sie dir da unten nicht deine Klamotten abgenommen haben und dich entlaust haben und daß du, wenn ich mit dir fertig bin, wieder zu deiner Mama nach Hause darfst. Ich habe noch zehn Jahre abzusitzen, bei guter Führung vielleicht nur acht. Bis dahin hat sich meine Frau bestimmt scheiden lassen, und mein Sohn hat einen neuen Papi, der arbeitet bei der Bahn, dreitausend Mark netto im Monat. Auch so ein Idiot, nicht wahr? Wo so ein cleverer Junge wie du sein Geld viel lockerer verdienen kann und nebenbei noch Ferien in Marokko macht.«

Kuschnik hatte sich in Rage geredet. Die Worte schossen mit kleinen Speichelspritzern aus seinem Mund und trafen nicht nur auf Mathias' spaniengebräunte Haut. Kuschnik beugte sich wieder über ihn. »Aber das sage ich dir, wenn wir uns eines schönen Tages unten im Hof beim Rundenlaufen begegnen, dann lach ich mich tot.«

Er lachte, und auch Mathias versuchte ein Grinsen, das ihm aber gleich wieder verging, als Kuschnik ihn jetzt am Hemd hochzog. »Jetzt hör mir mal gut zu, mein Sohn! Ich bin zehnmal so stark und hundertmal so gerissen wie du, und ich bin doch hier gelandet. Also bilde dir nicht ein, daß du es schaffst. Oder soll ich es dir beweisen, ja? Dann schlag zu!« Er ließ Mathias abrupt los und trat einen Schritt zurück. »Na los, du hast doch eine Stinkwut auf mich, also!« Er ließ einladend die Arme hängen.

Mathias versuchte wieder zu lächeln. »Wozu«, sagte er, »Sie schlagen mich doch zusammen.«

Kuschnik seufzte, ging wortlos zur Tür und hämmerte mit der Faust dagegen. Der Wärter, der offenbar die Vorstellung durch den Spion beobachtet hatte, schloß auf.

»Ich hab die Schnauze voll! Bei dem ist sowieso alles zu spät«, sagte er und ging, ohne Mathias anzuschauen zurück zum Fenster. »Wiedersehn, Idiot«, sagte er noch, bevor

Mathias ging, aber dann drehte er sich doch noch einmal um. »Halt«, rief er und hängte das Ölbild mit der Odenwaldlandschaft ab. »Wo es dir doch so gut gefällt.« Er überreichte Mathias das Bild. »Wenn du so weitermachst, wirst du es bald brauchen können, du armes Schwein.«

Wortlos ging Mathias hinaus. Pater Stemmle warf ihm einen besorgten Blick zu, als Mathias an ihm vorbeiging. Dann ging er zu Kuschnik und gab ihm ein Päckchen Zigaretten.

»Na? Glaubst du, es hat gewirkt?«

Kuschnik wirkte plötzlich ganz sanft. »Ich weiß nicht, Pater. Wenn er nicht blöd ist, dann hat er begriffen. Können Sie mir eine neue Leinwand beschaffen? Ich brauche meine Aussicht, sonst bekomme ich Platzangst.«

Stemmle nickte und schüttelte Kuschnik die Hand. »Danke.«

Kuschnik lächelte traurig.

★

Deutz nahm Mathias das Bild ab und verstaute es im Kofferraum. Nicole schaute Kempfert fragend an, als Mathias, ohne sie zu beachten, in den Wagen stieg und seine Augen schloß. Kempfert legte den Finger auf den Mund. Nicole setzte sich neben Mathias. Sie fuhren schweigend zurück nach Eberstadt.

Erst am Sonntag nach der Frühmesse erfuhr Kempfert das glückliche Ende dieses Abenteuers, als nämlich Margarete Wolf in die Sakristei kam und ihn bat, alles zu vergessen, was sie ihm gesagt hatte.

»Stellen Sie sich vor, Herr Kempfert, mein Sohn ist noch am gleichen Abend gekommen und hat sich entschuldigt. Der arme Junge, er hat das Vorphysikum vermasselt und Angst gehabt, wie ich darauf reagiere. Dabei habe ich meins damals auch verpatzt.« Sie lachte glücklich und erleichtert. »Und wissen Sie, was er mir mitgebracht hat?«

Kempfert schüttelte den Kopf, aber er konnte es sich denken.

»Ein Ölgemälde. Eine herrliche Odenwaldlandschaft. Ein Freund hat sie gemalt.«

»Na, dann ist ja alles bestens«, sagte Kempfert und dachte an die vielen Mütter, die keine Ahnung haben, was ihre Kinder treiben und was in ihnen vorgeht. Aber er hütete sich, Frau Wolfs Illusionen zu zerstören, zumal sie vielleicht ja keine mehr waren. Die Frau Doktor verabschiedete sich. »So Gott will, wird aus dem Jungen doch noch etwas Rechtes.«

»Gott will immer«, sagte Kempfert, aber sie begriff nicht recht, was der Pfarrer damit sagen wollte.

Das liebe Leben

Annemarie Bieler war verschwunden. Seit ihrer Unterredung mit Jutta Dannecker hatte sie keiner mehr gesehen, außer Agnes Bebel und, später, Pfarrer Kempfert, der ein langes, ernsthaftes Gespräch mit ihr geführt hatte. Aber da keiner von diesem Gespräch wußte und da auch keiner Jutta Dannecker gesehen hatte, erschien das mysteriöse Verschwinden Annemaries noch mysteriöser, als es ohnehin schon war.

Leo Busche hatte alles Mögliche versucht, aus Frau Bebel etwas herauszubekommen, aber da Frau Bebel nicht wußte, wo Annemarie war, konnte sie ja schlecht etwas sagen, obwohl Schweigen ihr schwerfiel. Leo blieb also nichts anderes übrig, als sich an Kempfert heranzumachen. Er erwischte Kempfert noch vor der Betriebsversammlung, die von Dannecker einberufen worden war.

»Hier, feinster englischer Tabak«, begrüßte er Kempfert und stellte die Dose vor ihn auf den Schreibtisch, dem man die Abwesenheit Annemaries ansah, mit der unerledigten Post von einer Woche. Kempfert schaute Busche mißtrauisch an.

»Soll das ein Bestechungsversuch sein?«

»Was sonst«, sagte Leo, »ich muß Annemarie sprechen, und ich bin sicher, Sie wissen, wo sie ist.«

Kempfert seufzte. »Tja, Herr Busche, da kann ich auch

nichts machen. Jetzt haben Sie etwas Geduld, bis Annemarie darüber hinweg ist.« Er öffnete die Tabakdose und roch daran. Leo nahm sie ungeduldig weg.

»Über was soll sie wegkommen, Herr Kempfert? Jetzt reden Sie schon, um Himmels willen.«

Kempfert stand auf. »Daß Sie verheiratet sind, Herr Busche, darüber muß sie wegkommen. Und jetzt gehen wir lieber.«

»Meine Güte«, rief Leo jetzt, »ich habe diese Frau seit vier Jahren nicht mehr gesehen. Die Scheidung ist eine reine Formalität. Wenn Annemarie so viel Wert darauf legt, dann fliege ich schnell rüber und erledige das.«

»Sagen Sie das ihr und nicht mir!« Kempfert schloß seine Aktentasche und ging zur Tür.

Leo blieb ihm dicht auf den Fersen. »Gern, wenn Sie mir sagen, wo sie ist. Bitte, Herr Kempfert.«

Kempfert blieb stehen und sah Busche streng an. »Das Mädchen ist ziemlich durcheinander, dank Ihrer stürmischen Werbung, und dort, wo sie ist, kann sie sich in Ruhe klar werden, was sie will.«

»Wo?« flehte Leo, aber Kempfert schüttelte den Kopf und ging.

*

Die Betriebsversammlung war schon in vollem Gange, als Busche und Kempfert in der vollbesetzten Kantine ankamen. Kempfert blieb lauschend an der Schwingtüre stehen, durch die man die Stimme Danneckers bis in den Flur hörte.

»... und auch, wenn der Betriebsrat so tut, als wäre das die übliche Auseinandersetzung um Tarife, geht es diesmal um viel mehr in Eberstadt. Nämlich um alles oder nichts.«

Kempfert öffnete leise die Tür und schlich hinein. Leo folgte ihm und stellte sich neben Kempfert. Auch Klaus Bardusch hatte keinen Platz mehr in der überfüllten Halle gefunden. Er begrüßte Kempfert mit einem Kopfnicken und konzentrierte sich dann wieder auf sein Tonbandgerät, mit dem er die Rede Danneckers im Wortlaut für die Sonntagsausgabe mitschnitt.

Dannecker hatte seine Worte wirken lassen und fuhr nun

mit erregter Stimme fort: »Manche von Ihnen, die meinen Vater noch gekannt haben und die schwere Zeit nach dem Krieg mitgemacht haben, die wissen, wovon ich rede. Damals ging es auch um alles oder nichts. Aber damals haben wir alle zusammengehalten, vom jüngsten Lehrling bis zum Chef; denn damals ging es uns allen dreckig, damals wußten wir nicht, ob es weitergeht. Sie kennen alle die kritische Auftragslage, und die Höhe der Verluste, die wir seit einigen Jahren hinnehmen mußten, ist jedem bekannt. Deshalb habe ich mich entschlossen, das Werk zurückzukaufen, um zu verhindern, daß Eberstadt vom Aufsichtsrat der Dannecker AG geschlossen wird. Man hat mich für verrückt erklärt, aber ich bin fest davon überzeugt, daß Eberstadt zu retten ist, wenn wir alle an einem Strang ziehen. Wenn wir alle mit unseren Forderungen zurückstecken, wenn wir alle vollen Einsatz fahren und durchhalten, bis die Produktion auf die neuen Technologien umgestellt ist.«

Wieder machte Dannecker eine Pause und wischte sich den Schweiß von der Stirn. Jutta Dannecker, die neben Betriebsleiter Groninger in der ersten Reihe saß, schaute sich nach hinten um und entdeckte Leo und Kempfert. Als ihr Vater weiterredete, wandte sie sich wieder nach vorne.

»Ich bin leider zu alt für dieses Abenteuer, deshalb habe ich mich heute früh dazu entschlossen, Ihnen, den Mitarbeitern, das Werk Eberstadt zu schenken. Es liegt also an Ihnen.«

Die Sensation war perfekt. Bardusch stellte sein Bandgerät ab. »Das ist ein Hammer«, flüsterte er Kempfert zu, »ich muß sofort in die Redaktion.«

»Ich bin sicher, daß diese Entscheidung im Sinne meines Vaters ist«, hörte man Dannecker abschließend sagen, »und ich hoffe, daß es auch zum Besten von Ihnen allen ist. Ich danke Ihnen.«

Die letzten Worte gingen im erregten Tumult unter. Jutta Dannecker war aufgesprungen und eilte ihrem Vater nach, der, ohne rechts und links zu schauen, auf den Seitenausgang hinter dem Podium zuging.

»Vater!«

Dannecker blieb stehen.

»Du kannst doch nicht einfach die Fabrik verschenken und gehen.« Jutta war außer sich.

»Doch, das kann ich. Du willst sie nicht, Leo Busche hat keine Lust, und ich kann nicht mehr. Was bleibt sonst übrig?«

Bevor Jutta etwas Passendes darauf erwidern konnte, stieß er die Tür auf und ging. Jutta stand kurz wie gelähmt. Dann drehte sie sich um. Die Leute standen heftig diskutierend in Gruppen beieinander. Keiner beachtete sie. Auch Kempfert und Busche waren gegangen.

Jutta hatte ihren Vater unterschätzt, oder besser gesagt, überschätzt. Daß er sich von seiner Sentimentalität zu so einer idiotischen Entscheidung hatte treiben lassen, damit hatte sie nicht gerechnet. ›Im Sinne meines Vaters‹, dachte sie verächtlich. Wenn Großvater das gehört hätte, er würde sich im Grab umdrehen.

»Na, Herr Groninger, was nun?«

»Keine Ahnung! Abstimmung, denke ich, und dann müssen die Anwälte antreten. Was für ein Durcheinander!« Er seufzte und schaute sich um.

»Wenn die Leute nur einen Funken Verstand haben, dann stimmen sie dagegen«, sagte Jutta und ließ Groninger stehen.

*

Leo fuhr Kempfert zum Pfarrhaus zurück. Die Fahrt dauerte nur zehn Minuten, aber Kempfert und Leo brauchten nur fünf Minuten, um Krach miteinander zu bekommen.

»Hören Sie auf«, rief Kempfert, nachdem Leo wieder von Annemarie angefangen hatte. »Ihr Liebesleben ist weiß Gott nicht das Wichtigste auf der Welt. Überlegen Sie sich lieber, was mit Werk Eberstadt geschehen soll. Ist doch wahr... Groninger ist doch mit so etwas völlig überfordert und die Arbeiter ebenso.«

»Warum? Sollen sie sehen, wo sie bleiben«, gab Leo wütend zurück, »gegen die Unternehmer stänkern kann jeder, aber einer sein will keiner, da müßte man ja was riskieren.«

»So! Und woher, bitteschön, sollen die Leute den Mut nehmen, wenn man sie jahrhundertelang bevormundet hat? Nein, mein Lieber, Sie müssen jetzt ran, ob Sie wollen oder nicht, sonst nehme ich Ihnen Ihr soziales Getue nicht ab. Leo Busche der Aussteiger! Steigen Sie ein, Mann. Tun Sie, was Sie gelernt haben und am besten können. Damit helfen Sie den Menschen mehr denn als unglücklicher Liebhaber einer Gemeindereferentin.«

Noch bevor er den Satz beendet hatte, wußte Kempfert, daß er zu weit gegangen war. Er schaute Leo an, aber der starrte auf die Straße vor ihm und biß die Zähne aufeinander. Auch als Kempfert vor dem Pfarrhaus ausstieg, sagte er nichts.

»Tut mir leid, wenn ich Ihre Gefühle verletzt haben sollte, aber auch wenn es weh tut, Sie wissen, daß ich recht habe.«

»Das ist mein Leben, Herr Kempfert, nicht Ihres«, sagte Leo und zog die Beifahrertür zu. Er gab Gas, daß die Reifen auf dem Kopfsteinpflaster durchdrehten. Im Rückspiegel sah er Kempfert mit hängenden Armen dastehen und ihm nachschauen. Elefanten stehen so da, im Zoo, wenn die Besucher gegangen sind, als wüßten sie nicht, was sie hier sollten. Er tat ihm leid, aber er konnte es auch nicht ändern. Jeder ist sich selbst der Nächste, und als erstes mußte er Annemarie finden.

Von Frau Bebel hatte er erfahren, daß Friedhelm Haug mit seinem Madrigalchor heute Plattenaufnahmen machte. Leo kannte das Studio. Er hatte dort schon für einige Kunden Vorführungen ihrer Promotionfilme arrangiert. Vielleicht wußte der ehemalige Verlobte Annemaries, wo sie sein könnte. Es fiel ihm zwar nicht leicht, seinen Nebenbuhler damit zu belämmern, aber Leo hätte auch nackt auf dem Platz vor der Hauptwache Samba getanzt, wenn er damit weiterkommen würde.

Haug sah Leo sofort, als er in den Regieraum trat und dem Tonmeister entschuldigend zuwinkte, und wartete, bis die Aufnahme unterbrochen wurde. Leo konnte mit dieser Art von Musik nicht viel anfangen, genauso wenig wie mit den Gemälden mittelalterlicher Meister. Das war nicht seine Zeit, nicht sein Lebensgefühl, aber den Eberstädter Nachtigallen und ihrem mittelalterlichen Chorleiter schien die Sache viel Spaß zu bereiten.

Leo fing Haug im Flur ab.

»Hallo, Herr Haug.«

Friedhelm Haug lächelte nervös. »Sie wollen doch nicht etwa mitsingen?«

»Nein«, erwiderte Leo ernst, »ich brauche Ihre Hilfe.«

»Aha, dann ist es also so weit.« Haug schaute Leo durch seine dicke Brille mitleidig an. »Hat Annemarie Sie endlich durchschaut?«

Leo ging nicht auf die Anspielung ein. »Sie ist verschwunden, und ich hatte gehofft, Sie könnten mir vielleicht einen Tip geben.«

»Na, Sie haben Humor!« Haug lachte auf und hatte Mühe, seine unchristliche Schadenfreude zu unterdrücken.

»Bitte, Herr Haug, es geht hier nicht um mich. Es geht um Annemarie, und Sie sind meine letzte Chance.«

»Was haben Sie denn angestellt? Haben Sie sie vergewaltigt oder wie?«

Auch diese Spitze brachte Leo nicht aus der Fassung.

»Nein, ich habe sie ... wie soll ich sagen? Annemarie glaubt, ich sei verheiratet.«

Haugs Augen weiteten sich und sahen hinter den Brillengläsern jetzt noch größer und wässriger aus.

In diesem Augenblick ging die Tür des Regieraumes auf, und der Tonmeister beschwerte sich.

»Wo bleiben Sie denn?«

»Ich komme sofort«, wimmelte Haug ihn ab und wandte sich wieder Leo zu. »Na schön. Weglaufen hilft Annemarie ja auch nicht weiter, sich zwischen uns zu entscheiden. Versuchen Sie es im Kloster Lichtenthal. Sie hat da eine Tante bei den Zisterzienserinnen.«

»Im Kloster?« entfuhr es Leo.

»Sagen Sie ihr einen Gruß von mir. Morgen abend ist unser Konzert in St. Augustin, und ich würde mich freuen, wenn sie mitsingen könnte.«

Er ging, ohne Leos Antwort abzuwarten.

*

Kempfert hatte es im Pfarrhaus nicht lange ausgehalten. Nachdem er versucht hatte, etwas Ordnung in die angehäufte Post zu bringen, unterbrochen von einem Brautgespräch und Frau Bebels Gejammer über die Knausrigkeit Theo Stutz', der ihr keine zusätzlichen Mittel für eine Poliermaschine mit Wachsspender für die Küchenfliesen bewilligen wollte, rief er in der Villa Dannecker an und verabredete sich mit Dannecker zum Mittagessen.

Es gab Roastbeef auf Toast, aber weder Kempfert noch Dannecker hatten so recht Appetit. Schließlich legte Dannekker Messer und Gabel weg und lehnte sich zurück.

»Tja, wer hätte das gedacht, daß ich auf meine alten Tage noch weich werde. Jetzt kommt mir alles so kindisch vor.«

Kempfert schluckte den letzten Bissen. »›Wenn ihr nicht werdet wie die Kinder‹«, sagte er.

»Ja«, nickte Dannecker, »auch so eine Weisheit, die ich nie verstanden habe.«

»Es heißt nicht, ›wenn ihr so bleibt wie die Kinder‹«, erklärte Kempfert, »es heißt, ›wenn ihr nicht werdet‹. Offenbar muß man erst durch alle Stadien des Lebens durch, bis man wieder in der reinen, kindlichen Einfalt leben darf.«

Dannecker runzelte die Stirn. »Sie halten mich also auch für einfältig?«

Kempfert lächelte. »Es heißt auch: ›selig die Einfältigen‹, nicht ›selig die Dummen‹. Einfalt ist eine sehr schwer erlernbare Tugend, und weder Sie noch ich sind damit gesegnet.«

Dannecker mußte nun auch lächeln, obwohl ihm nicht danach zumute war. »Na ja, meine Tochter würde mich am liebsten entmündigen und in die Klapsmühle stecken lassen. Vielleicht hat sie sogar recht. Stellen Sie sich vor, sie würden Ihre Kirche einfach Ihrer Gemeinde schenken.«

Kempfert lachte. »Gute Idee, leider geht das aber nicht.«

»Wieso nicht?«

»Weil sie ihr schon gehört. Die Leute wissen es nur nicht oder wollen es nicht wissen.«

Kempfert stand auf. »Bleiben Sie sitzen, Herr Dannecker, ich finde alleine den Weg.«

Aber Dannecker ließ es sich nicht nehmen, Kempfert hinauszubegleiten. »Interessant, was Sie da sagen, aber genaugenommen ist es mit meiner Firma dasselbe. Eberstadt gehört den Arbeitern. Ohne sie läuft gar nichts, mein Geschenk ist nichts als eine Geste, um ihnen das bewußt zu machen. Mal sehen, ob sie das begreifen.«

»Wann ist denn die Abstimmung?«

»Ich nehme an, sie diskutieren immer noch. Groninger hat die Anwälte eingeschaltet, er will Bescheid geben, sobald die Entscheidung gefallen ist.«

Kempfert schüttelte Dannecker die Hand. »Eigentlich bin ich ja nur gekommen, um Ihnen zu gratulieren. Ich muß sagen, ich habe einiges von Ihnen gelernt in der kurzen Zeit, die wir uns kennen.«

»Zum Beispiel?« fragte Dannecker erstaunt.

»Zum Beispiel, daß ein Kamel manchmal doch durch ein Nadelöhr geht«, sagte Kempfert und ging die Treppe hinunter, die in den Park führte.

»Danke«, rief Dannecker ihm lachend nach. Er wartete, bis Kempfert mit Deutz weggefahren war, dann ging er wieder ins Haus. Vor dem Barockspiegel in der Halle blieb er stehen.

Der Mann, der ihm da entgegenschaute, war ihm fremd. Er sah älter und grauer aus, als er ihn in Erinnerung hatte. Ein Stechen in seiner Brust, direkt unter der Brieftasche, erinnerte ihn daran, daß es Zeit für seine Medizin war. Er ging mit müden Schritten in die Bibliothek und läutete nach Frau Möller.

*

Während Wilhelm Dannecker in seinem Bett in einen medikamentösen, fast bewußtlosen Mittagschlaf hinüberdämmerte, fuhr Leo Busche mit siebzig Kilometern Geschwindigkeit am Spielcasino Baden-Baden vorbei, durch die Lichtenthaler Allee und hielt wenig später mit rutschenden Reifen auf dem Parkplatz des Klosters. Im Rückspiegel überprüfte er noch schnell den Sitz seiner Krawatte, um bei der Schwester Pförtnerin nicht durch saloppes Äußeres Mißtrauen zu erregen, und stieg aus.

Er hätte sich die Mühe sparen können, denn seine ordentlich sitzende Krawatte machte auf die robuste Schwester keinen Eindruck, und sie hätte ihn wieder weggeschickt, wenn Leo nicht eingefallen wäre, nach Annemaries Tante zu fragen.

»Schwester Mechthild?« fragte die Pförtnerin erstaunt zurück.

»Genau. Bitte, könnte ich wenigstens sie einen Augenblick sprechen?«

Schwester Mechthild war wohl schon jenseits jeder Versuchung durch flotte, junge Herren aus Frankfurt, und die Schwester Pförtnerin ließ sie herbeirufen. Leo Busche benötigte dann noch einmal fünfzehn Minuten und alle seine Überredungskunst im Besucherzimmer, das nach Bohnerwachs und modrigem Leinentischtuch roch, um Annemaries Tante von der Lauterkeit seiner Absichten zu überzeugen, bis sie ihn durch die Empfangshalle in den Kreuzgang führte und stumm in den Garten deutete.

Annemarie kniete vor einer der Blumenrabatten, die den Klosterbrunnen säumten wie ein Kranz das Haupt einer Braut. Schwester Mechthild nickte ihm noch einmal aufmunternd zu, dann ließ sie Leo allein.

Leo ging über den Rasen auf Annemarie zu. Sie war so in ihre Arbeit vertieft, daß sie ihn erst hörte, als er bis auf zwei Schritte herangekommen war.

Sie stand auf und wischte ihre Hände an der Schürze ab, die ihr etwas zu groß war und sie noch kindlicher aussehen ließ.

»Bitte, sag was«, sagte Leo, als sie ihn nur still anschaute.

»Es gibt nichts zu sagen«, antwortete sie schließlich, und selbst die wenigen Worte schienen ihr schwerzufallen.

»Ich denke doch«, sagte Leo ernst, »zum Beispiel könntest du mir sagen, was in dir vorgeht. Ich glaube nach allem, was zwischen uns war, habe ich ein Recht darauf.«

Annemarie schüttelte ungläubig den Kopf. »Wie kommst du darauf, daß das etwas mit dir zu tun hat? Es dreht sich nicht alles um dich, Leo, auch wenn du das zu glauben scheinst.«

Vielleicht war es die Ruhe, mit der sie das sagte, die Leo die Beherrschung verlieren ließ.

»Ich liebe dich, und ich will wissen, ob du mich auch liebst, Himmel noch mal!« rief er und seine Stimme hallte durch den sonst so stillen Klosterhof.

»Könntest du bitte etwas leiser sprechen«, antwortete Annemarie und erreichte damit genau das Gegenteil. Leo war nicht hundert Kilometer wie ein Wahnsinniger nach Baden-Baden gefahren, um sich jetzt wohlerzogen klösterlichem Benehmen anzupassen.

»Nein, ich kann nicht leiser reden, weil du mir fehlst, und der Gedanke, dich wegen einer so idiotischen Sache zu verlieren, mich umbringt.«

»Leo, bitte!« Annemarie faßte ihn bei den Armen. Leo wehrte sie ab und hielt sie bei den Händen.

»Du hast mir ein Leben lang gefehlt, das weiß ich jetzt. Erst seit ich dich kenne, lebe ich wirklich.«

Aber seine Worte schienen an ihr abzuprallen wie Regentropfen auf den Blütenblättern einer Wasserlilie.

»Bitte, Leo, bitte! Was auch immer du in mir siehst, ich bin das nicht«, flehte sie ihn an, aber Leo reagierte nicht.

»Was ich sehe, das reicht mir. Ich brauche nicht mehr als das, was ich sehe.«

»Du vielleicht, aber ich brauche mehr.«

»Was, Annemarie? Falls ich haben sollte, was du brauchst, dann nimm es dir doch.« Er schaute in ihre Augen und fühlte die tiefe Traurigkeit darin.

»Oder habe ich nichts, das ich dir geben kann?« fragte er nun leise.

Sie antwortete nicht. Leo wurde schlagartig klar, daß er

verloren hatte. »Du gibst mir keine Chance«, sagte er schließlich tonlos.

»Wir hatten nie eine, Leo!«

★

Erst zwischen Rastatt und Karlsruhe kam Leo wieder zu sich, als ihn hupend ein Lastwagen überholte. Er wischte sich die Tränen ab, die ersten, die er geweint hatte, seit ihm sein Fahrrad vor der Schule gestohlen worden war und er zu Fuß nach Hause hatte laufen müssen, damals mit vierzehn, wo ein Fahrrad mit Dreigangschaltung und Rennlenker ihm noch mehr bedeutet hatte als jeder Mercedes oder Porsche. Der Verlust dieses ihm unersetzlichen Freundes mit Rädern hatte ein Gefühl hinterlassen, als hätte man ihn ungerechterweise geschlagen. Er brauchte zwei Stunden bis in die Tiefgarage des Industrieclubs in Frankfurt und weitere acht Stunden an der Bar, bis ihn schließlich der nette Barkeeper um drei Uhr morgens stockbetrunken nach Hause brachte und ihn auf dem Sofa absetzte.

Das schwarze Gewand

Als Leo in sein ungemachtes Bett wankte, ging über dem Main gerade die Sonne auf, um einen Samstag zu beleuchten, der in der vielhundertjährigen Geschichte Eberstadts durch die Folge der Ereignisse herausragen sollte gleich einem Löwenzahn im gepflegten Rasen des Pfarrgartens.

Es fing damit an, daß Frau Bebel in aller Herrgottsfrühe auf dem Weg ins Pfarrhaus die Brötchentüte aufplatzte und die Brötchen über den Bürgersteig rollten. Eines davon rollte direkt vor die Füße der kleinen Rosi Kanitz, die im Schlafanzug auf der Sandsteintreppe zu Nummer elf, Friedhofgasse, saß und still vor sich hinweinte. Frau Bebel war entsetzt: Ein Kind um diese Zeit mutterseelenallein im Schlafanzug, und keiner kümmert sich!! Als sich auf ihr Läuten bei Kanitz nichts rührte, nahm sie Rosi kurz entschlossen bei der Hand.

»Jetzt gehst du einfach mit mir, und im Pfarrhaus kriegst du ein richtiges Frühstück mit Butter und Marmelade und Kakao. Nachher rufen wir deine Mutter an, wenn sie wieder heim kommt, und sagen ihr, daß du bei uns bist.«

Rosi nahm noch schnell ihre Puppe mit, und die beiden wanderten los wie Charly Chaplin und das Waisenkind.

Am Frühstückstisch in der Küche saßen schon Theo Stutz und Friedhelm Haug, die sich in den Haaren hatten wegen des Konzerts heute abend.

»Was heißt hier Kunst? Immer wenn es Kunst ist, dann soll es nichts kosten. Wieso, frage ich Sie?« erregte sich der Gemeindebuchhalter Stutz und nahm sich eines der Brötchen, die Frau Bebel in den Brotkorb schüttete. Friedhelm bekam einen roten Kopf.

»Also, wenn Sie während meines Konzertes den Klingelbeutel rumgehen lassen, dann sage ich das Ganze ab. Sie können ja dann auf Ihrem Kamm summen.«

Kempfert, der aus dem Büro kam, unterbrach die beiden Kampfhähne.

»Er kommt und bringt seine gesamte klerikale Truppe mit.« Agnes Bebel schlug erfreut die Hände zusammen. »Der Bischof kommt zum Konzert?«

»Ja«, nickte Kempfert, »wäre doch gelacht, wenn wir die Kirche nicht vollkriegen! Und an der Tür stellen wir einen Tisch auf, da kann der Herr Stutz die Kassetten vom Chor verkaufen.«

Jetzt erst fiel Kempfert das kleine Mädchen auf, das sich an Frau Bebels Rock festhielt und ihn von diesem sicheren Platz mit großen Augen anschaute.

»Ja, wen haben wir denn da?«

»Das ist Rosi«, sagte Frau Bebel schnell, und um weiteren Fragen vorzubeugen, hob sie Rosi hoch und setzte sie neben Theo Stutz auf die Eckbank. »Ich habe ihr ein Frühstück versprochen.«

Theo Stutz rückte ein paar Zentimeter zur Seite und beäugte das Kind mißtrauisch. »Also die gehört erst mal ordentlich gewaschen und gekämmt und die Puppe auch. Sieht ja aus wie der schwarze Peter.«

»Das ist Schneewittchen«, sagte Rosi empört.

Stutz verdrehte die Augen und biß in sein Brötchen, das er sich in der Zwischenzeit mit der Gründlichkeit eines Friseurs geschmiert hatte. Das Knirschen, das zu hören war, ließ alle verstummen. »Was ist denn das?«

»Die Brötchen sind runtergefallen«, sagte Rosi und kicherte.

»Können Sie mal schnell mit ins Büro kommen, Herr Stutz«, fragte Kempfert, »ich muß Sie unter vier Augen sprechen.«

Stutz stutzte, dann gab er Rosi sein Brötchen und folgte Kempfert widerspruchslos. Kempferts Tonfall verhieß nichts Gutes.

»Setzen Sie sich«, sagte Kempfert und schloß die Tür. Stutz ließ sich wie hypnotisiert auf den Stuhl vor Kempferts Schreibtisch sinken.

Auch Kempfert setzte sich und schaute Theo Stutz an, bis dieser ungemütlich hin und her rutschte.

»Ja?« fragte Stutz unsicher.

»Also«, begann Kempfert, »irgendwer verbreitet in der Gemeinde Gerüchte über mich und Frau Dr. Wolf, die auch dem Bischof zu Ohren gekommen sind. Haben Sie vielleicht eine leise Ahnung, wer einen derartigen Unsinn in Umlauf bringt?« Kempferts Blick bohrte sich in Theos kleine giftige Augen, die nun böse auffunkelten.

»Ja, das weiß ich. Ich verbreite diesen Unsinn, allerdings würde ich das nicht so nennen, in Anbetracht der Tatsache...«, er betonte ›Tatsache‹, »daß Sie doch nicht wegen Ihrer Plombe ständig in der Praxis sind, und der Tatsache, daß Sie schon zweimal in der ›Eberburg‹ mit der Frau Dr. Wolf gespeist haben.«

»Dreimal«, korrigierte ihn Kempfert, »und das in aller Öffentlichkeit.«

»Genau«, trumpfte Stutz auf. »Und da wundern Sie sich, daß die Leute reden. Frau Wolf ist schließlich geschieden und nicht unattraktiv.«

Jetzt reichte es Kempfert, und er schlug mit der Faust auf den Tisch, daß Stutz zusammenzuckte.

»Himmel, Herr Stutz. Können Sie sich nicht vorstellen, daß auch ein Pfarrer sich mit einer Frau gut verstehen kann? Daß es manchmal eine Erholung ist, nicht nur über die kaputte Orgel oder die Probleme im Kindergarten oder Ihre Buchführung sprechen zu müssen. Also ich möchte, daß Sie das heute abend, wenn der Bischof kommt, klarstellen. Wie Sie das machen, ist mir egal. Kapiert?«

»Ich ...«, stotterte Stutz, aber er kam nicht weiter.

»Sagen Sie lieber nichts, ich bin nämlich nur so ruhig, weil erstens da draußen ein Kind sitzt und zweitens mein Glaube und mein Amt es mir verbieten, handgreiflich zu werden. Bis heute abend, Herr Stutz.«

Kempfert war aufgestanden und schob Stutz zur Türe, die er hinter ihm zuknallte, um wenigstens so einen kleinen Teil seines Ärgers loszuwerden. Er setzte sich wieder und stopfte seine Pfeife, und als er sie anzündete und den ersten Zug nahm, hatte er sich wieder unter Kontrolle. Er blätterte in seinem Telefonbüchlein und wählte die Nummer von Kloster Lichtenthal. Während er wartete, bis man dort Annemarie herbeigerufen hatte, kam Frau Bebel mit der kleinen Rosi herein.

»Annemarie? Ja, ich bin's. Nichts Besonderes, Sie fehlen uns.« Kempfert machte ein Zeichen zu Frau Bebel zu warten und fuhr fort. »Wie lange wollen Sie sich denn noch verkriechen? Heute abend ist doch unser großes Konzert, und ohne ihre Stimme ist Haugs Chor doch nur die Hälfte wert.«

»Einen schönen Gruß«, flüsterte Frau Bebel, als sie begriffen hatte, mit wem Kempfert telefonierte, aber natürlich vergaß Kempfert, ihr das auszurichten, und Frau Bebel zog ein beleidigtes Gesicht, als er sich von Annemarie verabschiedete und auflegte.

Kempfert lächelte Rosi zu, die mit kakaoverschmiertem Mund neben Agnes auf dem Sofa saß. »Na! Willst du mir nicht sagen, wie du heißt?«

»Das ist die Tochter von Frau Kanitz. Wir müssen da etwas unternehmen, Herr Kempfert«, antwortete Frau Bebel für Rosi, »das Kind saß mutterseelenallein im Hauseingang heute morgen, und keiner ist daheim.«

Kempfert runzelte die Stirn. »Und da haben Sie die einfach mitgenommen? Aber Frau Bebel, Sie können doch nicht ein Kind entführen!«

»Wer sein Kind so vernachlässigt, dem gehört keins«, schimpfte Agnes.

Kempfert stand auf. »Vielleicht wird sie schon gesucht. Also, Sie bringen das Mädchen sofort zurück.«

»Das ist eine Sache fürs Jugendamt«, begehrte Agnes auf. »Aber bitte, ich wasche meine Hände in Unschuld. Wenn Sie das Kind zurückbringen wollen, dann tun Sie es selbst.«

»Ich muß in die Schule!«

»Das liegt doch auf dem Weg«, stellte Agnes trocken fest und hatte noch einiges mehr zu sagen, bis Kempfert schließlich klein beigab und sich mit Rosi an der Hand auf den Weg machte.

Frau Dr. Wolf, die vor der Praxis schnell ihre Einkäufe erledigte, staunte nicht schlecht, als ihr das seltsame Paar begegnete.

»Hallo, Rosi!« begrüßte sie die Kleine und gab ihr die Hand.

»Du kennst sie?« fragte Kempfert hoffnungsvoll. Margarete richtete sich auf. »Klar! Ich habe ihr vor einer Woche zwei Milchzähne gezogen.«

»Frau Bebel hat sie heute morgen an der Straße aufgelesen, anscheinend ist niemand zu Hause.«

Margarete Wolf schüttelte den Kopf. »Also, das ist eigenartig.«

»Kannst du dich nicht um sie kümmern? Ich muß zum Unterricht.« Kempfert lächelte hilflos, kam aber damit bei Margarete nicht an.

»Nein, nein! Ich muß gleich in die Praxis, und meine Sprechstundenhilfe hat Urlaub. Aber ich kann mich bei Driebig erkundigen, Frau Kanitz arbeitet bei ihm in der Kanzlei.«

»Bitte, Margarete«, flehte Kempfert, aber sie schüttelte den Kopf.

»Ich kann wirklich nicht, Adam, und...«, sie zögerte kurz, »und meinst du nicht, wir sollten uns lieber wieder siezen. Man hält uns nämlich schon für Romeo und Julia im Dorf.«

Kempfert lächelte: »Na ja, einerseits ist das ganz schmeichelhaft für mich.«

»Und andererseits?« fragte Margarete und hob die Augenbrauen.

Kempfert wich der Frage aus. »Kommst du heute abend ins Konzert?«

Margarete seufzte. Kempfert wurde ernst. »Du läßt dich doch von dem Gerede nicht verunsichern? Also, du kommst, und ich werde dich dem Bischof vorstellen. Das dürfte Herrn Stutz und Konsorten den Wind aus den Segeln nehmen. Meinst du nicht?«

»Also gut! Aber jetzt muß ich wirklich los.« Sie nickte Rosi freundlich zu.

»Und das Kind?« versuchte es Kempfert nochmal.

»›Lasset die Kindlein zu mir kommen‹«, sprach sie, lächelte und ging.

Und so blieb Kempfert nichts anderes übrig, als Rosi mit in die Schule zu nehmen, wo sie in der ersten Reihe sitzend mit großen Augen und ohne einen Mucks Kempferts Religionsunterricht verfolgte, den Kempfert sinnigerweise dem Thema »Lasset die Kindlein zu mir kommen« widmete.

Auf dem Heimweg läutete er bei Kanitz. Aber wieder reagierte niemand außer einem wütenden Schichtarbeiter, der schließlich das Fenster aufriß und sich über das ständige Klingeln beschwerte. Im Pfarrhaus empfing ihn dann Frau Bebel mit der Hiobsbotschaft, die sie Kempfert ins Ohr flüsterte, um die Kleine nicht zu beunruhigen. »Frau Kanitz hat einen Autounfall gehabt und liegt im Krankenhaus auf der Intensivstation. Frau Wolf hat angerufen.«

Kempfert strich Rosi übers Haar.

»Das arme Kind«, seufzte Frau Bebel.

»Ich bin nicht arm«, wehrte sich Rosi.

»Nein«, bestätigte Kempfert, »und jetzt gehst du mit Frau Bebel hoch und in die Badewanne.«

Frau Bebel verstand Kempferts Taktik der Ablenkung und nahm Rosi auf den Arm.

»Und dein Schneewittchen geht mit in die Wanne.«

Sie gingen, und Kempfert rief sofort in der Praxis an, aber Margarete war zu beschäftigt, um ans Telefon zu kommen.

*

Auch in Leo Busches Wohnung hatte den ganzen Morgen lang vergeblich das Telefon geläutet. Erst als es anhaltend lang an der Tür klingelte, wachte er endlich auf. Sein Kopf fühlte sich an, als würde einer von innen mit geballten Fäusten gegen die Hirnrinde trommeln, und bis er sich mühsam aufgerappelt und zur Eingangstür durchgekämpft hatte, schob gerade jemand einen Zettel unter der Tür durch.

Leo bückte sich, trotz des Schmerzes, der ihm durch den Nacken fuhr, und hob ihn auf. Auf dem Zettel stand nur eine Zahl: Fünfhunderttausend.

Er öffnete die Tür und Jutta Dannecker, die sich schon auf halber Treppe befand, kehrte um. Ohne auf sie zu warten, wandte sich Leo ab und ging in die Küche. Er riß den Kühlschrank auf, nahm den Milchkarton und trank in tiefen Zügen gut einen halben Liter, bis Jutta die Tür geschlossen hatte und zu ihm kam. Sie lehnte sich gegen die Anrichte und beobachtete ihn amüsiert.

Leo stellte die Milch zurück und schlug den Kühlschrank zu. »Fünfhunderttausend! Wofür? Eine Nacht mit Leo Busche?«

Juttas Lächeln verstärkte sich. »Nein! Eine Nacht mit mir können Sie umsonst haben. Ein Jahr! Ich möchte, daß Sie für mich arbeiten.«

Leo benötigte ein paar Sekunden, um ihr Angebot zu begreifen. »Ich habe schon Ihrem Vater eine Abfuhr erteilt«, sagte er schließlich und wollte gehen.

»Was sollen Sie auch in Eberstadt! Für diese bankrotte Achthundertmannklitsche sind Sie doch völlig überqualifiziert. Bei mir können Sie zeigen, was Sie können. Generalmanager USA und Fernost. Sie können es sich aussuchen.«

Leo schwankte leicht und starrte sie aus roten, übernächtigten Augen an: »Darf ich vorher noch eine Dusche nehmen?«

»Ich bitte darum«, lächelte sie, »Sie riechen nämlich nach abgestandenem Bier und Selbstmitleid. Keine sehr erfolgreiche Mischung.«

»Können Sie mir sagen, warum ich Sie nicht einfach rausschmeiße?« Leo hatte genug. »Ihnen verdanke ich doch diese Misere.«

»Das haben Sie sich selber eingebrockt«, erwiderte sie kühl, »und auch Ihre Annemarie trifft keine Schuld. Ich habe eine Menge Respekt vor ihr, daß Sie Ihnen Ihre Show nicht abgenommen hat.«

Leo winkte ab und ging in den Flur. »Was wissen Sie schon!«

Jutta ging ihm nach. »Von was? Von Liebe?«

Leo drehte sich vor der Badezimmertür um und starrte sie böse an. »Ja! Zum Beispiel.«

Jutta hielt kurz die Luft an, dann sagte sie sehr ernst etwas, was sie in ihrem Leben noch keinem gesagt hatte: »Ich liebe dich!«

Leo verschlug es die Sprache. Jutta schaute ihn ruhig an.

»Sag das nochmal«, forderte er sie schließlich auf.

Sie schüttelte langsam den Kopf.

Leo wartete eine Weile, dann drehte er sich um und ging ins Bad. Jutta blieb allein im Flur zurück. Erst als Leo die Brause aufdrehte, wandte sie sich ab und ging.

*

Der Samstag war noch keine sechs Stunden alt, da bahnte sich das nächste Ereignis an, das diesen Tag in die Eberstädter Geschichte eingehen lassen sollte, als nämlich Frau Möller den Betriebsleiter Groninger in den Salon führte, wo Dannecker schon seit dem Frühstück auf ihn wartete.

»Wo bleiben Sie denn«, begrüßte er den nervös wirkenden Mann, »immerhin ist das ja so etwas wie eine Schicksalsentscheidung für das Werk. Nach einhundert Jahren Firmenbestehen übernehmen die Mitarbeiter das Werk Eberstadt. Sie sind ab heute Unternehmer, Herr Groninger. Wie fühlt man sich da?«

Groninger wurde während Danneckers Rede noch nervöser.

»Was haben Sie?« sagte Dannecker mißtrauisch, dem Groningers seltsames Verhalten nun auffiel. »So schlimm wird es schon nicht werden. Jetzt trinken Sie erstmal ein Gläschen Schampus mit mir, dann sehen wir weiter.«

»Nein, danke«, lehnte Groninger ab, »es ist nämlich... also... die Mitarbeiter haben abgelehnt.«

Dannecker, der schon auf dem Weg zur Hausbar war, blieb wie angewurzelt stehen. Langsam drehte er sich um.

»Mit knapper Mehrheit«, fuhr Groninger fort. »374 zu 438! Ohne finanzielle Rückendeckung durch den Konzern ist eben den meisten das Risiko zu groß.«

Aber Dannecker hörte schon nicht mehr zu. Er drehte sich um und ging zur Terrasse. Im Park spielten seine beiden Schäferhunde miteinander.

»Danke, Herr Groninger!« sagte er nach einer Weile, ohne sich umzudrehen. Groninger ging.

Wie fühlt sich ein Unternehmer, der seine Fabrik herschenken will und keiner nimmt sie? Wahrscheinlich fühlt er sich schlecht und wird wütend auf die anderen und auf sich selbst. Auf jeden Fall sind derartige Gefühle schlecht für Herz und Kreislauf, wenn beide sowieso schon auf letzter Flamme flakkern.

Als Frau Möller wenig später mit Danneckers Medizin und einem Glas Wasser in den Salon kam, lag ihr Chef mit blauem Gesicht auf dem Parkett.

Frau Möller ließ das Tablett fallen und wählte dann mit zittrigen Fingern die Notrufnummer.

⋆

Groninger fand Kempfert in der Kirche, wo auf der Empore die Chorprobe auf vollen Touren lief und unten Frau Bebel die erste Bankreihe mit roten Sitzkissen auslegte.

»Was soll das?« fragte Kempfert erstaunt.

»Nur für die Ehrengäste. Der Bischof kommt doch«, erwiderte sie geschäftig und hielt erstaunt inne, als Kempfert begann, die Kissen wieder einzusammeln.

»Nein, nein, Frau Bebel. Entweder kriegen alle Kissen oder keiner!«

»Aber...«, protestierte sie.

Kempfert drückte ihr die Kissen in den Arm.

»Der Bischof kriegt auch keine Extrawurst.« Er zeigte auf seine Stirn. »Da oben unterscheiden sich die Leute, wenn überhaupt, nicht da unten.« Er deutete auf sein Gesäß und wandte sich Groninger zu, der durch den Mittelgang auf ihn zukam.

»Vor allem Sie«, rief ihm Agnes nach und sammelte wütend den Rest der Kissen ein.

Kempfert sah Groningers Gesicht sofort an, daß etwas schiefgelaufen sein mußte.

»Ich versuche schon den ganzen Morgen, Sie zu erreichen«, sagte er, »was ist passiert?«

»Die Belegschaft hat abgelehnt. Ich komme gerade von Dannecker. Es ist die reinste Tragödie – oder Komödie, wie Sie wollen.«

Kempfert schüttelte den Kopf. Der Chor hatte aufgehört zu singen. Es war plötzlich sehr still in der Kirche.

»Das wird dem alten Herrn sehr zu schaffen machen«, sagte Kempfert endlich, und Groninger nickte traurig.

*

Jutta Dannecker war mitten in einer Besprechung, als die Tür aufging und Leo Busche unangemeldet im dunklen Anzug, rasiert und frisiert hereinkam und sich herausfordernd lässig auf das Besuchersofa setzte.

Jutta verabschiedete die verdutzten Herren, und als sie gegangen waren, stellte sie sich vor Leo und schaute lächelnd auf ihn herunter.

»Soll ich Ihrem provozierenden Auftritt entnehmen, daß Sie mein Angebot akzeptieren?«

Leo stand auf. »Welches von beiden?« fragte er unschuldig.

»Kommt darauf an, ob Sie geschäftlich hier sind oder privat.«

Leo trat näher, so nahe, daß ein medial begabter Zuschauer die Funken hätte sehen können, die von den beiden Körpern aufeinander übersprangen.

»Geschäftlich und privat sind doch für dich ein und dasselbe«, sagte er lächelnd und hätte sie geküßt, wenn nicht das Läuten des Telefons »dazwischengefunkt« hätte. Jutta ließ es aber klingeln. Zu lange hatte sie auf diesen Augenblick gewartet und dachte nicht daran, sich ihn durch irgend einen lästigen Anruf verderben zu lassen.

»Willst du nicht drangehen?« fragte Leo.

»Erst bist du dran«, antwortete Jutta leise und näherte sich ihm auf vier bis fünf Millimeter, als die Tür aufging und ihre Sekretärin hereinkam. Jutta fuhr wütend herum.

»Entschuldigen Sie«, stammelte die Frau, »aber Ihr Vater! Er hat einen Herzanfall, die Klinik hat angerufen.«

»Mist«, entfuhr es Leo.

»Welche Klinik?« fragte Jutta.

»Diakonissenkrankenhaus«, antwortete die Sekretärin.

Jutta ging zur Tür, Leo folgte ihr.

»Wissen Sie, wo das ist?«

»Ja«, nickte Leo, »ich fahre dich hin.«

*

Kempfert erreichte die Nachricht von Danneckers Herzanfall erst am Abend und mitten im Konzert.

Kempfert saß in der ersten Reihe neben Bischof Neubauer. Der Chor sang gerade die schöne Kantate »Befiehl dem Engel, daß er komme« von Buxtehude, als nicht der Engel kam, sondern Chauffeur Deutz, der sich den Seitengang entlangschlich und Kempfert hektisch zuwinkte.

Kempfert entschuldigte sich bei Neubauer und folgte dem aufgeregten Deutz nach draußen.

»Ich hole nur schnell die Sterbesakramente«, flüsterte Kempfert und rannte, so schnell es sein Gewicht zuließ, von außen herum in die Sakristei.

So konnte er nicht miterleben, wie Annemarie Bielers Ente vorfuhr und sie sich in die Kirche schlich. Dafür lächelte Friedhelm Haug um so glücklicher, als sie sich an ihren Platz im Chor stellte und die letzte Strophe mitsang. Der Engel war also doch gekommen.

★

Leo ging unruhig im Flur auf und ab. Endlich kam Jutta aus der Intensivstation. Sie hatte geweint. »Er liegt da wie tot. Wir müssen etwas unternehmen. Mit dem Hubschrauber kann er in zehn Minuten in Wiesbaden sein. Professor Keuch ist ein alter Freund von Vater. Herzspezialist. Das hier ist doch alles dritte Klasse.«

Auch der Notarzt war hinter Jutta herausgekommen und hatte Juttas abfällige Bemerkung noch mitgehört.

»Erster Klasse stirbt es sich genauso schnell«, sagte der junge, rothaarige Arzt mit ruhiger Stimme.

»Wie stehen die Chancen?« fragte Leo.

»Fifty-fifty.«

Irgendwo in der Station schrillte eine Alarmglocke, und der Arzt verschwand.

Jutta ließ sich auf einen der Plastikstühle sinken. Sie begann zu weinen. Leo fühlte sich hilflos. Mit einer kalten, beherrschten Jutta kam er besser zurecht, außerdem hatte er immer geglaubt, sie hasse ihren Vater und warte nur auf sein Ableben, um endlich selbst die Regie des Konzerns übernehmen zu können.

Die Schwingtür am Ende des Ganges ging auf, und man hörte die schweren Schritte Kempferts auf dem Linoleum. Leo ging ihm entgegen.

»Wie geht es ihm?« fragte Kempfert außer Atem und ging weiter. Leo zuckte die Achseln.

Jutta stand auf und wischte sich die Tränen ab.

»Ich habe ihn nur ganz kurz gesprochen und da hat er nur nach Ihnen verlangt. Zimmer zwölf.«

Kempfert ging weiter.

»Falls er mich sehen will«, rief sie ihm nach, »ich bin da.«

Als Kempfert leise ans Bett trat, schlug Dannecker die Augen auf, als hätte er Kempferts Gegenwart gespürt. Trotz der Kanüle, die ihn durch die Nase mit Sauerstoff versorgte, lächelte Dannecker schwach.

»Sie kommen immer zu spät«, krächzte er heiser.

Kempfert beugte sich über ihn.

»Was machen Sie auch für Geschichten!« Er legte seine Hand auf Danneckers Hand und versuchte, dessen Lächeln zu erwidern.

»Ich war schon auf der anderen Seite, und es ist dunkel da drüben, Kempfert. Da ist kein Licht, wie ihr immer behauptet.«

»Vielleicht muß man das Licht selber mitbringen. Aber jetzt reden Sie nicht soviel, das tut Ihnen nicht gut.«

Aber Dannecker hob jetzt seine Hand und krallte sich an Kempferts Jackett fest.

»Ich hab alles unter Dach und Fach. Deutz hat den Umschlag. Jutta darf aber nichts davon erfahren, erst wenn ich tot bin. Versprechen Sie mir das?«

Ein Gerät neben Danneckers Bett fing an zu summen und eine Schwester stürzte herein.

»Sie müssen jetzt gehen, Herr Pfarrer!«

»Deutz hat alles«, stöhnte Dannecker noch, bevor er wieder in das Dunkel zurücksank, von dem er gesprochen hatte.

»Hat er nicht nach mir verlangt?« fragte Jutta, als Kempfert ziemlich erschüttert wieder in den Flur trat. Er schüttelte den Kopf.

»Was soll ich denn nur tun!« sagte sie leise und verzweifelt.

»Beten!«, antwortete Kempfert.

»Ich weiß nicht, wie das geht«, erwiderte Jutta.

»Dann reden Sie einfach mit Gott. Er versteht alles.«

Kempfert wäre lieber hiergeblieben und hätte mit ihr gewartet, aber Bischof Neubauer hätte es ihm sicher nie verziehen, wenn Kempfert ihn in das Konzert gelockt hätte, um sich dann selber davor zu drücken.

»Sobald ich meine Gäste verabschiedet habe, komme ich wieder«, versprach er Leo und Jutta und ging davon.

Im Auto auf dem Rückweg reichte ihm Deutz wortlos einen DIN-A 4-Umschlag und knipste die Leseleuchte an.

Kempfert hatte eigentlich keine Lust zu lesen, was Dannekker sich wieder alles ausgedacht haben mochte, aber schon nach den ersten Sätzen stutzte er und las dann alles zum zweitenmal, und er hätte es noch einmal gelesen, wenn Deutz nicht schon vor St. Augustin vorgefahren wäre, wo die Konzertbesucher gerade aus der Kirche strömten.

Kempfert stopfte schnell die Papiere zurück in den Umschlag und stieg aus. Auf den Stufen kam ihm Bischof Neubauer entgegen.

»Na, hat es dir gefallen?« versuchte Kempfert möglichst belanglos gute Stimmung zu machen.

»Wo warst du?« zischte Neubauer.

Margarete Wolf, die auf Kempfert zukam, rettete Kempfert vor weiteren unangenehmen Fragen seines Freundes.

»Darf ich dir Frau Dr. Wolf vorstellen? Ich nehme an, du hast von ihr gehört!«

»Guten Abend, Exzellenz.« Margarete lächelte Neubauer etwas verlegen an und gab ihm die Hand.

»Guten Abend, gnädige Frau.« Auch Neubauer lächelte verlegen. »Sie sind also ...«

»Ja«, unterbrach ihn Margarete schnell. »Ich bin die Frau, die seit Monaten versucht, dem Herrn Pfarrer eine vorläufige Plombe gegen eine permanente auszutauschen. Können Sie nicht mal ein Machtwort sprechen?«

Neubauer schüttelte amüsiert den Kopf. »Tut mir leid, aber er folgt auch mir nicht. Aber vielleicht können Sie mir sagen, wo Ihr Herr Pfarrer war, während wir uns den Genüssen des Madrigalchors hingeben durften.«

Neubauer und Frau Dr. Wolf schauten Kempfert an.

»Ich war auf der Intensivstation. Herr Dannecker hatte einen Herzschlag. Ich hoffe, er kommt durch, sonst gibt es eine Katastrophe.«

Neubauer nahm die Nachricht gelassener auf als Margarete Wolf.

»Wir müssen alle mal sterben«, sagte er.

»So?« empörte sich Kempfert, »ist das alles, was dir dazu einfällt? Na, dann schau dir das mal an.« Er reichte Neubauer den Umschlag von Dannecker.

»Was ist das?« fragte Neubauer mißtrauisch.

»Herr Dannecker hat mir sein Werk vermacht!« erwiderte Kempfert bissig.

Neubauer zog die Luft ein. Kempfert lächelte ironisch.

»Und? Was fällt dir dazu ein? Wir erben alle mal eine Fabrik oder wie?«

Langsam atmete Neubauer wieder aus und sagte resigniert: »Ich gebe es auf, Adam. Mach, was du willst.«

Er wandte sich zum Gehen, aber da kam Frau Bebel mit Rosi auf dem Arm herangeeilt.

»Herr Bischof, die kleine Rosi will Ihnen auch noch gute Nacht sagen.«

Neubauer schaute Kempfert hilfesuchend an, aber der nahm Frau Bebel das Kind ab und gab ihm einen Kuß. »Gute Nacht, Rosi. Keine Angst, das ist nur der Onkel Bischof, der beißt nur den Onkel Kempfert.« Er gab Frau Bebel Rosi zurück.

»Ich habe einen Sekt im Kühlschrank«, flötete Frau Bebel ehrfürchtig, »falls Exzellenz noch ...?«

»Danke, danke«, wiegelte Neubauer ab. Er wartete, bis die beiden gegangen waren und Frau Wolf sich auch von Kempfert verabschiedet hatte.

»Adam, du hast ein Kind, du hast eine Freundin, du hast einen Chauffeur und jetzt auch noch eine Fabrik! Was ist das mit dir, Adam, was?«

Kempfert holte tief Luft und schaute über den Kirchplatz, der sich allmählich leerte.

»Das ist das Leben, Johannes, das liebe Leben.«

Und als hätte Friedhelm Haug nur auf das Stichwort gewartet, brauste die Orgel los, und man mußte kein Kirchenmusik-Sachverständiger sein, um herauszufinden, daß sie vierhändig gespielt wurde.

Kempfert saß noch lange an diesem denkwürdigen Samstagabend in der ersten Bankreihe vor dem Bild des heiligen Augustin im Dunkeln, lange nachdem Friedhelm und Annemarie gegangen waren, lange nachdem der Mond hinter den Obstbaumhügeln aufgegangen war und »so stille« in die Kammern von arm und reich, krank und gesund hineinschaute. Er betete nicht. Er saß nur da und tankte Kraft von einer größeren Kraft, die keinen Namen hatte.

Als die Turmuhr scheppernd elf Uhr schlug, stand der Pfarrer von St. Augustin auf und ließ sich zurück in die Klinik fahren.